ESTRATÉGIAS DE APROVAÇÃO EM CONCURSOS PÚBLICOS

JusClass

O presente livro possui Material de Apoio para acesso gratuito na plataforma JusClass.

Para acessar o material, siga as instruções a seguir:

1. Entre no site da Editora Juspodivm https://www.editorajuspodivm.com.br/, com seu login e senha;
2. Dentro de "Minha Conta", selecione a opção "Materiais Exclusivos" e clique no ícone de identificação do JusClass;
3. Em caso de dúvidas, esclarecimentos ou sugestões, acesse nossa Central de Atendimento https://www.editorajuspodivm.com.br/central-de-relacionamento

Caso tenha adquirido o seu exemplar em uma de nossas livrarias parceiras:

1. Acesse o QRCode abaixo;
2. Preencha o formulário com os dados solicitados;
3. Localize seu Código de Verificação - PIN, logo abaixo do QR Code;
4. Aguarde o e-mail com as informações de acesso;
5. Aproveite seu material!

PIN: JUS3421

COORDENAÇÃO

Diego Pureza

ESTRATÉGIAS DE APROVAÇÃO EM CONCURSOS PÚBLICOS

Alessandro Marques
Diego Pureza
Guilherme Guimarães
Gustavo Nogueira de Sá
Hector Kenzo Horiuti Kitahara
Michael de Jesus
Núbia Alves de Oliveira
Rodrigo Lima
Roney Inácio de Araújo
Thiago Pereira

2024

EDITORA JusPODIVM
www.editorajuspodivm.com.br

EDITORA *Jus*PODIVM
www.editorajuspodivm.com.br

Rua Canuto Saraiva, 131 – Mooca – CEP: 03113-010 – São Paulo – São Paulo
Tel: (11) 3582.5757
Contato: www.editorajuspodivm.com.br/central-de-relacionamento

Capa e Diagramação: Maitê Coelho e Cendi Coelho *(cendicoelho@gmail.com)*

E82 Estratégias de Aprovação em Concursos Públicos / coordenado por Diego Pureza – São Paulo: Editora JusPodivm, 2024.

320 p.

Vários Autores.
ISBN: 978-85-442-5104-1

1. Técnica de Estudos. 2. Motivação. 3. Concursos Públicos. I. Pureza, Diego. II. Título.

CDD 341.33312

Bibliotecária responsável:
Ana Carolina Ribeiro Mois – CRB7 – RJ 007348/0

SOBRE OS AUTORES

ALESSANDRO MARQUES

Aprovado em 09 concursos públicos, é professor especialista em Estudo de Alto Desempenho para concursos públicos há mais de 17 anos; Criador do Método de Alto Desempenho nos Estudos, já tem mais de 520 alunos aprovados e milhares de outros estudantes que conseguiram a aprovação seguindo o seu método de estudo; Aos 21 anos, passou nos seus dois primeiros concursos públicos; Em 2021, após 15 anos sem estudar, começou um desafio de ser aprovado em 05 concursos públicos usando o próprio método para incentivar seus alunos e seguidores; Em pouco mais de 01 e meio, superou sua meta e foi aprovado em 07 concursos públicos.

Redes sociais: YouTube: Prof. Alessandro Marques
Instagram: @prof.alessandro.marques

DIEGO PUREZA

Advogado e empresário. *Professional & Self Coach* pelo Instituto Brasileiro de Coaching (IBC). Pós-Graduado em Ciências Penais. Pós-Graduado em Docência do Ensino Superior. Pós-Graduado em Corrupção: Controle e Repressão a Desvios de Recursos Públicos. Bacharel em Direito. Autor de livros jurídicos pela Editora Juspodivm. Professor de Direito Penal, Criminologia, Direito Processual Penal e Legislação Penal Especial em cursos preparatórios para concursos públicos. Palestrante com ênfase em temas penais e autor de artigos jurídicos. *Host* do DP Podcast, o maior podcast voltado para concurseiros do país.

Redes sociais: YouTube: Prof. Diego Pureza / DP Podcast
Instagram: @prof.diegopureza
Telegram: @profdiegopureza

GUILHERME GUIMARÃES

Especialista em concursos com dedicação exclusiva, aprovado em 7 concursos, entre os quais 4 são federais, com destaque para 3 Tribunais Eleitorais, Polícia Rodoviária Federal e analista de controle do Tribunal de Contas do Paraná.

Redes sociais: YouTube: Volts Concursos
Instagram: @rendimentovolts

GUSTAVO NOGUEIRA DE SÁ

Estudou a vida inteira em escolas públicas e nunca teve grana para fazer cursinhos tradicionais. Quando entendeu que só o concurso público poderia causar uma transformação rápida em sua vida profissional, decidiu criar seu próprio método de estudos, usando técnicas nada ortodoxas e de alta eficácia. Assim, foi aprovado em 10 concursos de áreas e níveis diferentes em pouco mais de 3 anos de estudos, inclusive com a aprovação no 1° concurso, em apenas 89 dias. Seu último cargo concursado foi de Analista Judiciário de Tribunal Federal, na função de assistente de desembargador. Escreveu o *best selle*r "Aprovação Ágil – Guia prático para aprovação em concursos" e o "Melhor Trabalho do Mundo: Diário secreto do servidor concursado", além de outros livros. Criou o app do Aprovação Ágil, com dezenas de cursos completos gerais para concursos e cursos específicos e práticos para os melhores concursos do Brasil. Atualmente, são milhares de aprovados que replicaram o método, em diversas áreas do mundo dos concursos. Já ajudou mais de 80.000 pessoas com seus livros, cursos, treinamentos práticos e mentorias.

Redes sociais: YouTube: Bitolei / Aprovação Ágil
Instagram, TikTok: @bitolei / @aprovacaoagil
Twitter: @aprovacaoagil

HECTOR KENZO HORIUTI KITAHARA

Auditor-fiscal da Receita Federal do Brasil e engenheiro de formação. Inspirado no próprio pai e no exemplo de colegas próximos, logo após formado já entrou de cabeça no mundo dos concursos públicos, sendo aprovado na Receita Federal quando completou 26 anos após 10 meses de intenso preparo. Nesse tempo, entre o começo dos estudos para concursos e a aprovação no cargo de Auditor-Fiscal da Receita Federal do Brasil, acumulou aprovações em 4 concursos públicos.

Rede social: YouTube: Hector Kenzo

MICHAEL DE JESUS

Procurador do município de Guarujá; Advogado na área de Direito público militando em favor de candidatos em concursos públicos; servidores públicos em processos disciplinares; licitações e contratos administrativos; Tribunais de Contas; improbidade administrativa e sanções administrativas de um modo geral; Professor do Estratégia Concursos; Professor universitário em diversas pós-graduações pelo Brasil; Doutorando em Direito Econômico e Financeiro na Universidade de São Paulo – USP; Mestre em Direito do Estado, na sub-área de Direito Administrativo, na Pontifícia Universidade Católica de São Paulo – PUC-SP; Aprovado em 12 concursos públicos: Procurador da Assembleia Legislativa do estado de São Paulo; Advogado do Crefito; Advogado na Caixa de fomento do Estado de São Paulo (Nossa Caixa); Procurador municipal em Barueri; Procurador municipal em Guarujá; Procurador municipal em Santo André; Procurador municipal em Itapevi; Procurador municipal em Cubatão; Procurador municipal em Bertioga; Procurador municipal em Paulínia; Procurador municipal em Registro; Procurador municipal em Osasco; No âmbito acadêmico, três aprovações relevantes: 1º) Mestrado acadêmico em Direito Administrativo na Pontifícia Universidade Católica (PUC-SP); 2º) Ingresso no doutorado em Direito econômico e financeiro da Faculdade de Direito da Universidade de São Paulo (USP); 3º) Professor temporário de Direito administrativo da Faculdade de Direito de São Bernardo do Campo (Autarquia municipal); Reprovado em 38 concursos públicos.

Redes sociais: YouTube: Corre comigo que não cansa
Instagram: @michael_jesus22

NÚBIA ALVES DE OLIVEIRA

Auditora-Fiscal da Receita Federal do Brasil, aprovada em 7 concursos públicos federais, com dois filhos pequenos, trabalhando fora e morando no interior do Pará; Pedagoga de formação, é professora de técnicas de estudo do Estratégia Concursos, mentora de alunos e criadora da Metodologia Nomeação, que já conduziu centenas de alunos ao cargo dos seus sonhos; O concurso público transformou sua vida e ela compartilha suas dicas e experiências em suas redes sociais, além de disponibilizar material gratuito em seu grupo no Telegram.

Redes sociais: YouTube: Prof. Núbia Oliveira
Instagram: @profnubiaoliveira
Telegram: t.me/profnubiaoliveira

RODRIGO LIMA

Auditor do TCU; ex-Analista do Banco Central; Ex-Agente de Polícia Federal; Mestrando em Direito das Relações Sociais e Trabalhistas; Especialista em Direito Civil pela Faculdade Unyleya; Graduação em Direito pelo Centro Universitário Euro Americano; Advogado, aprovado no Exame da OAB em 2010; Graduação em Engenharia de Redes pela Universidade de Brasília – UnB; Docente na pós-graduação do Gran Cursos online; Professor no curso preparatório para concursos no Gran Cursos; Instrutor pelo Instituto Serzedello Corrêa (ISC), a Escola Superior do TCU; Atuou em diversas áreas dentro do serviço público: Instrutor no curso de formação policial na ANP (Academia Nacional de Polícia); Trabalhou na instrução de processos dentro do TCU; Realizou diversas auditorias em instituições brasileiras; Atualmente exerce suas atribuições na área de aposentadoria do TCU, avaliando os pedidos de aposentadoria, pensão e auxílio funeral, tendo que estar atualizado sobre a legislação previdenciária para responder às demandas diárias da justiça e dos servidores.

Redes sociais: YouTube: Prof. Rodrigo Lima
Instagram: @rodrigolimaprof

RONEY INÁCIO DE ARAÚJO

Graduação em nutrição em 2006 pela UNIP/DF – CRN-1 3590; Professor de musculação há 30 anos com registro do CREF 7 número 0554-P DF; proprietário da Clínica de nutrição Roney Araújo, Brasília DF.

Rede social: Instagram: @ roneyaraujo.nutri

THIAGO PEREIRA

Auditor-Fiscal da Receita Federal do Brasil, Treinador Comportamental e Mentor de Leitura, Memória e Aprendizagem. Pós-graduado em Direito Tributário; Aprovado em 16° colocado para Auditor-Fiscal da Receita Federal do Brasil com apenas 24 anos de idade, cargo que ocupa até hoje; Ao unir todo o conhecimento técnico de aprendizagem e preparação para provas, sua experiência de mais de 5 anos estudando e realizando concursos, e todo seu conhecimento em Alta Performance Humana – Formações nacionais e Internacionais em PNL, Hipnose Clinica, Treinamento Comportamental, Neurociências e outras, consegue ajudar quem deseja APRENDER A APRENDER, construir uma HIPER MEMÓRIA e ACELERAR sua LEITURA!; Especialista em Domínio Emocional e Mental e Hiper Aprendizagem, já treinou milhares de pessoas em todo Brasil, por meio de ferramentas cientificas para mudança de crenças, atitudes e resultados de vida. + de 9 anos e 8 mil horas em Treinamentos e Mentorias no Brasil e no Exterior. + 2,5 MILHÔES de visualizações em Redes Sociais e Canais de Mídia Digital. Demais Aprovações: AnATA MF 2013 – 32° colocado e ICMS SP 2013 – Classificado.

Redes sociais: YouTube: Thiago Pereira – 3 Pilares Aprovação
Instagram: @thiago.pereiraoficial1

SUMÁRIO

APRESENTAÇÃO – COMO ESTA OBRA IRÁ TE AJUDAR

É com enorme prazer que apresento a obra *Estratégias de Aprovação em Concursos Públicos*. A obra que você tem em mãos é de extremo valor não apenas por conta de seu conteúdo direto e prático, mas também – e especialmente – pelas experiências vivenciadas e compartilhadas pelos autores.

Em minha jornada, passei por algumas reprovações em concursos públicos, aprendi com meus erros, ajustei a direção e as ferramentas, e finalmente atingi minhas aprovações. Posteriormente, me tornei professor de Direito e Criminologia em cursos preparatórios para concursos públicos, bem como mentor, auxiliando na aprovação de inúmeros concurseiros. Nos últimos anos, também tenho me dedicado em compartilhar muito conteúdo gratuito na internet e nessa jornada criamos o DP Podcast – atualmente, o maior podcast voltado para concursos públicos do país! Com isso, tive acesso a inúmeras pessoas brilhantes, e me refiro a um brilhantismo replicável. Não são pessoas que nasceram acima da média, superdotados ou gênios, mas pessoas que identificaram suas fraquezas, desenvolveram métodos para aperfeiçoamento nos estudos, inteligência emocional, atingindo aprovações em concursos públicos diversos. Pessoas que, após encontrarem o caminho da aprovação, passaram a também ajudar inúmeros concurseiros a conquistar o sonho da aprovação.

Portanto, esta obra é fruto do DP Podcast, reunindo alguns dos mentores mais preparados do país. Dentre os 10 autores, 9 foram concurseiros. Somamos entre os autores 46 (quarenta e seis) reprovações e 50 (cinquenta) aprovações em concursos públicos e certames, distribuídas em diversas áreas (concursos de nível médio, superior, carreiras jurídicas, carreiras, fiscais, carreiras policiais, OAB, dentre outros).

Em cada capítulo você encontrará temas caros aos concurseiros, informações e ferramentas com o potencial de mudar sua rotina de estudo, seus hábitos e, consequentemente, seus resultados em provas e concursos. Cada capítulo, apesar da carga densa de conteúdo fornecido, foi escrito com leveza e objetividade, mesclando com exemplos e experiências reais vivenciadas por meio de cada autor.

Aproveite ao máximo! Desejo que esta obra seja tão transformadora em sua vida, assim como nós, autores, fomos transformados e impactados no passado por nossos mentores e professores.

Ótima leitura!

DECISÕES FUNDAMENTAIS

Thiago Pereira

Seja muito bem-vindo a este capítulo, a esta nova jornada que se inicia com a leitura deste livro. Eu quero começar lhe fazendo uma pergunta muito simples, mas que talvez seja uma das perguntas mais poderosas que você vai se perguntar a partir de hoje:

> Qual é a única decisão que você ainda não tomou,
> e que pode mudar a sua vida para sempre?

Nestas primeiras páginas, eu quero falar com você um pouquinho sobre DECISÕES FUNDAMENTAIS. Inicialmente, você vai compreender um pouco mais sobre decisões que irão de fato direcionar o seu destino, decisões angulares, que você precisa tomar constantemente, e que farão toda diferença na sua jornada.

A verdade nua e crua é que muitas pessoas desejam, mas pouquíssimas pessoas verdadeiramente decidem. Eu não me referindo a decisões pequenas, rotineiras, simples, básicas, que você toma diariamente, relativas a coisas rotineiras. Eu estou trazendo à luz sobre decisões fundamentais, aquelas que quando você tomar, de fato vai acelerar a sua vida em anos, talvez em pouquíssimos dias ou meses.

Existe uma frase de um grande mentor meu que diz o seguinte:

Decisões mudam destinos!

Você precisa entender o quanto isso é poderoso! As decisões que você toma diariamente determinam os seus próximos passos, seus próximos anos, e se você aceitar e se mantiver na sua condição atual, muito provavelmente viverá nessa condição para sempre! Não existe outro caminho; ou você aceita a condição e sobrevive, ou começa a tomar novas decisões para viver o que tanto deseja conquistar.

"Thiago, mas como eu saberei se eu de fato tomei uma decisão ou se eu continuo somente no plano da vontade, no plano do desejo e no plano da ideia?". Excelente pergunta! Você perceberá isso a partir das atitudes e comportamentos que você terá, a partir do momento que você tomou a decisão.

Decisões geram mudança de comportamento imediata.

Novas decisões geram novas atitudes. Se você diz que tomou uma decisão, mas nos próximos dias, semanas ou meses persiste com a mesma atitude, com o mesmo comportamento que sempre teve, você de fato ainda não decidiu absolutamente nada. Você continua simplesmente no plano da vontade, no plano do desejo. E saber o problema disso? Você sempre será um eterno idealizador, alguém que talvez sempre escute algo como "*Nossa, como você tem potencial*", mas sem nunca realizar, conquistar e fazer acontecer.

Continuando aqui nosso bate-papo, existe uma decisão que eu considero a decisão mais importante de todas, e todo ser humano deveria se tornar obcecado por ter essa decisão em mente, lapidar essa decisão diariamente, pois, a partir dela, todas as outras serão muito mais fáceis de serem tomadas, serão muito melhores e serão muito mais direcionadas aos seus sonhos. Que decisão é essa?

A decisão mais importante que existe é a decisão de ter CLAREZA!

Exatamente isso! A decisão de você ter clareza do que você realmente quer para sua vida, do que você não admite mais na sua vida; clareza do que você precisa começar a fazer, clareza do que você precisa deixar de fazer, clareza do que você precisa delegar para outras pessoas, clareza do que você precisa trazer de volta para si, clareza do que você precisa abandonar completamente, clareza do que você precisa desaprender para que você possa ir para o próximo nível.

Sem sombra de dúvidas, encontrar a clareza é a primeira e a decisão mais importante que você precisa tomar na sua vida. Lembre-se: Clareza gera mudança de comportamento imediato, e como eu sempre digo aos meus alunos e mentorados:

> Quem não tem clareza, não prospera!

É simples assim! Em todas as áreas da sua vida, se você não tiver clareza, não irá prosperar, não irá dar o próximo passo na direção certa que vai te levar ao próximo nível.

A segunda decisão fundamental que eu acredito que é de suma importância para você que quer empreender, você que quer subir na carreira, ser aprovado em um concurso público, ou seja lá qual for o seu objetivo, é descobrir o que você precisa aprender para que você chegue lá.

> Tudo o que você quiser na sua vida passará obrigatoriamente por aprender alguma coisa, ou algumas coisas!

E digo mais! Você tomar a decisão de saber aprender, ou seja, aprender a aprender, usar o seu cérebro corretamente e descobrir quais são as ferramentas e as estratégias, os conhecimentos e as habilidades que você precisa para chegar aonde você quer, é uma decisão fundamental na sua jornada rumo ao seu sucesso!

> Se o Conhecimento é considerado um Poder, saber APRENDER e Estudar é o SUPER PODER do ser humano.

E a terceira decisão fundamental, que eu acredito que poucas pessoas dão a devida importância para isso, e eu posso afirmar que é seguramente uma mudança de jogo na sua vida, porque isso mudou a minha vida, tem mudado cada vez mais, e eu sei que também mudará a sua, é você tomar a decisão fundamental de se colocar ao lado de pessoas e estar imerso em ambientes que te faça crescer, pessoas que estejam acima do seu nível em resultados, e ambientes que te provoquem a ir para o próximo nível.

> Pessoas e ambientes certos são forças invisíveis que moldam o comportamento humano.

Eu preciso que você entenda isso! Se você continuar no mesmo ambiente que você se encontra, caminhando ao lado das mesmas pessoas com quem você caminha, continuará tendo os mesmos resultados que você sempre teve. Isso porque essas pessoas e esses ambientes já estão na sua condição atual, e te manterão na zona de conforto.

A partir do momento em que você se coloca ao lado de pessoas que te provoquem para ir ao para o próximo nível, e se coloque em ambientes que te provoquem para crescer, progredir, aprender, superar e se dedicar a algo ainda maior, você ativará uma energia poderosa na sua vida, talvez a mais poderosa de todas.

Preste muita atenção no que eu vou te falar agora, e leia isso cuidadosamente, se preciso escreva isso em algum lugar extremamente visível, que você possa se lembrar diária e constantemente.

> Você precisa ser o mais "burro" da mesa, e precisa se colocar em ambientes que até de certo modo te deixem desconfortável no começo.

Você precisa sempre "jogar o jogo diário" com pessoas que tenham experiências maiores que você, desafios que estejam no nível que você quase não suporta, quase não dá conta, pois serão nestes ambientes e momentos que você irá crescer e prosperar. Eu amo esportes, sempre fui um esportista, joguei basquete profissional, pratiquei artes marciais durante muitos anos, e hoje também me dedico ao tênis. Em todos esses esportes, sempre procurei treinar com pessoas muito melhores do que eu, e sabe o que sempre aconteceu? Minha evolução e aprendizado foi muito mais rápido.

Os erros, fracassos, desafios e derrotas que você terá, sempre se colocando diante de um nível acima do seu, farão com que o teu cérebro automaticamente se esforce mais, se comprometa mais, queira crescer e progredir, porque ele está diante de algo novo.

> Decisões fáceis, vida difícil.
>
> Decisões difíceis, vida fácil.

E por fim, para finalizar esse bate-papo aqui com você, eu quero te alertar para algo que você diariamente já faz, mas de forma inconsciente. Vamos trazer isso para o nível de consciência, escolha e responsabilidade. Trata-se de três decisões fundamentais, que você "roda no seu cérebro" constantemente, talvez centenas ou milhares de vezes, mas que até hoje não deu a devida atenção, e essas pequenas decisões também determinam as suas emoções, o seu estado emocional, a suas atitudes e como que você vai encarar sua jornada dia após dia.

Do momento que você acorda ao momento em que você vai dormir, sempre está tomando essas três decisões:

Onde você está colocando o seu FOCO?

O que isso significa para você?

O que você vai fazer diante disso?

Perceba que a todo momento você está direcionando o seu foco, e se perguntando "*onde está o meu foco*", para qual direção você guia seus pensamentos? Você costuma colocar seu foco no que você está ganhando ou no que você está perdendo; na dor do fracasso ou no aprendizado decorrente dele; no que você tem ou no que você ainda não tem; no que você pode ou não que você não pode fazer; no que você é capaz ou no que você ainda não é capaz?

A forma como você encara essas 3 DECISÕES e onde você coloca o seu foco, vai determinar o teu nível de intensidade de ação e resultado na sua vida!

Da mesma forma, a partir do momento em que você coloca o seu foco em alguma coisa, você começa a dar um significado para aquilo, por exemplo: quando você coloca o seu foco em algo que você não tem, qual o significado você atribui a isso? Você cria o significado de que "eu não tenho ainda porque eu preciso aprender a conseguir isso" ou você cria o significado de "eu não tenho isso porque eu não sou capaz, eu não sou merecedor disso".

O significado que você dará para o que te acontece determinará também a forma como você vai se sentir, e as atitudes que você terá a partir daquele ponto.

E por fim, ao criar um significado (positivo ou negativo) para aquilo que te aconteceu, você terá níveis de atitude diferentes, concorda? Atitude de desistência, vitimização, reclamação, ou então atitude de persistência, entusiasmo, desafio, progresso, constância, determinação, de quem vai encarar os desafios como aprendizado e como único caminho para o sucesso.

Qual significado você está danco hoje para tudo o que te acontece? QUAL SUA ATITUDE DIANTE DISSO?

De uma forma ou outra, saiba de uma coisa: você sempre decidirá, consciente ou inconscientemente, direcionado para o que você deseja conquistar, ou de forma reativa e imediata ao que aconteceu, sem clareza e sem proposito. De uma forma ou de outra, estará sempre escolhendo e construindo seu destino. Deixo, assim, mais algumas perguntas de reflexão para você ao final deste capítulo.

Quais são as TRÊS MAIORES DECISÕES que você tem que tomar a partir de hoje para mudar a sua vida para sempre?

Quais são as TRÊS COISAS MAIS IMPORTANTES na sua Saúde, no seu Relacionamento, na sua Rotina, nos seus Estudos, nas suas Finanças, que você precisa priorizar e tomar novas decisões que te levem ao que deseja conquistar?

As minhas decisões e ações diárias estão verdadeiramente alinhadas com aquilo que eu desejo conquistar nos próximos 10 a 20 anos?

ORGANIZAÇÕES NECESSÁRIAS

Diego Pureza

Há uma frase atribuída à Benjamin Franklin que resume de forma precisa a consequência suportada pelos concurseiros que ignoram o tema do presente capítulo: "se você falha em planejar, está planejando falhar".

Considerando que a jornada até ser aprovado em concurso público é uma preparação de médio a longo prazo, o planejamento (e todas as organizações que envolvem o tema) é fundamental tanto para você se manter firme nesse processo quanto para otimizar os métodos de estudos aplicados e ultrapassar a sua concorrência.

Mas a organização não se limita em apenas construir um quadro de estudos. De que adianta ter uma rotina muito bem definida se na prática as pessoas que moram contigo atrapalham com barulhos, pedidos interrupções? Ou então se você costuma perder tempo procurando materiais de estudos em um quarto todo bagunçado? Ou pior, e se você nem ao menos sabe por onde estudar?

O fato é que quando falamos em planejamento e organização dos estudos para concursos públicos o tema é mais complexo do que parece. Mas para facilitar a sua vida, vamos organizar o assunto em 4 frentes distintas e que, na prática, acabam se complementando na construção de uma rotina organizada de estudos:

1. AMBIENTE DE ESTUDOS

Ambiente de estudos é o local físico onde você passará todo o tempo que dedicará aos estudos (ou ao menos a maior parte do tempo). Pode ser o seu quarto, uma biblioteca pública, local de estudos de uma faculdade, a sala de sua casa ou qualquer outro cômodo em que consiga acessar rotineiramente.

O primeiro passo será ter um ambiente organizado, mas se quiser ir além e otimizar ainda mais o seu ambiente, aqui vão alguns fatores essenciais:

- **Local de estudo:** evite locais confortáveis demais como cama e sofá. É natural buscar locais assim pois a rotina de estudos não costuma ser fácil (dor nas costas é uma das reclamações mais comuns, são horas e horas sentado em uma cadeira). Mesmo assim, há alguns problemas em ambientes confortáveis demais. A cama, por exemplo, é usada para dormir e, por esse motivo, criamos na infância o gatilho mental de que se deitarmos será para no mínimo uma soneca. Passamos a vida toda reforçando esse gatilho. Ao usarmos a cama como local de estudos, o gatilho mental do sono é acionado, o cérebro passa a produzir a melatonina (hormônio do sono) e em poucos minutos o sono vem (sim, esse é um dos principais motivos de você ter sono quando começa a estudar na cama). Uma mesa firme e uma cadeira que permita uma postura correta são suficientes.

- **Silêncio:** quanto mais silencioso o local, melhor. Você já deve ter escutado algumas pessoas dizendo que estudam com música clássica e que isso ajuda, mas o fato é que a ciência nunca chegou a conclusões seguras nesse sentido. Logo, o ideal é que consiga estudar sem barulhos, músicas e interrupções. Mas talvez você viva em um ambiente repleto de ruídos e pessoas barulhentas. Não é motivo para desespero ou para pensar em largar tudo, pois você possui uma ferramenta capaz de resolver esse problema: seu cérebro. Apesar de o silêncio ser o ideal, não é todo mundo que consegue um ambiente calmo em tranquilo para estudar, mas a boa notícia é que o cérebro possui a capacidade de adaptação. Em uma fase muito importante de estudos em minha vida, eu só podia contar com 4 horas de estudos em que estava no transporte público (sim, não tinha um minuto sequer para estudar em um local tranquilo). Foi então que insisti em ler no ônibus durante o dia e escutar aulas em áudio a noite. No início era terrível, sentia até ânsia de vômito (provocada pela visão, já que o foco estava na leitura mas a visão periférica captava fortes movimentos). Mas após 5 ou 6 dias o "milagre" aconteceu: meu foco me permitia mergulhar nos estudos sem nem perceber o que acontecia em minha volta. Então se você só pode estudar em ambientes barulhentos, meu conselho é que insista o suficiente até seu cérebro se adaptar.
- **Iluminação:** iluminação natural é melhor, pois agride sua visão de forma menos intensa. Mas se não for possível (por exemplo, estudos a noite), então não haverá grandes problemas na utilização de iluminação artificial. O problema real seria estudar sem muita iluminação, isso sim drenaria de forma desnecessária a sua energia e permitiria leituras equivocadas.

- **Materiais de estudos:** devem estar o mais próximo e fácil possível. Falaremos sobre os tipos de materiais adiante, mas uma vez escolhido por onde e o quê estudar, seu material deve ser de pronto manuseio. Ao mesmo tempo, suas distrações devem ser afastadas (celular, videogame, etc.). Não subestime essa dica, inúmeros estudos científicos apontam que pequenas distrações são suficientes para fazer com que as pessoas procrastinem e não comecem novos hábitos. Então se quer desenvolver o hábito de estudar, facilite-o. Se possui uma mesa pequena para os estudos, já mantenha sobre ela seus livros, cadernos, computador ou notebook ou qualquer outro material de estudos. Tudo organizado e pronto para quando for iniciar o próximo tempo de estudos.

Em síntese, seu ambiente de estudos deve ser um local que permita manter uma postura correta, silencioso na medida do possível, iluminado e organizado aproximando seu novo hábito e afastando possíveis distrações.

2. PESSOAS PRÓXIMAS

Familiares e amigos próximos podem representar um enorme fator de motivação. Há inúmeras histórias de aprovados que revelam como maior motivo para estudarem a vontade de mudar a vida de seus familiares, ou de se tornar o orgulho da família e de amigos.

A questão é que na prática, no dia a dia de estudos, muitos familiares e amigos podem atrapalhar (e muito!). Vamos discorrer sobre ambos de forma detalhada.

Provavelmente você mora com sua **família**, com seus pais, irmãos, ou talvez com o cônjuge, filhos. Se você mora sozinho, então esse tema não será relevante para o seu caso, mas a maioria esmagadora dos concurseiros mora com alguém.

Sei como é ser atrapalhado por familiares. Por mais que sintam orgulho de você com todo o seu esforço, na prática qualquer necessidade já se torna motivo para interrupções. Se há uma louça para lavar, um quintal para ser varrido ou qualquer outra tarefa doméstica a conclusão costuma ser: "chame o Fulano, ele não está fazendo nada, só está estudando".

Para quem não passou pelo processo intenso de estudar para provas e concursos, o ato de estudar costuma ser encarado como desocupação.

Nesses casos, a **pior** escolha possível que você tomará será partir para o confronto! Lembre-se: são pessoas que moram debaixo do mesmo teto que você. Se arrumar inimigos em casa é aí que seus planos para ter um ambiente tranquilo para os estudos estarão sepultados.

Quando estudava para concursos e para a prova da OAB, eu morava com meus pais e com dois irmãos (sou o filho do meio). Passei por todos esses problemas de ser interrompido durante os estudos, de ter irmãos que ligavam música alta ou faziam barulhos desnecessários para me provocar e de precisar me enquadrar nos compromissos dos meus pais nos horários que havia separado para os estudos. E o que eu fiz para resolver tudo isso? Vou compartilhar a minha estratégia.

Depois de ter entendido que confrontar os meus familiares era a pior escolha, tentei mudar a estratégia e tentar ao menos uma aliada, no caso a minha mãe. O que passei a fazer foi algo simples, sem muito esforço, mas que mudou todo o meu ambiente! Comecei a acordar todos os dias uma hora mais cedo, lavava, secava e guardava a louça e deixava o café pronto para a minha mãe. Quando minha mãe acordava, eu já estava estudando. Ela só entrava no meu quarto para me agradecer. A partir daí eu passei a ter uma defensora em casa. Ela intuitivamente pedia tudo para os meus irmãos e sempre que um deles a questionava sobre o fato de eu estar "desocupado", a resposta era sempre a mesma: "o Diego já me ajudou e já fez a parte dele".

Em muitas ocasiões os meus irmãos realmente acabavam fazendo mais do que eu, mas isso não interessava, pois já havia agradado minha mãe e conquistado uma defensora, e por mais que eles fizessem mais, sempre faziam reclamando e com propagandas para os quatro ventos.

Então o meu conselho é: seja útil, faça a sua parte, não deixe motivos para te questionarem e, dessa forma, as pessoas próximas que te amam passarão a te respeitar e te dar retaguarda nos estudos.

E sobre as **amizades**? Bom, aqui já não há meio termo. Você já deve ter escutado em algum lugar a seguinte frase: "você é a síntese das cinco pessoas mais próximas". E é a mais pura verdade!

O ser humano é um ser sociável, precisa viver em comunidade, e dessa forma, consciente ou inconscientemente nós buscamos absorver os valores comuns de pessoas próximas para sermos aceitos. É por isso que muitas pessoas, após se mudarem para lugares distantes, em pouco tempo mudam até o sotaque. Há pessoas que sempre se envolvem com as más companhias de cada lugar (para essas pessoas, esse é o caminho mais fácil para ser aceito em determinados grupos, ou seja, tentar fazer novas amizades com novos valores acaba sendo o caminho mais difícil).

O que quero dizer com essa informação é que se você anda com pessoas medíocres, acomodadas, conformadas com pouco, com hábitos ruins ou que não entendem a rotina de um concurseiro, quanto mais tempo permanecer próxima a elas, maiores serão as chances de "ser atrapalhado".

Essas amizades provavelmente tentarão tirar da sua cabeça o sonho de ser aprovado, seja por não acreditarem nisso (por ignorância completa no assunto mesmo), seja por sua possível aprovação constranger a mediocridade da vida que escolheram (há pessoas tóxicas que só se aproximam de pessoas cuja qualidade e status de vida são inferiores, pois precisam se sentir superiores, logo, se alguém do grupo ascende socialmente, já se torna uma ameaça – se afaste de pessoas assim!).

O meu conselho é: selecione melhor suas amizades. Tente andar com pessoas melhores do que você – não por mero interesse, mas pensando em se tornar como elas, ou seja, faça amizade com pessoas que te inspiram de alguma forma. Ter amigos concurseiros, pessoas focadas em serem aprovadas em concurso público, elevará o seu nível e evitará distrações desnecessárias.

3. CRONOGRAMA E CICLO DE ESTUDOS

Agora é hora de organizar a sua rotina de estudos. Este tópico é o coração deste capítulo, pois a organização de sua rotina refletirá positivamente até mesmo sobre aspectos emocionais.

O concurseiro comumente sofre de ansiedade e desperdiça muito tempo tratando apenas sintomas e não a causa do problema.

Vamos entender: *ansiedade* nada mais é do que uma preocupação exagerada com o futuro incerto. Muitos concurseiros vivem preocupados com questões como “será que eu sou capaz?”, “será que dá tempo de estudar para ser aprovado no próximo concurso?”, “será que dá tempo de fechar o edital?”, “será que eu vou passar?”. Eu poderia escrever algumas páginas apenas destacando exemplos de perguntas e reflexões que representam a ansiedade, mas você já entendeu a ideia. O fato é que a solução começa por focar no presente, no seu agora, afastando ao máximo preocupações com o futuro.

Não estou dizendo que não deve se preocupar e planejar o futuro. Se está lendo este livro e se está focando em aprender como organizar suas metas, então já está no caminho certo! O que estou dizendo é que você não deve se preocupar exageradamente com questões que estão fora de seu controle ou que nem fazem sentido no mundo real.

É por isso que ter um cronograma de estudos definido (ou um ciclo de estudos) te ajudará muito a vencer a ansiedade, na medida em que sua semana será previsível (sem preocupações diante de incertezas) e você saberá exatamente o que fazer hoje, amanhã e depois. Essa previsibilidade organizada manterá o seu foco no agora e dissipará aos poucos a sua ansiedade (ou ao menos a controlará em níveis aceitáveis).

Outro fator importante que precisa ser superado é a aparente **falta de tempo**. Muitos concurseiros costumam reclamar que não possuem tempo para estudar, e é até um contrassenso, reclamam na esperança de a solução cair do céu. A reclamação em si é contraditória: ora, se você realmente não possui tempo então qual o motivo de continuar nessa vida de concurseiro? Não dá, então desista!

É claro que o raciocínio acima serve apenas para você entender que esse tipo de reclamação e pensamento não te levará a nenhum lugar. Geralmente a falta de tempo decorre da falta de organização.

Se você acha que não possui tempo disponível para os estudos, então pode estar sendo atrapalhado por um dos seguintes motivos:

- **Ausência de prioridade nos estudos**: eliminando hábitos inúteis ou pouco relevantes nesse período de preparação você certamente resolverá esse problema, conforme detalharemos adiante;
- **Falta de organização**: esse problema será resolvido nos parágrafos seguintes;
- **Acúmulo excessivo de responsabilidades e afazeres**: todos nós temos as mesmas 24 horas em um dia e algumas pessoas acabam querendo "abraçar o mundo" acumulando um número surreal de tarefas. Já tive alunos que desejavam estudar para alguns concursos, porém, além de serem casados, com filhos, trabalho, ainda mantinham uma rotina indo para a academia todos os dias, cursavam a segunda ou terceira faculdade, cursavam a primeira pós-graduação, participava de cultos e cerimônias religiosas ao menos duas vezes por semana, e tudo isso fora alguns imprevistos que sempre apareciam. Para que tudo isso? É o que eu chamo de "concurseiro pato", faz tudo meia-boca, nada com qualidade (o pato possui asas, mas não voa, boa sobre as águas mas não mergulha, etc.). Isso é sintoma de pessoas que não sabem ainda o que realmente querem da vida, perderam totalmente o foco. Minha sugestão: tenha clareza em seus objetivos e elimine tudo o que estiver tumultuando a sua agenda (ou ao menos adiando para um momento posterior a sua aprovação).

Vencida essas premissas, você deve estar me perguntando: "beleza, Diego, entendi! Mas o que é melhor, construir um cronograma de estudos ou um ciclo de estudos?"

Não caia no discurso raso e ingênuo de um é melhor do que o outro. Já ou vi professores e li textos de especialistas afirmando que um é melhor do que o outro, mas o fato é que a resposta à essa indagação dependerá da rotina e do perfil de cada concurseiro.

Quem defende o cronograma costuma afirmar que é melhor por construir uma rotina mais estável, enquanto que quem defende o ciclo de estudos aduz que seu prejuízo será menor diante de imprevistos. A ideia desse segundo grupo é de que se você estuda uma matéria, por exemplo, às terças, se tiver algum imprevisto você só retomará os estudos da matéria na semana seguinte, enquanto que no ciclo você retoma exatamente de onde parou.

Ouso discordar. Essa sensação de ausência de prejuízo nos estudos diante de imprevistos usando o ciclo de estudos é meramente aparente. Se há imprevistos (aceite, imprevistos sempre acontecem), você terá prejuízos utilizando qualquer uma das formas de organização de rotina. O que atenua ou afasta completamente possíveis prejuízos é o hábito de **revisar** de forma ativa. A revisão será a solução (o tema revisão é aprofundado em capítulo próprio desta obra).

Dessa forma, aconselho que teste um pouco do cronograma e do ciclo de estudos. Você saberá com qual se adaptará melhor. Na prática, após já ter ajudado algumas centenas de alunos, percebo que:

- O cronograma de estudos costuma funcionar melhor para quem tem uma rotina previsível, sem grandes mudanças (era o meu caso);
- O ciclo de estudos funciona melhor para quem possui uma rotina truncada, dinâmica e com mais mudanças, como acontece com quem trabalha sob o regime de escalas (policiais, profissionais da saúde, da segurança privada, dentre outros).

Então experimente, coloque em prática cada uma dessas formas de organização da rotina de estudos, e você saberá com qual seguirá. Agora vamos entender como construir um cronograma e, em seguida, um ciclo de estudos.

3.1. Como montar o seu cronograma de estudos

Inicialmente, é importante que você não se permita ser impulsionado pela preguiça na hora de ter o próprio cronograma de estudos, pois muitos optam por comprar um cronograma pronto. Ora, isso faz algum sentido? Como é possível um mesmo cronograma servir igualmente para todos? E a minha rotina específica? E os meus afazeres? Bom, não faz o menor sentido.

Cronograma de estudos não pode ser tratado como uma forma de bolo capaz de moldar toda a sorte de rotina. Cada pessoa é única e possui seus próprios afazeres.

Por isso, o que ensinarei neste capítulo será o caminho para adquirir independência organizacional e, com isso, construir mais do que um cronograma meramente de estudos, mas um cronograma de vida. Então vamos lá!

Para construir de forma personalizada um cronograma de estudos (ou de vida), você precisará conhecer em detalhes a sua rotina e, se não "colocar no papel" será incapaz de identificar os erros em sua rotina e, em geral, hábitos que só atrapalham em seus estudos.

> ⚠ ***IMPORTANTE:*** quadro-horário é um assunto que todo mundo conhece, porém quase ninguém faz e, de quem faz, poucos cumprem.

É fundamental que você leve esse assunto a sério, tratando os estudos com profissionalismo e seriedade.

Por meio do depoimento de vários alunos (e até mesmo por experiência própria) constatamos **que com organização do quadro-horário de estudos você descobrirá inúmeras horas por semana que são desperdiçadas com hábitos inúteis ou com hábito nenhum, que poderiam muito bem serem utilizadas para os estudos**.

O **primeiro passo** será detalhar a sua rotina de vida. Aqui é fundamental total transparência e honestidade consigo mesmo. Dessa forma, sabendo exatamente o que tem feito, ficará mais fácil identificar os horários que possui livre para estudar, bem como os horários que poderá reorganizar aos estudos, afastando a prática de hábitos inúteis.

DICA: o ideal é organizar tais informações em algum software, pois você precisará sempre que necessário editar o seu cronograma, então se for fazer no papel de forma manuscrita você precisará sempre reconstruir todo o cronograma diante de eventuais modificações. Ao final deste capítulo, disponibilizaremos dois modelos (Word e Excel) para você realizar o *download*.

Vamos exemplificar essa organização por meio de ilustração de um estudante hipotético:

Exemplo hipotético:

Fulano possui 28 anos, trabalha em uma empresa privada, é casado e possui dois filhos. Pretende estudar para concursos públicos, mas acredita não ter mais tempo para isso. Vejamos a rotina semanal de Fulano por meio do quadro-horário geral:

Horário	Domingo	Segunda	Terça	Quarta	Quinta	Sexta	Sábado
6h/7h	Dorme até mais tarde	Acorda, higiene, café, assiste jornal.	Acorda, higiene, café, assiste jornal.	Acorda, higiene, café, assiste jornal.	Acorda, higiene, café, assiste jornal.	Acorda, higiene, café, assiste jornal.	Acorda, higiene, café, assiste jornal.
7h/8h	Dorme até mais tarde		Academia		Academia		Academia
8h/9h	Dorme até mais tarde	Leva os filhos para a escola	Leva os filhos para a escola	Leva os filhos para a escola	Leva os filhos para a escola	Leva os filhos para a escola	Lazer com os filhos
9h/10h	Acorda, higiene, assiste jornal.	Trabalho	Trabalho	Trabalho	Trabalho	Trabalho	Lazer com os filhos
10h/11h	Café da manhã	Trabalho	Trabalho	Trabalho	Trabalho	Trabalho	
11h/12h		Trabalho	Trabalho	Trabalho	Trabalho	Trabalho	
12h/13h	Almoço com a Família	Almoço	Almoço	Almoço	Almoço	Almoço	Almoço com a família
13h/14h	TV/internet	Trabalho	Trabalho	Trabalho	Trabalho	Trabalho	
14h/15h	TV/internet	Trabalho	Trabalho	Trabalho	Trabalho	Trabalho	
15h/16h	TV/internet	Trabalho	Trabalho	Trabalho	Trabalho	Trabalho	
16h/17h		Trabalho	Trabalho	Trabalho	Trabalho	Trabalho	
17h/18h		Trabalho	Trabalho	Trabalho	Trabalho	Trabalho	
18h/19h	Igreja					Chopp com amigos	
19h/20h	Igreja	TV/internet	TV/internet	TV/internet	TV/internet	Chopp com amigos	

Elencamos como necessário para uma vida saudável e equilibrada para os estudos, atividades como exercícios físicos, um pouco de lazer (moderado) e períodos com a família.

Perceba a quantidade de períodos vagos (total de 19 horas semanais) – esse “caso hipotético” na verdade foi extraído de um dos meus alunos, em mentoria, e quando me procurou ele afirmava que “não tinha tempo”. Além disso, perceba os períodos em que nosso personagem pratica atos inúteis ou de pouca relevância (total de 9 horas).

Ao todo, e sem contar o período da noite (vale repetir: o descanso é muito importante!), fica fácil perceber após a devida organização do quadro-horário geral que Fulano possui 19 horas por semana completamente livres para os estudos.

Além disso, possui 9 horas com hábitos sem qualquer relevância que poderia ser dedicada aos estudos.

Voltando ao caso de Fulano: Fulano tem o desejo de se preparar para Carreiras Policiais, e após analisar os editais de concursos de seu interesse percebeu que será fundamental estudar português, Matemática, Informática, Direito Constitucional, Direito Administrativo, Direito Penal, Direito Processual Penal e Legislação Especial.

Eis uma sugestão para Fulano (essa organização de temas e maior ou menor período para cada tema dependerá da importância de cada assunto conforme cada edital, bem como fatores como “disciplina em que você possui maior dificuldade”, etc., temas já trabalhados ao longo deste livro):

Horário	Domingo	Segunda	Terça	Quarta	Quinta	Sexta	Sábado
6h/7h							
7h/8h		Português		Matemática		Informática	
8h/9h							
9h/10h							
10h/11h							Português
11h/12h	Matemática						Legislação Especial
12h/13h							
13h/14h	Informática						Legislação Especial
14h/15h	Português						Direito Constitucional
15h/16h	Direito Penal						Direito Administrativo
16h/17h	Pausa para descanso						Pausa para descanso
17h/18h	Direito Processual Penal						Matemática
18h/19h		Direito Constitucional	Direito Administrativo	Direito Penal	Direito Processual Penal	Legislação Especial	Informática
19h/20h		Exercícios anteriores	Exercícios anteriores	Exercícios anteriores	Exercícios anteriores	Exercícios anteriores	Exercícios anteriores

Fica fácil constatar que, mesmo com uma vida com inúmeros compromissos (trabalho, filhos, esposa, etc.), Fulano, após organizar a agenda, conseguiu encontrar uma considerável carga-horária disponível para os estudos, mantendo os compromissos mais importantes.

Vale ressaltar que com um estudo focado, será natural a renúncia de hábitos que não agregam em absolutamente nada na busca dos seus sonhos – deixe o *chopp* com os amigos para períodos após aprovação.

Mas frisamos novamente: organizar sua agenda de estudos é só o primeiro passo! Muitos que organizam acabam não cumprindo e procrastinam sempre (tratamos sobre como superar a procrastinação no capítulo “cronograma de estudos e rotina eficiente”).

Outros tantos, quando cumprem, estudam com o peso na consciência de que poderiam estar se divertindo. Quando estão no período de lazer, ficam com peso na consciência por acharem que poderiam estar estudando.

Não permita que seu subconsciente sabote seus sentimentos. Uma boa organização certamente trará uma sensação de que você está fazendo exatamente o que deve fazer.

Haverá o período de estudos (onde você deverá encarar com total seriedade e foco), bem como o período de lazer, que você poderá desfrutar sem qualquer sentimento de culpa.

Então dê esse primeiro passo e construa o seu cronograma personalizado de estudos.

Para dar esse primeiro passo, preparamos dois modelos de cronogramas que você poderá realizar o download abaixo via QR Code. Você encontrará dois quadros: em Word e em Excel, conforme preferir. Caberá à você preencher conforme os seus hábitos semanais, inserir cores para facilitar, ser totalmente honesto consigo mesmo e, o mais importante, cumprir!

3.2. Como montar o seu ciclo de estudos

Conforme já destacado, o ciclo de estudos costuma funcionar melhor para quem tem rotinas imprevisíveis ou alternadas (trabalho por escalas).

Não afastará a necessidade de realizar revisões ativas, mas ajudará na sequência dos estudos após períodos longos de trabalho e/ou interrupções.

Então vamos ao passo a passo:

1. **Selecione as disciplinas que você precisará estudar previstas no edital do seu concurso**. No ciclo, não necessariamente precisa iniciar com todas as disciplinas, você pode começar com as mais importantes, as matérias com maior peso, e na medida em que for esgotando, você poderá ir substituindo as disciplinas do ciclo;
2. Considerando a carga-horária que você tem disponível para estudar por dia, **atribua uma quantidade de tempo para cada disciplina**. Aqui você irá destinar mais tempo para as disciplinas com maior peso, ou seja, a distribuição será proporcional conforme o seu edital;
3. Agora é hora de organizar dentro das suas possibilidades de tempo por dia. **Você deverá criar uma sequência entre as disciplinas e essa sequência deverá ser sempre seguida**. Se houver algum imprevisto em sua agenda (ex: ficou doente), quando retornar aos estudos você retomará do ponto em que parou.

Abaixo, destacamos um exemplo de ciclo de estudos para quem estuda para os cargos da Polícia Civil de São Paulo (todavia, conforme destacado acima, você deverá criar o seu ciclo conforme o peso de cada matéria constante no seu edital). Eis o exemplo:

CICLO INICIAL PARA CONCURSOS DA PC-SP					
0 a 1h	**1h a 2h**	**2h a 3h**	**3h a 4h**	**4h a 5h**	**6h a 7h**
Português (2h)		Revisão (1h)	Questões (1h)	D. Constitucional (1h) e D. Administrativo (1h)	
Informática (2h)		Revisão (1h)	Questões (1h)	D. Penal (1h) e D. Processual Penal (1h)	
Raciocínio Lógico (2h)		Revisão (1h)	Questões (1h)	Criminologia (1h) e Leis Especiais (1h)	
Português (2h)		Revisão (1h)	Questões (1h)	D. Humanos (1h) e Leis Especiais (1h)	

Da esquerda para a direita e depois passando para a linha seguinte, e quando chegar ao final (ex: D. Humanos e Leis Especiais) você retornará ao início novamente.

Dentro de cada disciplina você pode – eu diria, deve! – criar pausas sempre que o rendimento começar a cair.

Fica claro que a maior diferença entre o ciclo de estudos e o cronograma é o fato do daquele não prender as matérias estudadas em dias específicos da semana. A organização se dá apenas considerando as matérias e o peso de cada uma de forma sequencial, independente dos dias da semana e de eventuais imprevistos.

4. MATERIAIS DE ESTUDOS

Vamos falar agora da fonte das informações necessárias para passar em concurso público. Se você quer aprender determinadas matérias previstas em seu edital para alcançar a aprovação precisará estudá-las por meio de ao menos uma das seguintes fontes: livros, apostilas, cursos presenciais, cursos online, cursos em áudio, dentre outros.

O mais importante é entender que não é material certo ou errado, existe o material que funcionará melhor para você, e dependerá da qualidade do material e do seu momento e nível de aprendizado nos estudos.

A título de exemplo, no tempo em que eu estudava intensamente para concursos públicos, passei um bom período estudando por meio de apostilas, depois passei a ler livros, em seguida as videoaulas aceleraram a minha aprendizagem e, posteriormente, retornei aos livros.

Então a primeira sugestão é testar os diferentes materiais que possui a sua disposição. Em seguida você saberá com qual deverá seguir. Mas não tenha medo de mudar. Conforme mencionei em minha história, com o tempo é possível que você sinta a necessidade de mudar de materiais, seja para aprofundar, seja para otimizar os estudos. Se for necessário, mude!

Para trazer luz ao tema, destacaremos a seguir as principais características, pontos fortes e fracos dos materiais mais utilizados atualmente.

4.1. Livros e manuais

Em geral, os livros são completos, compreendendo todos os assuntos cobrados em concursos públicos (os examinadores costumam buscar informações dos livros para formularem questões cobradas em concursos).

O grande problema é que um edital de concurso público exige a compreensão de inúmeras matérias, enquanto que há livros com umas 500 páginas ou mais para cada matéria (um livro de leis penais especiais, por exemplo, chega a ter mais de 3.000 páginas).

Então fica claro que estrategicamente estudar por livros pode não ser a melhor opção.

A exceção reside sobre os concursos de carreiras jurídicas (concursos para os cargos de juiz, promotor de justiça, delegado, defensor público, procurador etc.). São concursos que aprofundam muito nos temas jurídicos, temas que por vezes só são tratados com a devida profundidade em livros e manuais jurídicos.

Nos demais casos, se você está se preparando para concursos públicos de níveis fundamental, médio ou superior em qualquer área, então os livros podem causar atraso nos estudos e podem te fazer aprofundar em alguns temas de forma totalmente desnecessária em razão do nível do seu concurso.

Mas se optar pelos livros, a sugestão é que escolha sinopses e coleções voltadas para concursos. Atualmente, há grandes editoras focadas nos concurseiros, logo produzem muito conteúdo de qualidade focado em certames específicos, com uma linguagem descomplicada e direta ao ponto, sem aprofundar de forma desnecessária.

4.2. Apostilas e PDFs

Com toda a sinceridade que devo aos leitores, não consegui até hoje encontrar algum motivo plausível para indicar apostilas para alguém que queira passar em concurso público (algo totalmente diverso do que acontece com os PDFs).

As apostilas são comercializadas em bancas pela internet e prometem entregar todo o conteúdo necessário para passar em concurso público de forma enxuta e direta, o grande problema é que as editoras não costumam ultrapassar a promessa.

Há apostilas divididas por matérias, outras por carreiras públicas e ainda as apostilas especificas para cada edital. Mas todas têm um fator em comum: trabalham com conteúdos genéricos a partir de um banco de informações.

Explicando melhor: muitas editoras de apostilas encomendam conteúdos escritos de diversos autores (eu já recebi alguns convites, todos recusados) e exigem, em geral, que o autor não mencione cargos, bancas ou pontos específicos. É preciso ser o mais genérico possível. E qual o motivo? Simples, para construírem um banco de dados cujos conteúdos sirvam para qualquer edital de qualquer concurso público. A ordem é economizar ao máximo na construção do conteúdo e lucrar ao máximo na venda de apostilas com a promessa de supostamente atenderem a toda sorte de editais municipais, estaduais e federais.

Na prática, o prejuízo recai sobre os concurseiros, não apenas em relação ao valor desembolsado na compra da apostila, mas especialmente no tempo investido nos estudos de um material extremamente genérico. Já perdi as contas de quantas apostilas analisei (a pedido de alunos e dos tempos em que era concurseiro) e em todas as ocasiões o que encontrava eram apostilas com capítulos não cobrados pelo respectivo edital, pontos específicos faltando e uma linguagem nada didática para quem estava começando os estudos.

Então se estava procurando alguma recomendação ou algum ponto positivo que embasasse os estudos por meio de apostilas físicas, definitivamente veio ao lugar errado.

Por outro lado, com o avanço da tecnologia e do aperfeiçoamento de muitos cursos preparatórios, surgiram os famosos PDFs. São apostilas virtuais, mas não se enganem: não é apenas o formato que muda!

Os grandes cursos que comercializam os PDFs costumam selecionar professores especialistas em concursos públicos, e diante do dinamismo do formato (digital, portanto editável), os cursos escritos costumam ser extremamente personalizados para cada edital de concurso público.

Como já tive a oportunidade de construir alguns PDFs para grandes cursos do país, posso testemunhar que o nível de qualidade exigido é altíssimo. E se algum erro é constatado, o professor é acionado imediatamente para realizar as correções.

Então se você prefere estudar por meio de materiais escritos, a recomendação é procurar PDFs de cursos já validados no mercado. Muitos cursos fornecem algumas páginas gratuitas, então procure, teste e faça a sua escolha.

4.3. Cursos presenciais e virtuais (*online*)

Os cursos têm se tornado cada vez mais populares entre os concurseiros, tornando os estudos um pouco menos solitário. Aqui os alunos contam com professores (geralmente com experiência em concursos públicos) explicando em detalhes e de forma didaticamente acessível, os diversos temas exigidos em editais dos concursos públicos.

Tive a oportunidade de ter sido aluno de cursos presenciais e cursos online quando era concurseiro e, posteriormente, como professor também tive a oportunidade de trabalhar nos dois formatos. Então abaixo reunirei as principais diferenças entre ambos:

	CURSOS PRESENCIAIS	CURSOS *ONLINE*
Custo	Costumam ser mais caros. O custo de um espaço físico, funcionários, limpeza, agenda de professores, dentre outros, costumam encarecer o preço final para os consumidores.	Em geral são mais baratos, pois o custo de produção é muito menor. Mas há exceções: os grandes preparatórios costumam ser mais caros. Mas já encontrei cursos online que representavam cerca de 20% do valor de um curso presencial equivalente.
Agenda	Esse é um dos problemas dos cursos presenciais: o aluno precisa se adaptar à agenda do curso e se tiver imprevistos e precisar se ausentar, não terás como recuperar a aula já ministrada.	Atualmente, os cursos *online* são comercializados prometendo períodos específicos de acesso. Durante esse período, o aluno pode assistir as aulas quando e quantas vezes desejar. Essa dinâmica ajuda muito no contorno de possíveis imprevistos.
Qualidade	Aqui a qualidade é uma caixinha de surpresas. O aluno pode se deparar com professores excelentes e outros nem tanto (alguns, inclusive, improvisados, a depender da matéria).	A qualidade dos cursos *online* costuma ser melhor. Como as gravações ocorrem em um ritmo menor e menos repetitivo que cursos presenciais, acaba sendo mais fácil os preparatórios contratarem os grandes professores[1].
Acessibilidade	Se você não for vizinho do curso, então provavelmente irá investir muito tempo e dinheiro para o deslocamento até o local das aulas. No longo prazo, todo esse tempo, energia e dinheiro costumam pesar (foi um dos principais motivos para eu ter abandonado os cursos presenciais e migrado para os cursos online quando era concurseiro).	Por sua natureza, os cursos *online* podem ser acessados em qualquer lugar, desde que você tenha em mãos algum dispositivo eletrônico com acesso à internet. Alguns cursos, inclusive, já estão trabalhando com aplicativos em que o aluno consegue ter acesso às aulas mesmo *off-line* (sem internet).

1. Já tive a oportunidade de gravar aulas para grandes cursos preparatórios em diversos Estados do país, algo que seria impossível se a demanda fosse para cursos presenciais.

Analisando as principais diferenças, forçoso concluir que os cursos online levam vantagem sobre os cursos presenciais.

Uma indagação que costumo receber constantemente é: "mas professor, eu só consigo prestar a atenção nas aulas se tiver um professor na minha frente falando... se for curso *online* eu não consigo, me distraio, o que eu faço?".

Se você se identificou com o problema acima preciso ser totalmente franco, isso é apenas uma crença limitante. Não, você não sofre de nenhuma incapacidade. Garanto que consegue assistir por horas filmes, novelas, séries e jogar videogame. Seu problema, ao menos por enquanto, não é falta de alguma espécie de capacidade de foco, o seu problema é apenas falta de interesse.

Com a devida insistência (principalmente nas primeiras semanas) e da forma correta (especialmente por meio de estudo ativo[2]), você se adaptará rapidamente às aulas virtuais e poderá, inclusive, render muito mais do que rendia em cursos presenciais.

2. As formas de estudo ativo serão aprofundadas em capítulo próprio.

ETAPAS DA PREPARAÇÃO PARA CONCURSOS PÚBLICOS E A DEFINIÇÃO DO PRAZO DE ESTUDOS PARA PASSAR

Rodrigo Lima

A jornada rumo à aprovação em concursos públicos é composta por duas etapas cruciais e decisivas. A primeira delas está relacionada ao TEMPO, ou seja, o período que você vai dedicar à preparação até o grande dia da prova. Já a segunda etapa está relacionada ao CONTEÚDO que você irá absorver durante essa preparação. Eu costumo chamar essas duas etapas de "horizontal" e "vertical", respectivamente.

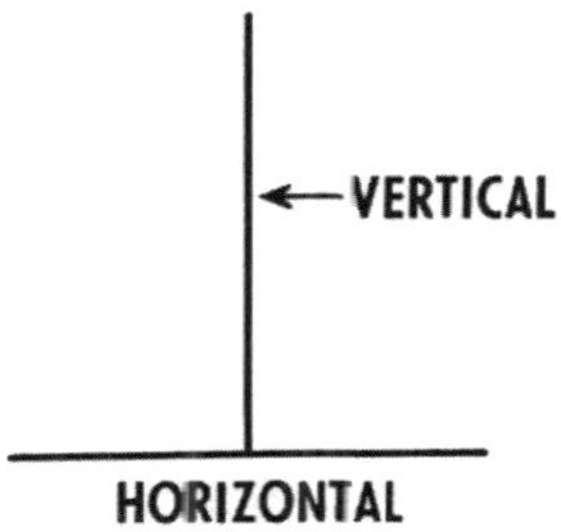

Cada uma dessas etapas possui marcos significativos que irão permitir que você avalie de forma realista em que estágio de preparação se encontra, sem criar expectativas irreais ou ansiedades desnecessárias. Afinal, estudar para concursos públicos é uma maratona, não uma corrida de curta distância.

Por exemplo, não é porque você já estuda há muito tempo para concursos que necessariamente é um estudante avançado. É possível que você ainda esteja na fase inicial, apenas assistindo videoaulas, sem ter feito nenhum exercício sequer. Mesmo que você tenha assistido a todas as aulas de um determinado concurso, isso não significa que já é um expert no assunto. É preciso entender que essa é uma jornada contínua e que a evolução depende da absorção efetiva do conteúdo.

Compreendendo essas duas etapas, seu papel será definir em qual delas você se encontra e trabalhar com dedicação e empenho para percorrer todo o caminho até a aprovação. Não adianta tentar pular etapas ou buscar atalhos, isso só atrasará ainda mais a sua aprovação.

Para ajudá-lo a entender melhor o que cada uma dessas etapas representa, vou detalhar cada uma delas a seguir. Vamos começar pela etapa horizontal, ou seja, o tempo de preparação.

1. ETAPA HORIZONTAL – TEMPO DE PREPARAÇÃO

A preparação para concursos é como uma jornada que se divide em diversas fases, cada uma delas com suas particularidades e desafios únicos. De forma geral, podemos separar a sua preparação em oito fases: preparação antecipada, pré-edital e pós-edital.

Cada uma dessas fases exige uma postura específica e afeta diretamente o seu estado emocional, níveis de nervosismo, ansiedade e motivação. Por isso, é crucial entender que a preparação não é uma jornada linear e constante. Ela muda de acordo com o passar do tempo, exigindo um esforço cada vez maior conforme a prova se aproxima.

Se você não compreender essa dinâmica, corre o risco de fazer certo, mas na hora errada. Isso pode resultar em uma preparação ineficaz e perda de tempo. É essencial, portanto, se adaptar às mudanças e ajustar seus estudos e comportamento a cada fase.

Para ajudá-lo a se preparar da melhor forma possível, vou detalhar cada uma dessas fases e mostrar como você pode adequar sua preparação em cada uma delas.

1.1. Estudo antecipado

A preparação para uma prova é como uma montanha russa emocionante, com altos e baixos que testam sua determinação e habilidades. Na verdade, ela segue o formato de uma curva de Gauss, como a que você pode ver na imagem abaixo.

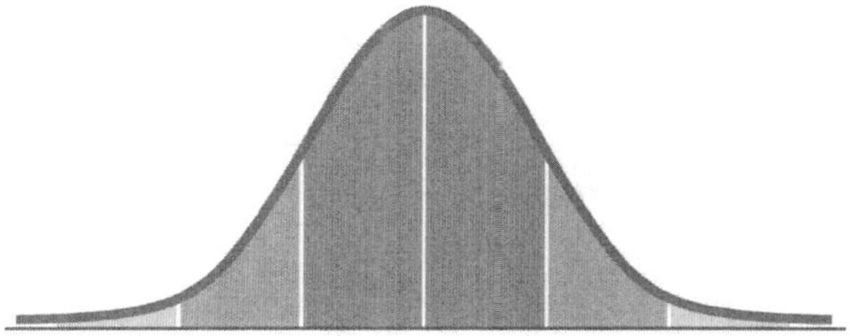

Esse formato começa com uma frequência mais baixa, permitindo que você se adapte e evolua gradualmente até alcançar seu pico de desempenho. Depois disso, inevitavelmente, seu rendimento começará a cair. Isso é normal, afinal, ninguém consegue manter um alto rendimento por mais de dois ou três meses seguidos – é humanamente impossível.

No entanto, muitos alunos ainda acreditam que a preparação é uma linha reta, como se pode ver na imagem abaixo.

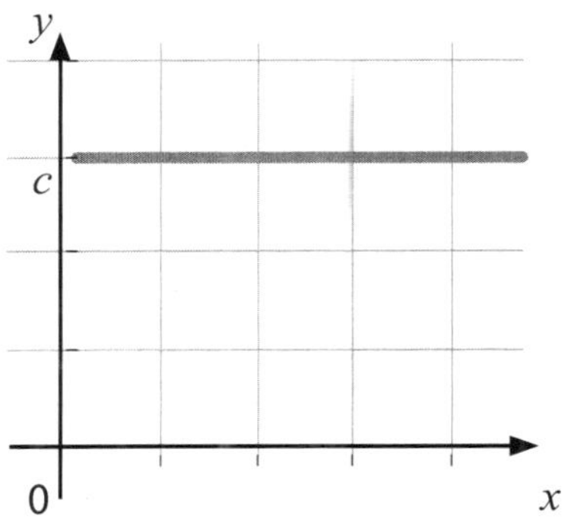

Eles acham que o começo é o mesmo que o fim, que podem manter o mesmo ritmo durante toda a caminhada. Mas isso é um equívoco que pode prejudicar seriamente sua preparação, caso adote esse pensamento.

Muitos alunos começam com empolgação a preparação para concursos públicos, acreditando que basta estudar para ser aprovado. Mas, à medida que o tempo passa, a animação diminui e a descrença toma conta, levando muitos à desistência. A trajetória desses alunos é como um tobogã, com um começo empolgante e uma queda vertiginosa, como na imagem abaixo.

Começar a se preparar para um concurso público é desafiador. Mas a chave para o sucesso é começar de forma humilde e evoluir diariamente, cuidando de todas as áreas necessárias para chegar no auge da preparação no dia da prova, tendo consciência de que a preparação tem o formata da curva de Gauss apresentada acima. E a melhor maneira de fazer isso é através da preparação antecipada.

O estudo antecipado permite que você se prepare com calma e sem precisar fazer mudanças drásticas em sua rotina. O aluno vai de adaptando aos poucos ao novo estilo de vida, sem medos, sem traumas e, principalmente, sem minar sua autoestima e sua motivação.

Lembre-se de que a experiência é uma grande aliada e a preparação para um concurso segue uma curva de evolução, que começa devagar e vai aumentando até o auge do desempenho, antes de começar a cair. Então, comece de forma humilde e vá evoluindo a cada dia, em todas as áreas necessárias, para alcançar seu objetivo.

Para se tornar um aluno de alto rendimento, é preciso entender que essa conquista não acontece da noite para o dia. É um processo diário de construção, que começa com a organização das tarefas e o planejamento cuidadoso de cada dia. À medida que o tempo passa, o aluno aprende a substituir atividades menos importantes pelos estudos, até que sua rotina seja completamente voltada para a preparação para concursos públicos.

No início, pode ser difícil saber o que priorizar, mas com o tempo e a dedicação, o aluno vai aprendendo a identificar o que realmente importa e a seguir no caminho certo em direção à aprovação. Lembre-se: a jornada para se tornar um aluno de alto rendimento começa com pequenos passos, mas, com disciplina e constância, é possível chegar lá!

1.2. Fase do pré-edital

Ao seguir essa estratégia, o aluno vai se tornando cada vez mais adaptado a esse novo estilo de vida, se preparando de forma cada vez mais eficiente para a prova, cuidando de todas as bases necessárias para alcançar uma boa preparação. À medida que o tempo passa e o edital se aproxima, sua postura também precisa mudar. Ele deve se tornar mais rigoroso com sua alimentação, sono, execução de simulados e vida social.

Durante o período de estudo pré-edital, o aluno já deve estar ciente de que o edital está prestes a ser lançado e precisa se preparar para as novidades que virão. Todo edital traz algo novo, seja em relação às matérias, ao formato da prova, à quantidade de matérias cobradas ou à profundidade das questões. Sabendo disso, o aluno deve fazer um trabalho físico, mental e espiritual para este momento, para que possa se adaptar às novidades quando o edital sair.

É importante que o aluno esteja na frequência certa, com a postura correta, para que não surte e não tenha nenhum tipo de abalo físico, mental ou de ânimo e desista de encarar a prova. Ele não pode estar no auge de sua preparação e nem se exigir ao máximo, pois ainda não é o momento. É como se ele estivesse dirigindo um carro esportivo, pesando no acelerador, mas com o freio de mão levemente puxado.

Durante a fase do pré-edital, é fundamental que o aluno esteja consciente de que ainda está no meio da trajetória e que precisará de muita energia, força e garra para enfrentar o período do pós-edital. É uma etapa desafiadora que exige muita disciplina e dedicação para manter o ritmo de estudos e se preparar adequadamente para as novidades que virão com a publicação do edital.

Por isso, é preciso estar em sintonia com os estudos e com a postura correta, cuidando da alimentação, do sono, do corpo e da mente para que possa enfrentar as mudanças sem perder o ânimo e a disposição. É como correr uma maratona, é preciso ter fôlego e persistência para alcançar a linha de chegada com sucesso.

1.3. Fase do pós-edital

Chegou a hora de acelerar rumo à sua aprovação! Se antes você estudava com o freio de mão puxado, agora é a hora soltar o freio de mão, pisar com tudo no acelerador e ainda ligar o turbo, colocando toda a sua energia em função nos estudos.

Após a divulgação do edital, sua atenção deve estar 100% voltada para a prova. É preciso renunciar a atividades sociais e refazer o planejamento para os próximos 2 a 4 meses. Se prepare para fazer simulados todos os fins de semana e dedique-se de corpo, alma e coração para a prova.

Nesse período, seus sentidos estarão mais aguçados do que nunca e é importante explorá-los da melhor forma possível. Isolar-se é fundamental para manter o foco e a disposição. Lembre-se, alguns alunos chegam a remarcar até mesmo casamentos por conta do pós-edital!

Agora é hora de medir e controlar seus estudos de forma específica e certeira, priorizando as matérias que realmente farão a diferença na prova. Reflita sobre quais matérias você tem um melhor desempenho e quais precisa melhorar. Foque no núcleo duro, ou seja, nas matérias mais importantes para a prova.

Assim, nesta fase, é necessário se organizar, medir seu progresso e tomar as decisões corretas para direcionar seus estudos e ter um excelente desempenho na prova.

2. ETAPA VERTICAL – CONTEÚDO A SER APRENDIDO

Vamos mergulhar na etapa vertical da preparação! Aqui, você vai aprender tudo sobre o conteúdo do concurso e, infelizmente, a MAIORIA (90%) dos estudantes acaba pecando, desperdiçando tempo e energia e, consequentemente, patinando na preparação.

Mas calma, não se preocupe! Vamos simplificar essa etapa da preparação em duas fases para que tudo fique mais claro.

A primeira fase consiste em estudar a matéria, adquirir vocabulário e conhecimento amplo para ser capaz de responder às questões mais fáceis e médias do concurso.

A segunda fase é aprofundar seu conhecimento para estar preparado para as questões difíceis que possam aparecer. Resumindo, a preparação para concursos públicos pode ser resumida na seguinte fórmula:

P = E + A

Preparação para concursos públicos
Estudar a matéria
Aprofundar o conhecimento

Vamos agora destrinchar cada uma delas.

2.1 Estudar a matéria

Nessa primeira subfase, é importante passar por toda a matéria, estudar todo o conteúdo e fazer um "overview" do assunto a ser aprendido. Com isso, você vai pegar o conhecimento básico do assunto. Você vai ganhar também vocabulário, maturidade para compreender as questões e criar uma base de conhecimento sólida para conseguir "matar" as questões de nível de dificuldade fáceis e parte das médias.

Isso mesmo! Todo concurso é composto por questões de diferentes níveis de dificuldade, sendo as fáceis entre 40-60%, as médias entre 40-30% e as difíceis entre 30-10%, mas essa proporção varia de acordo com o concurso em questão.

Muitos candidatos iniciantes acreditam que basta estudar um pouco para passar em um concurso, mas a verdade é que quem passa acerta a maioria das questões fáceis e médias, além de algumas difíceis.

Então você já sabe que a primeira fase da sua preparação é estudar a matéria, mas o que isso realmente significa? Para memorizar o conceito de estudar eu criei o seguinte mnemônico:

FARP

Segue o entendimento de cada uma dessas letras:

Fazer questões
Assimilar a matéria
Revisar
Produzir material de revisão

Então você precisa fazer o FARP para cada um dos tópicos do edital.

Para cada uma dessas letras você vai escolher uma forma para executa essas tarefas. Vamos a algumas sugestões:

- Fazer exercícios: escolha a ferramenta de exercícios que mais te agrada. Sugiro que experimente algumas e fique com aquela que mais atender você quanto à facilidade de manuseio, boa interface, bons filtros, etc;
- Assimilar a matéria: Videoaulas, PDF... aqui você pode usar também o Google e o ChatGPT;
- Revisar: você pode revisar as matérias por meio de mapa mental, tabelas, pelo seu material sublinhado, flash cards, enfim,

existe uma infinidade de opções. Escolha aquela com a qual você mais se adaptar;

- Produzir material de revisão: aqui reside um grande dilema. Muita gente fala para você produzir o seu próprio material de revisão. Por outro lado, muitos falam que você tem que adquirir esses materiais já prontos por aí.

Então, vamos desmistificar esse dilema: vamos ser realistas: tempo é um recurso precioso e, muitas vezes, escasso. Por que não aproveitar materiais já prontos e disponíveis no mercado? Eles foram criados por especialistas que investiram tempo e energia na produção de conteúdo de qualidade para ajudá-lo a se preparar da melhor forma possível.

Então, se você está em busca de resultados rápidos e eficientes, avalie bem a possibilidade de utilizar mapas mentais e outros materiais prontos que estão à disposição.

Se achar que eles não são suficientes para atender suas necessidades, produza seu próprio material de revisão e complemente com outros já disponíveis no mercado. O importante é encontrar a estratégia que melhor se adapte ao seu perfil e objetivos.

2.2. Aprofundar o conhecimento

A segunda fase da sua preparação é a que vai fazer toda a diferença na hora de alcançar a aprovação dos seus sonhos: o A de APROFUNDAR o conhecimento. Mas o que isso realmente significa?

Depois de estudar todo o conteúdo do edital, você precisa ir além e mergulhar de cabeça nos tópicos mais importantes, entender cada detalhe e dominar todas as nuances. É hora de ir fundo e se tornar um verdadeiro especialista naquilo que você está estudando! Afinal, não basta apenas saber o básico, você precisa se destacar da multidão e mostrar para a banca examinadora que está preparado para encarar qualquer desafio que apareça na prova.

Então você vai estudar a matéria de forma em um primeiro momento e, em seguida, você irá aprofundar o conhecimento através de questões. MUITAS QUESTÕES! Aqui você vai chegar a fazer 10, 20, 30 mil questões.

Mas cuidado: não basta apenas fazer muitas questões. Você precisa conjugá-las com uma revisão constante da matéria que produziu na primeira fase de sua preparação. Então, faça muitas, muitas questões, e não deixe de lado as revisões. Então essa fase consiste em:

Aprofundar o conhecimento = F + R + S

Fazer questões

Revisões estruturadas

Simulados regulares e de forma consistente

Não se esqueça dos simulados! Além de realizar um grande número de questões e revisar a matéria, é fundamental que você faça simulados todos os finais de semana no formato da sua prova.

Mas como dividir o tempo entre essas tarefas? Uma forma é dedicar 70% do seu tempo à resolução de questões, 30% para revisar o conteúdo estudado e, nos finais de semana, fazer simulados.

Com essa estratégia, você vai se preparar de forma eficiente e ter mais chances de conquistar a sua vaga no serviço público!

E assim chegamos ao final das minhas dicas de como se preparar para concursos públicos. Mas antes de encerrarmos, quero reforçar que você não precisa esperar terminar toda a matéria para começar a fazer simulados e aprofundar o conteúdo. É possível combinar essas etapas durante a sua preparação, respeitando cada uma delas e mantendo o foco e a disciplina.

Além de se dedicar aos estudos, é fundamental que você preste atenção nas etapas da sua preparação para concursos públicos, tanto na vertical quanto na horizontal. Não adianta estudar de forma aleatória, sem um direcionamento definido. Por isso, é imprescindível que você saiba exatamente onde se encontra e para onde quer ir.

Assim, será possível traçar uma estratégia de estudos adequada e executar um planejamento eficiente, tendo em mente as etapas que já concluiu e as que ainda precisa finalizar. Com a execução adequada do que acabei de ensinar, tenho certeza que a sua aprovação será algo certo, como foi para mim.

Espero que as dicas tenham sido úteis e que você se sinta mais confiante para encarar essa jornada. Lembre-se de que a preparação para uma prova não é um bicho de sete cabeças e que você é capaz de passar, desde que se dedique da forma correta e não desista. Com força, garra, disciplina e constância, você vai chegar lá e realizar todos os seus sonhos.

ESTUDO ATIVO E ESTUDO PASSIVO

Thiago Pereira

1. O FAMOSO E MISTERIOSO ESTUDO ATIVO

Estamos de volta, com mais um capítulo neste incrível livro e um verdadeiro guia para você conquistar altíssima performance nos seus estudos. Quero trazer aqui para você as bases do **estudo ativo** e como ele pode ser uma **ferramenta poderosa** para **melhorar a aprendizagem e a memorização**. Exploraremos, de forma objetiva, estratégias avançadas que podem ser especialmente úteis para aqueles que se preparam para concursos públicos e desejam otimizar sua preparação. Quero também acabar com uma das maiores "*Fake News*" no mundo dos concursos, a tão famosa Pirâmide do Aprendizado, que traz uma ideia muito errada sobre aprendizagem e a forma como nosso cérebro aprende, determinando "rótulos" que são completamente infundados e irreais, quando entendemos os verdadeiros princípios da aprendizagem.

Nas próximas linhas, é exatamente isso que quero lhe ensinar. Estudo ativo não se trata de método X, Y ou Z; ou então, estratégia mirabolante, única, bláblábIá... Estudo ativo é você **compreender os verdadeiros princípios da memória**, aplicá-los nos estudos, **demandar esforço** do seu cérebro e manter a consistência no processo.

Você já viu essa imagem em algum lugar? Provavelmente circulando em suas redes sociais?

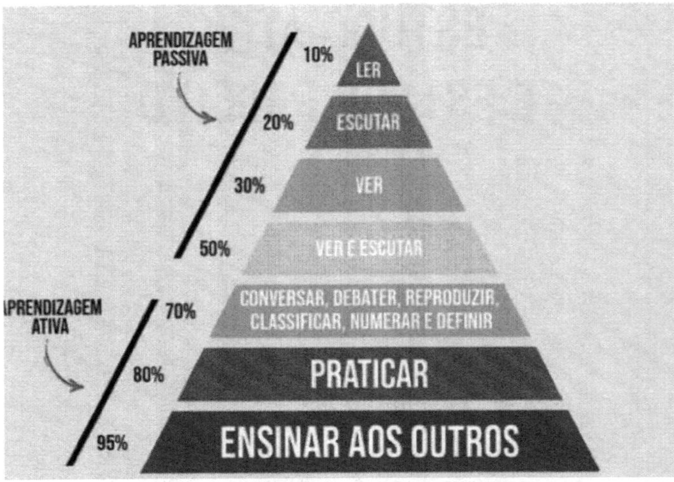

A Pirâmide de Aprendizagem, proposta por William Glasser.

A Pirâmide de Aprendizagem, proposta por *William Glasser*, apresenta uma representação gráfica, mostrando as supostas porcentagens de retenção de conhecimento relacionados à atividade educacional feita. Preciso te dizer que essa representação **NÃO TEM QUALQUER BASE NEUROCIENTÍFICA**, e está completamente equivocada na sua fundamentação. A nossa capacidade de aprender não está relacionada ONDE ou COMO nós fazemos os estudos. De acordo com a Pirâmide de Aprendizagem, aprenderíamos apenas 10% lendo um material, e 95% ensinando outras pessoas. Será mesmo? Quer dizer então que se você hoje lê uma matéria que goste muito, você aprende apenas 10%? E se você tentar ensinar algo que não gosta para outra pessoa, vai aprender muito e se lembrar a longo prazo? Muito pelo contrário certo?

Muitas vezes lemos apenas uma vez alguma coisa que gostamos muito, e aprendemos de imediato. E outras vezes, mesmo que façamos a leitura, escutemos áudios, tentemos ensinar para alguém, por não nos interessarmos verdadeiramente pelo assunto, não aprendemos, esquecemos e temos grandes desafios. Isso, dentre outros exemplos, demonstra claramente que essa pirâmide não leva em consideração o que realmente importa, apenas fazendo análise fria sobre a ferramenta ("método") de estudo.

Mas Thiago, então qual a verdadeira Pirâmide do Aprendizado, segundo a Neurociência? Você pode aprender 100% de qualquer assunto apenas lendo, ou apenas ouvindo, ou apenas assistindo, ensinado...seja lá como for. Porque o que realmente importa são os PRINCÍPIOS por trás dos estudos, que você precisa respeitar para aprender e memorizar rápido um conhecimento. Sabendo disso, apresento a você a verdadeira pirâmide do aprendizado, e peço que a partir de hoje você também seja um propagador da verdade, e não acredite em rótulos e "métodos prontos" que prometem solucionar os problemas de memória e estudos.

2. A VERDADEIRA PIRÂMIDE DO APRENDIZADO SEGUNDO A NEUROCIÊNCIA

O que há de tão diferente e magnífico na verdadeira pirâmide? Que NÃO IMPORTA o meio e a forma pela qual você estuda, e sim o **quanto você está preparado para estudar,** seu **Estado Emocional, Estado Mental e Físico**, para depois, como uma "cereja do bolo", usar técnicas para potencializar o seu processo de estudo.

Agora olha o absurdo que acontece com a maioria dos concurseiros!

No dia que o indivíduo toma a decisão de começar a estudar, as **duas primeiras decisões**, gerente bem comuns entre os candidatos, já são as mais burras e que **derrubam de imediato a verdadeira pirâmide**, antes mesmo da pessoa iniciar sua jornada de fato nos estudos: ela diz que precisa ganhar tempo para estudar, e assim decide **parar de fazer atividade física** e **dormir menos.**

Eu sei, também fiz isso no início dos meus estudos, e certamente foi uma decisão errada. Na boa intenção e na **crença de que temos que estudar muito para ser aprovado**, ainda propagada no mundo dos concursos por muito, passamos a acreditar fielmente que temos que **deixar de viver para estudar**; o corpo espera, o sono espera, a saúde espera; os amigos esperam...preciso estudar! **NÃO VAI FUNCIONAR**, ou, e funcionar, será aprovado com depressão, estresse, doenças, problemas articulares, na coluna, dentre outros. **NÃO PRECISA SER ASSIM, NÃO DEVE SER ASSIM!**

Quero trazer agora, para complementarmos o conceito de estudo ativo, alguns **princípios que devem ser respeitados para você alcançar eficiência nos estudos**, bem como, em seguida e para encerrarmos este capítulo com chave de ouro, uma pequena sequência de ações para a sua sessão de estudos, que irá ativar boa parte desses princípios e auxiliar seu processo de retenção e consolidação do que estudar. Repare que não estou me preocupando em te ensinar técnicas e métodos, e sim **PRINCÍPIOS**. Se você os entender e aplicá-los na sua rotina, importará muito pouco a técnica ou ferramenta que está usando. Você vai aprender mais e melhor de qualquer jeito.

3. PRINCÍPIOS DA MEMÓRIA, APRENDIZAGEM E ESTUDO ATIVO

3.1. Durma bem

Você já deve ter ouvido frases do tipo..."*Enquanto você está dormindo, tem um japonês estudando*"...ou..."*Estude enquanto eles dormem, e fure a fila*". Bem, eu preciso te dizer uma coisa, na verdade, uma nova frase:

> *"Estude enquanto eles dormem, e MORRA MAIS RÁPIDO!"*

Soa meio pesado isso certo? E é a mais pura verdade, mas infelizmente nunca fomos ensinados a compreender e valorizar o sono do jeito que deve ser valorizado, compreendido, e usado em nossas vidas. Ou você realmente acredita que Deus (ou seja, lá em que você acredita que originou o ser humano), na sua máxima sabedoria e inteligência, nos faria dormir um terço da nossa vida à toa? Se não dormimos este um terço com qualidade, certamente apenas sobreviveremos os outros dois terços, mas jamais viveremos de fato nosso máximo potencial, nossa máxima performance, não apenas física, mas especialmente mental, cognitiva.

QUEM NÃO DORME BEM, NÃO APRENDE BEM!

POR QUE VOCÊ DEVE QUERER DORMIR BEM?

De acordo com registros científicos, em mais de 17 mil artigos da ciência e neurociência, são vários os benefícios que temos ao cuidar do nosso sono da maneira correta, vejamos:

- Fará você viver mais tempo
- Melhora e fortalece a memória
- Aumenta seu poder de criatividade
- Auxilia no Controle de peso corporal
- Auxilia no Controle de Desejos e impulsividades
- Auxilia no desenvolvimento de um Sistema imunológico turbinado
- Proteção conta Câncer, Demência e Alzheimer
- Aumenta seu poder de Motivação, Foco e Felicidade
- Auxilia na redução da ansiedade

QUANTO TEMPO PRECISO DORMIR?

Um adulto saudável precisa (não é opcional) dormir pelo menos 7 a 9 horas por noite. Se você dormir menos do que 7 horas, ou mais do que 9, em ambas as situações, você já terá probabilidade de desenvolver algumas reações indesejáveis a médio ou longo prazo na sua vida, como déficit de atenção, desmotivação, preguiça, humor deprimido, perda de Memória, dificuldade de formar novas memórias, ansiedade e inquietação, impulsividade, Agressividade, fome excessiva, dentre outros sintomas.

Cabe ressaltar aqui algo de EXTREMA IMPORTÂNCIA! Não se trata apenas de quantidade de sono, única métrica que a maioria das pessoas dá atenção apenas. Quando estamos falando em melhorar nosso sono, dormir com qualidade para melhorar nossa performance em todos os sentidos, são 3 os PILARES de um SONO DE QUALIDADE, reparador, restaurador e potencializador:

- **DURAÇÃO** ⇢ 7 a 9 horas por noite.
- **QUALIDADE** ⇢ Dormir bem, atingir o sono profundo, não acordar cansado, praticar higiene do sono
- **REGULARIDADE** ⇢ Buscar dormir e acordar sempre, ou próximo, dos mesmos horários

SONO E APRENDIZADO, A BASE DA PIRÂMIDE!

O sono não apenas mantém as memórias adquiridas antes de dormir, como também recupera as que pareciam ter sido perdidas logo após o aprendizado. Ou seja, após uma noite de sono, somos capazes de acessar e fortalecer memórias que antes não estavam mais acessíveis, como se fosse uma restauração de arquivos corrompidos de uma pasta, que foram encontrados.

Além disso, olhe a importância do sono, segundo algumas evidências científicas:

- A falta de sono promove uma redução de 40% na retenção de informações, bem como o que foi consolidação mais rápido e fraco (um estudo passivo ou superficial), também irá "evaporar" mais rápido;
- A falta de sono impacta até mesmo o DNA e Genes relacionados ao aprendizado nas células cerebrais do hipocampo;
- A privação do sono aumenta a formação de falsas memórias. Apenas 1 noite de privação total de sono, ou sete noites com privação parcial de sono (1h ou mais) são suficientes para

formação de falsas memórias, interferindo em nossa tomada de decisão (*Sleep deprivation increases formation of false memory*).

- O sono de qualidade é fundamental para "lavar" o cérebro de substâncias potencialmente toxicas. A falta de sono profundo promove acúmulo no cérebro de proteína beta-amiloide, e isso aumentar o risco de desenvolver Alzheimer (*Current Biology – Sleep disturbance forecasts B-Amyloid Accumulation across subsequent Years*).

SONECA PARA APRENDER MAIS!

O cochilo de 60 a 90 minutos é fundamental para o aprendizado humano, independente da qualidade do sono à noite. Pesquisas apontam que cochilos podem levar a um melhor desempenho cognitivo, facilitando a aprendizagem, semelhante ao processo que ocorre no sono noturno. Tirar uma SONECA é melhor do que fazer uma simples pausa, ou até mesmo ficar revisando o conteúdo, para fins de memorização. Os benefícios são percebidos mesmo para testes realizados no mesmo dia, como após 1 semana (*Sleep Research Society – The long-term memory benefits of a daytime nap compared with cramming – James N. COusins e outros*).

Em comparação com o intervalo entre os estudos de igual duração, um período de sono pós-aprendizagem aumenta a retenção de informações declarativas e melhora o desempenho, ainda que seja um cochilo ultracurto de 6 minutos, pode melhorar a retenção da memória (*Reviews – The memory funcion of sleep – Susanne Diekelmann and Jan Born*).

HIGIENE DO SONO

Se você deseja melhorar sua qualidade de vida, qualidade de estudo e qualidade de sono, praticar a higiene do sono é pré-requisito essencial para melhorar sua performance. Deixo abaixo algumas dicas simples e objetivas que irão te ajudar a fazer isso, e se quiser se aprofundar, existe muita literatura científica disponível na internet.

- Pratique uma **rotina de RELAXAMENTO** a noite, antes de dormir, para reduzir ansiedade, temperatura corporal e frequência cardíaca;
- **2 horas antes de dormir** → NADA de exercícios físicos ou algo que possa estimular seu sistema nervoso e cardíaco.
- Pratique **Meditação** diariamente e crie um **Diário de Preocupações** (anote tudo que te preocupa em um papel toda noite antes de dormir)
- Faça do **quarto um ambiente propício** para o sono: temperatura baixa (18 a 21 graus), o mais escuro possível, SEM QUALQUER ELETRÔNICO.
- **Diferencie o seu quarto**, do local de Estudo, ou de lazer. Entenda uma coisa: quarto e cama servem apenas para 2 coisas: transar ou dormir, nada mais.

3.2. Espaçamento

Uma das descobertas mais importantes na pesquisa sobre aprendizagem é o princípio do espaçamento. Em vez de tentar absorver todo o conteúdo em uma única sessão de estudo longa, é mais eficaz distribuir seu estudo ao longo do tempo. Isso significa que, em vez de estudar durante cinco horas seguidas em um dia, é mais vantajoso estudar uma hora por dia durante cinco dias.

Da mesma forma, nas revisões, o espaçamento é fundamental para a construção da memória de longo prazo. "*Thiago, preciso seguir* a curva do esquecimento, ou seja, revisões em 24 horas, 7 dias, 21 dias, 30 dias, etc?" Você **pode sim usar este modelo, mas não necessariamente ele irá se adequar a sua rotina**. Por isso que eu reforço que não importa o método em si, mas o **princípio por trás**. Se você fizer revisões respeitando o espaçamento, e sim, compreendendo que as **primeiras revisões precisam acontecer mais próximas do estudo**, e com o passar do tempo você deve aumentar o intervalo entre elas, pronto... auxiliará sobremaneira seu cérebro a **memorizar muito mais a longo prazo.**

3.3. Intercalação

A intercalação é outro princípio poderoso. Em vez de estudar um tópico específico por um longo período, intercale diferentes tópicos em suas sessões de estudo. Isso força seu cérebro a fazer conexões entre conceitos e a reter informações de maneira mais eficaz. Intercale também matérias no mesmo dia, para que seu cérebro seja ativado de formas diferentes, e possa "descansar" e o mesmo tempo "processar" o que estudou na matéria anterior. Exemplo simples: ao invés de estudar Direito Constitucional, Direito Administrativo, Direito Tributário no Dia 1, e Português, Raciocínio Lógico e Informática no Dia 2, intercale as matérias de forma a variar mais o estilo de estudo. Assim, teríamos, respeitando o princípio, algo do tipo:

- **Dia 1** ⇢ Direito Constitucional / Raciocínio Lógico / Direito Tributário
- **Dia 2** ⇢ Português / Direito Administrativo / Informática

3.4. Previsibilidade e segurança

Se existe algo que o **cérebro humano é simplesmente viciado, é segurança**. Grande parte das nossas atitudes e decisões, comandadas pelo sistema límbico, nos leva a buscar segurança (sobrevivência, da mesma forma que nossos ancestrais nas cavernas). E o que isso tem a ver com **estudos e concursos**?

Repare que o fato de estudar para um concurso, por si só, não é algo nem previsível, nem seguro, nem controlável. Você não sabe se vai passar, quando vai passar, quando terá o concurso, se estará vivo no dia da prova. Este é o principal motivo pelo qual concurseiros têm o **desafio de se manterem consistentes a longo prazo**. O cérebro não consegue compreender o processo e te ajudar no caminho, por não ter nenhuma certeza de que o resultado vai acontecer, com absoluta convicção.

Trazer **previsibilidade** (por meio de planejamento, rotina, agenda de vida, ciclo de estudo) e **segurança** (ter bons materiais, ter um Mentor que te direciona, ter clareza do que realmente deseja, saber estudar, seguir um bom plano) são dois grandes **detalhes que farão toda diferença no processo**. Você conseguirá convencer muito mais seu cérebro a estar com você e te apoiar nos estudos.

3.5. Esforço mental – Motivação, alerta e foco

SE ESTIVER FÁCIL, ESTÁ ERRADO!

Temos aqui mais um grande dilema. Nosso cérebro busca sempre o maior conforto possível, com menor gasto de energia possível. É por isso que é tão gostoso assistir videoaula. Você fica sentado, sem se esforçar, assistindo passiva e confortavelmente na cadeira (alguns ainda apelam para o sofá e a cama). Ou então leem passivamente, como se estivessem lendo uma revista, e no final não aprendem nada. **Continue assim, e garantirá sua reprovação**!

Para que haja o verdadeiro aprendizado, é **CRUCIAL QUE EXISTE ESFORÇO MENTAL**. Este é o grande motor por trás do estudo ativo (e da revisão ativa – evocação mental), que o diferencia do estudo passivo. Você precisa esforçar seu cérebro, precisa ter cansaço mental, precisa "**bater cabeça**", precisa "**fritar seus neurônios**" durante a sessão de estudo, por meio de **questionamentos**, **exercícios**, **explicar** a si o que acabou de ler, **correlacionar** conceitos, **lembrar "de cabeça"** o conteúdo sem ler.

3.6. Prática repetida

Estudar teoria é importante, e a **aplicação prática** é crucial lapidar seu conhecimento e dominar provas de concursos públicos. **Resolva questões diária e constantemente**, analise seus erros. Isso ajudará a **testar seu conhecimento**, a aumentar sua **confiança** e acelerar sua **memorização de longo prazo**, devido do **Efeito Teste**, amplamente estudado pela neurociência e comprovadamente um dos **melhores métodos de potencializar a memória** (até 40% mais do que apenas o estudo teórico). Como eu sempre digo aos meus alunos e mentorados: **CPR todos os dias, em casa sessão de estudo** (Conhecimento-Estudo / Prática / Revisão), não importa se serão 30 minutos, ou 1h30 cada sessão, sempre faça essa divisão do horário, obviamente que a aquisição do conhecimento, geralmente, tomará mais do tempo, exceto se for um aluno avançado, em que 80% do seu tempo, ou mais, estará voltado para revisão e resolução de questões.

3.7. Gerenciamento de energia mental

Gerenciar seu tempo de estudo é crucial para **evitar sobrecarga e exaustão**. Crie um cronograma de estudo equilibrado, priorizando tópicos mais difíceis e fazendo **pausas regulares para descanso**. Mais importante do que isso, gerencie muito bem a sua vida, para que sua **energia mental** esteja sempre "**carregada**". Faça pausas ao longo do dia, realize práticas de respiração consciente a cada 3 horas, por 5 minutos, beba água frequentemente, tire soneca, pratica atividade física, separe atividades do dia em bloco, acalme sua mente, tome um banho, faça uma caminhada ao ar livre. Quanto **mais descansado e carregado estiver o seu cérebro, mais fácil será sustentar o estado de foco, alerta, concentração e retenção do que estudar.**

3.8. Emoção nos estudos – As 3 maiores emoções nos estudos

Estudar ativamente para **concursos públicos** é um desafio, mas com estratégias avançadas, você pode otimizar seu aprendizado e memorização, especialmente **estratégias emocionais**. Memorize esta frase, tatue ela no corpo se for preciso (brincadeira hehe):

> Todo aprendizado depende
> do estado.

4. 7 PASSOS PARA UMA SUPER SESSÃO DE ESTUDO ATIVO

Thiago, sabendo de tudo isso, como eu poderia realizar uma sessão de estudos, digamos de 1h20min, de forma a obter o máximo de "atividade" do meu cérebro para potencializar minha memorização e consolidação do conteúdo? Excelente pergunta amigo! Vejamos um exemplo (não é um método exclusivo, criado por mim, e que você deva seguir fielmente; **ADAPTE** à sua rotina, este é o melhor método que existe, **sempre respeitando** os... **Princípios**).

Exemplo para uma sessão de 1h20min de estudos

1° Passo: *Skimming* ⇢ (5min) Passe por algumas páginas, e olhe somente tabelas, imagens, símbolos, fórmulas, fotos, esquemas, sem se preocupar em ler e aprofundar. Apenas um reconhecimento visual das imagens que aparecem (tudo o que não for texto corrido)

2° Passo: Skanning ⇢ (5min) Passe novamente pelas mesmas páginas, agora verificando a primeira e última frase de cada parágrafo, de maneira rápida. Além disso, grife apenas palavras que saltem aos olhos, que chamem sua atenção. Leia os títulos, subtítulos. Passe o olho também nas questões finais da aula para ver mais ou menos o que é cobrado. Tudo isso de maneira rápida, um "sobrevoo de reconhecimento".

3º Passo: Leitura Dinâmica ⇢ (5min) Faça agora uma terceira passagem, por meio de uma leitura dinâmica, dando ainda mais atenção às palavras que saltem os olhos ou que já estejam grifadas pelo professor. Leia realmente rápido, sem se preocupar em ler palavras que não são importantes.

4º Passo: Perguntas ⇢ (5min) Feitas essas 3 "leituras" iniciais, chegou a hora de criar perguntas, que irão direcionar seus estudos. Crie pelo menos de 5 a 10 perguntas, como se você quisesse encontrar respostas para tudo aquilo que foi destacado nas 3 passagens de leitura anteriores. Faça perguntas abertas, do tipo:

O que significa...?

Qual a definição de...?

Qual a função do...?

Quais as características da...?

Use *O QUE, COMO, QUANDO, QUAL, QUAIS, COM QUEM!*

5º Passo: Estudo de Fato, Anotações e Grifos ⇢ (35min) Agora você estudará de fato o material, lendo de forma profunda, ativa, focada e concentrada, buscando ENCONTRAR AS RESPOSTAS das perguntas que você fez, que foram criadas de forma direcionada, elas palavras, conceitos e destaques encontrados nas 3 fases iniciais. Faça mais grifos, anotações, sempre em busca de responder as perguntas criadas por você.

6º Passo: Resolução de Questões ⇢ (20min) Resolva as questões dos concursos, trazidas pelo professor, ao final da aula, para treinar, fortalecer e testar seus grifos, destaques, perguntas e respostas. Isso vai fortalecer já o aprendizado de imediato.

7º **Passo: Revisão Mental Imediata** ⇢ (5min) Faça uma revisão mental imediata, ou seja, após todas as fases anteriores, feche todo material e explique para você, em voz alta (ou baixa) o que estudou, as perguntas que criou e a respostas. Busque se lembrar o máximo possível de tudo que viu, e se precisar, e somente se realmente necessário, ao final, apenas olhe as marcações novamente que esqueceu.

⚠ ATENÇÃO!

Pause 5 minutos entre o 6º passo e este último, para já usar o princípio do espaçamento entre o estudo e essa primeira revisão imediata. Isso faz muita diferença na consolidação.

MEMORIZAÇÃO EFICIENTE PARA CONCURSOS

Michael de Jesus

1. NOÇÕES INTRODUTÓRIAS SOBRE A MEMÓRIA E PROCESSO DE MEMORIZAÇÃO

Caro leitor, olá. Este capítulo do livro não me foi atribuído por acaso. O convite para escrevê-lo aconteceu por causa dos meus números. Isso mesmo, números.

Já antecipo que não sou numerólogo; os números a que me refiro são os das minhas aprovações: doze vezes aprovado em concursos públicos das três esferas de governo (federal, estadual e municipal); aprovado no meu primeiro exame da OAB com 89% de acerto na primeira fase; aprovado para o mestrado em Direito Administrativo na PUC-SP; e para o doutorado em Direito Financeiro na USP.

A aprovação para o doutorado, além de exigir no processo seletivo uma base sólida em Direito, assunto esse relacionado a minha formação acadêmica, demandou o conhecimento de quatro idiomas (inglês, francês e italiano), o que de fato, sem dúvida, foi o grande desafio dessa minha jornada, já que nunca fui um expert em outro idioma que não o português, e mesmo assim obtive notas acima da média dos demais candidatos.

De fato, acabei me acostumando com as aprovações. Colecionei muitas delas ao longo da vida adulta, só que esse é o recorte da minha vida contada de trás para a frente, e acredito que o melhor a ser feito para este capítulo é contar o que fiz para chegar a esses números. Desde já antecipo que nada aconteceu por acaso; tudo isso é resultado de inúmeros fatores, especialmente ter aprendido como funciona minha memória e como devo estudar para poder memorizar mais do que a maioria das pessoas.

Essa percepção deu tão certo que foi possível passar até mesmo em provas de idiomas conhecendo muito pouco sobre cada um deles. Estudar errado é quase o mesmo que não estudar. De outro modo, o estudo adequado e planejado traz resultados até mesmo sobre aquilo que pouco dominamos.

Todas essas aprovações, para muitos, parecem refletir algum tipo de genialidade que me foi conferida pela divindade, só que isso está longe de ser verdade. O que existe é uma habilidade para fazer provas que aprendi a dominar ao longo da vida. O objetivo deste capítulo é tratar justamente dessa parte e não dos meus números – eles são a consequência.

Este texto não vai falar sobre o final feliz da minha história. Vamos trabalhar o processo de aprendizado, mais especificamente dois temas-chave para o sucesso em quaisquer provas: **memorização** e **revisão**.

Estudar e não memorizar o assunto vai colocar você no mesmo lugar daquele que nunca sequer se preocupou em ler sobre o mesmo tema.

Sei como é frustrante ler sobre algo e na hora da prova não lembrar o suficiente para ser aprovado.

"Como assim? Li, estudei muito e agora, durante a prova, não lembro da matéria". Isso é o que passa na cabeça daqueles que se dedicam e mesmo assim não obtêm sucesso na prova.

O resultado prático acabará sendo o mesmo de não ter estudado, com a diferença de que aquele que não estuda, além de ter se esforçado menos e por isso se desgastado pouco, aceita o resultado desastroso com muito mais facilidade do que aquele que fez renúncias em prol do estudo e mesmo assim não conseguiu a aprovação.

O esquecimento daquilo que foi estudado, o famoso branco, na hora da prova diz mais sobre a maneira errada de estudar e, consequentemente, memorizar o conteúdo estudado do que sobre a capacidade cerebral de cada um.

Claro que não estou me referindo a grandes gênios, por exemplo, Albert Einstein. Os gênios existem, mas são a exceção. São figuras tão raras que não devemos nos preocupar com eles, de tão inusitados que são. Quase a totalidade da população mundial é composta por pessoas normais, que se submeteram a processos de aprendizado diferentes. É por isso que os números que cada um coleciona ao longo da vida se referem ao seu processo de aprendizado e não a sua capacidade cerebral. Era nessa diferença que eu queria chegar.

Todos são dotados da mesma capacidade. O que diferencia uma pessoa de outra são o esforço e o aproveitamento do aprendizado, e esse foi o diferencial na minha vida.

Desde muito cedo, ainda sem qualquer conhecimento científico, percebi que no geral as pessoas estudavam de maneira intuitiva: passavam algumas horas lendo um livro ou uma apostila, e assim se dava a preparação para algum tipo de avaliação.

Acontece que tive muitas limitações, e o interesse em aprender me fez mudar a maneira de estudar muitas e muitas vezes ao longo da vida. Bem cedo abandonei aquele estudo intuitivo de leitura sonolenta às vésperas de alguma avaliação. A cada jeito que eu estudava, o meu aprendizado acontecia de maneira diferente.

Depois, numa fase mais madura na vida, agora com aprofundamento científico acompanhado de um embasamento sólido, passei a compreender como o cérebro funciona e como o processo de memorização, a partir desse conhecimento, pode ser substancialmente melhorado.

Desde já quero dizer que não vou me atrever a usar termos chatos e conceitos científicos que farão você ter sono. Prometo trabalhar aqui com um texto de leitura leve, mas com o aprofundamento necessário para conseguir ajudar você na aprovação que tanto deseja.

Hoje existe uma proliferação quase sem fim de "macetes" sobre memorização ou técnicas de estudo. Ocorre que, ao ver cada um desses materiais espalhados pelo YouTube ou nas redes sociais, notei que boa parte deles é construída com base em achismos, sem qualquer preocupação de entender aquilo que foi efetivamente estudado e testado, sem chegar a uma conclusão cientificamente comprovada sobre o que precisa ser feito para que uma memorização eficiente aconteça. Esse tipo de explicação é totalmente contrário a qualquer pressuposto metodológico que detenha um embasamento sólido.

De outra maneira, além desses "macetes" construídos com base em achismos infundados, encontrei materiais que são fruto de pesquisas aprofundadas, com alto grau de embasamento científico, mas que não são de fácil compreensão pela maioria das pessoas, devido a sua leitura um tanto quanto rebuscada.

Resultado: a internet é um poço sem fundo de informações relacionadas à memorização e ao aprendizado, mais especificamente o processo de aprendizagem voltado para provas de vestibulares, concursos e qualificação profissional, além de muitos outros, só que quase todo conteúdo ou é infundado ou de difícil leitura.

Outro assunto importante de que vamos tratar são as revisões. Elas não podem acontecer de qualquer jeito e nem a qualquer tempo. Há necessidade de entender sobre revisões e a maneira como deverão acontecer.

Desde já recomendo a você não pular o que vamos falar sobre memorização para seguir direto para as técnicas de revisão. Sei que isso parece tentador, mas posso garantir que não dará certo aprender como e quando suas revisões devem ser feitas sem ao menos se preocupar em entender tudo que tenho para expor sobre como seu cérebro guarda as informações e o que você deve fazer para estudar de uma maneira que melhore o seu grau de retenção. Sem isso você acabará fazendo tudo errado e suas revisões não valerão de muita coisa.

Continue lendo sem pular qualquer assunto. Aprenda desde agora a ter paciência e a respeitar o processo de aprendizagem.

2. O QUE O SEU CÉREBRO TEM A DIZER E QUE VOCÊ PRECISA SABER

Você já deve ter escutado que o corpo humano, dentro das suas especificidades, é a máquina mais perfeita do mundo. Ok, se essa conclusão for mesmo verdadeira, imagine o que o cérebro deve ser, uma vez que ele é a parte mais complexa e, ao mesmo tempo, que demonstra maior eficiência dentro do seu funcionamento.

Vou mais além: nosso cérebro talvez seja o que de mais democrático a vida nos ofereceu. Alguns nascem ricos, muitos nascem pobres; alguns possuem uma estatura menor do que a média e outros têm a estatura maior; uns têm mais cabelo, outros são mais carecas; uns têm miopia, outros não precisam usar óculos; alguns nascem com olhos azuis e outros com olhos verdes; já o que todos possuem em condições iguais é a capacidade de aprendizado. Isso foi o que a vida nos proporcionou em igualdade.

Pode parecer clichê o que vou dizer, mas não é e você verá ao longo deste capítulo. No que se refere ao funcionamento dos neurônios, tirando aqueles que detêm algum tipo de patologia limitadora de aprendizado, ninguém é melhor do que ninguém. O que existe é a felicidade que alguns tiveram de um dia aprender a estudar do jeito certo e não de maneira intuitiva como a maioria das pessoas faz, além da habilidade de se organizar melhor para os estudos, o que proporciona resultados mais positivos quando comparados com os resultados daqueles que estudam do jeito tradicionalmente ensinado nas escolas brasileiras. Não por acaso, o nosso está entre os piores ensinos do mundo. A realidade nua e crua da maioria da população brasileira é ir para escola durante boa parte da vida e nunca ter aprendido a estudar do jeito certo.

E qual o jeito certo de estudar? Vamos tratar de parte dele aqui, já que vamos trabalhar com métodos de memorização. Por ora, é importante dizer que conhecer a maneira como o cérebro funciona vai lhe possibilitar aprender melhor, ampliando sua inteligência. Todos nascem inteligentes e podem ampliar o conhecimento ao longo da vida, só que para isso será necessário conhecer o manual de instruções da máquina que você irá manusear – o cérebro.

Sempre escutei, e durante muito tempo achei que era verdade (até certa medida é), que utilizamos 10% da capacidade do nosso cérebro.

Essa afirmação precisa ser vista com enormes ressalvas. O cérebro desempenha várias funções, e daí vêm as perguntas: em cada uma das suas funções ele trabalha no máximo com 10% da sua capacidade? Qual o sentido de dotar algo de capacidade se vamos inutilizar 90% dela?

Essas indagações, na mão de qualquer curioso, trazem a desconfiança natural de que a ideia de utilizarmos apenas 10% da capacidade do cérebro pode parecer equivocada. Não faz sentido um número fechado igual a esse (10%) em toda as funções cerebrais. Ué, por que não podemos utilizar 7% de uma função e 12% de outra? Por que tem que ser sempre 10%? De outra maneira, o que faria a natureza inventar algo (o cérebro) e dotá-lo de capacidade para não a utilizar na sua maior parte?

Não quero entrar em detalhes que possam tornar a leitura deste capítulo pesada demais, afinal o que você quer é ir bem nas provas e não se tornar um neurocientista. O mais importante a ser dito aqui é que, no que se refere a uma das funções do cérebro, qual seja, a mnemônica, aquela intimamente ligada ao processo de memorização, os trabalhos acontecem com seu máximo de eficiência.

Sendo mais claro, sim, no que se refere a sua capacidade de memorização, você trabalha com quase 100% do cérebro, e isso não é algo que estou inventando; há estudos que comprovam.[1] A necessidade de você entender que sua capacidade de memorização trabalha com quase 100% do que o seu cérebro tem a oferecer não deve servir para você achar que o seu potencial, então, é pequeno, já que muitas vezes há esquecimento de alguma coisa importante. Mais uma vez, todos nós, em circunstâncias normais de saúde, detemos a mesma capacidade de retenção de informações.

Daí então que há necessidade de saber o porquê de alguns parecerem ter mais facilidade de memorização do que outros. Isso já foi estudado e a resposta é simples: as falhas de memória estão ligadas a circunstâncias conhecidas, como alta ansiedade, saturação do sistema, estresse, desatenção, problemas hormonais, entre outras questões externas,[2] além da falta de metodologia para estudar.

Fato: a melhora da qualidade de vida contribui, e muito, para a melhora do aprendizado. Só que não é disso que quero tratar neste capítulo.

Não que não seja importante tratar da saúde. Eu diria que cuidar dela é crucial para a melhora do seu aprendizado. O fato é que eu sei que você não procurou este livro para ler o óbvio: que você precisa se cuidar caso não esteja fazendo isso.

É uma verdade, certamente você já sabe, e não preciso me preocupar em ir além de fazer um breve alerta para aderir a rotinas mais saudáveis. Devemos, então, prosseguir para que você procure entender como seu cérebro funciona e o que deve ser feito para que a memorização que você tanto deseja ocorra. Para isso não podemos deixar de dizer que o cérebro tem a capacidade constante de mudar, moldar e se adaptar.

---

1. GEAKE, John. Neuromythologies in education. *Journal Educational Research,* v. 50, n. 2, p. 123-133, 2008; IZQUIERDO, Ivan. *Memória*. 3. ed. Porto Alegre: Artmed, 2018. p. 96.
2. GEAKE, John. Neuromythologies in education. *Journal Educational Research,* v. 50, n. 2, p. 123-133, 2008; IZQUIERDO, Ivan. *Memória*. 3. ed. Porto Alegre: Artmed, 2018. p. 96.

Não existe isso de que com o passar dos anos a capacidade de assimilação se perde; o que existe é uma necessidade de treino, que, com o passar dos anos, vai sendo deixado de lado em razão do cansaço natural que se acumula em decorrência das obrigações advindas da vida adulta.

O nosso cérebro tem total condição de (re)organizar os neurônios e os circuitos neurais, por meio de aprendizados que podem acontecer a qualquer tempo.

Eu poderia citar vários exemplos para ilustrar essa afirmação, mas vou citar o mais prático de todos: você está lendo sobre ideias ligadas à neurociência e que estão sendo ensinadas por um bacharel em direito fazedor de provas que há muito descobriu a melhor maneira de aprender qualquer conteúdo e só depois foi pesquisar mais a fundo a comprovação científica de tudo que na prática foi aprendendo.

Não existe qualquer genialidade aqui, quem sabe talvez no máximo a sua que está lendo este material. O que existe é a comprovação de que o cérebro se (re)organiza e se adapta em razão das interações com o ambiente interno e externo.

Esse fenômeno de adaptações e molduras constantes é denominado neuroplasticidade ou plasticidade neural.

Tudo isso foi dito para que possamos chegar àquilo de mais importante e que preciso mencionar neste tópico: **o aprendizado, com a necessidade de um bom desempenho na memorização, está diretamente interligado à neuroplasticidade**.

Sempre que se adquire um novo aprendizado, o cérebro se encarrega de armazená-lo. Essa situação gera o fenômeno da plasticidade, isto é, novas conexões neurais são feitas ou desfeitas com o propósito de armazenar o que foi aprendido, de modo que a pessoa possa recuperar tal aprendizado no futuro caso necessite utilizá-lo.[3] Onde

---

3. CHAVES, José Mário. *Você não sabe estudar!* Guia completo para concurseiros, vestibulandos e estudantes em geral. Belo Horizonte: Evolutio, 2022. p. 40.

está a conexão disso com a ideia que pretendemos desenvolver neste capítulo (memorização e revisões)?

Simples: existe um ponto importante e que não pode ser desprezado: o cérebro não está preocupado em acumular conhecimento e sim em funcionar apenas no indispensável para dar sobrevivência ao corpo humano de que ele faz parte.

No geral, o corpo humano funciona preocupado em produzir o necessário para sobreviver. Somos nós, seres humanos, que passamos a ter desejos que vão além da simples sobrevivência, daí então precisamos ativar os estímulos necessários para que nossos desejos sejam concretizados.

O corpo humano não funciona para, por exemplo, ser esteticamente bonito, dentro daquela ideia de beleza que boa parte da população reconhece (corpo malhado e sarado). Para chegar a esse grau, há necessidade de criar hábitos que vão obrigar o corpo a se amoldar à ideia de que queremos adquirir determinado desenvolvimento muscular.

Se deixarmos na mão do nosso corpo, ele, dentro do seu processo de sobrevivência, vai preferir criar gordura a criar músculo. O acúmulo de gordura (não em excesso) ajuda a recuperar energia nas horas de aperto quando não há ingestão de alimentos ou diante da queda de temperatura, para manter o corpo aquecido, enquanto o músculo é um grande consumidor de energia. Ou seja, naturalmente, num primeiro momento e em linhas gerais, o corpo vai preferir ter um pouco mais de gordura a ter músculos.

Nós, que conscientemente trabalhamos para mudar esse trabalho natural do corpo pela sobrevivência, passamos a nos alimentar adequadamente para hipertrofiar os músculos, fazemos exercícios constantes, e aqueles que procuram um grau muscular que naturalmente é impossível de alcançar ainda recorrem a hormônios sintéticos (popularmente conhecidos como bombas) para uma produção hormonal que o corpo nunca realizará normalmente, já que para sobreviver o corpo precisa de muito menos hormônio de que um fisioculturista necessita para o desenvolvimento muscular que tanto deseja.

Perceba que há uma briga constante entre o que o cérebro deseja (aquele corpo com músculos) para aquilo que o corpo busca fazer para se manter vivo.[4] Com o cérebro não é diferente; ele também é um sobrevivente, e então, à medida que abre espaço para novos conhecimentos, ele também seleciona o que armazenar e por quanto tempo armazenar, porque precisa constantemente de espaço para colher mais informações. Assim, sempre há um descarte de conteúdo feito pelo próprio cérebro, que sente a necessidade constante, para sua sobrevivência, de liberar espaço para que novos conteúdos possam ser armazenados.

O descarte não é feito aleatoriamente. O cérebro desfaz a possibilidade de recuperação das informações que ele julga não ter importância e se preocupa com o armazenamento daquilo que deve ser guardado.

Assim como o fisioculturista precisa produzir estímulos adequados para que o corpo não se preocupe apenas com a sobrevivência, o mesmo deve ser feito no processo de aprendizado para que o cérebro retenha cada vez mais informações que entendemos como importantes.

Você pode ser mais inteligente a qualquer momento da sua vida, acontece que será necessário desenvolver as técnicas apropriadas para que o cérebro aprenda a reter, e por mais tempo, aquilo que é importante para seus objetivos, o que para nós, neste capítulo, se refere a sua aprovação em provas.

---

4. Apenas a título de esclarecimento, não está sendo dito que os músculos, na sua quantidade certa, não ajudem na sobrevivência ou que não sejam um sinal de saúde. De fato, são, especialmente sob o aspecto cardiovascular. O que está sendo mencionado é uma característica, dentre todas as outras, do corpo humano, que instintivamente reconhece a gordura como fonte de energia e o músculo como um consumidor de energia. É por isso que naturalmente o corpo retém gordura, especialmente a localizada, enquanto para que ocorra o desenvolvimento muscular há uma necessidade muito maior de esforços.

Lembre-se: o seu cérebro naturalmente trabalha na liberação de espaço. Você precisa aprender os estímulos certos para não deixar que o descarte de informações aconteça de modo acelerado. Por isso, continuar estudando do jeito errado vai dificultar sua aprovação em provas de concursos públicos e favorecer o famoso "branco".

Quando estudamos do jeito que nos foi ensinado na escola, o jeito que a maioria das pessoas carrega para toda a vida, duas coisas acontecem e podem ser ilustradas de duas maneira: (i) seu cérebro funcionará como um balde com um furo pequeno; à medida que você o encher, aos poucos ele vai esvaziando por aquele furo, até que chegará o momento do esvaziamento total; (ii) de outra maneira, o cérebro funcionará como o mesmo balde com o mesmo furo, só que dessa vez será colocado no balde mais líquido do que ele suporta, e daí então ocorrerá o transbordamento, além do vazamento. Nesse caso o desperdício do líquido acontece duplamente, pelo vazamento e pelo transbordamento.

Estudar do jeito errado fará você ir esquecendo todos os dias uma parte do conteúdo, a ponto de sobrar muito pouco dele durante a prova, como acontece com o balde furado. Ou então, na tentativa de estudar muitas coisas de uma só vez, a perda das informações acontecerá de maneira mais acelerada, como acontece com o balde furado que está transbordando, o que gera perda de conteúdo por todos os lados.

Entendendo isso, vamos falar sobre a memória.

3. MEMÓRIA

A linha evolutiva da memorização pode ser desenhada da seguinte maneira:

Há uma sequência inevitável para que seja possível dizer que houve a memorização de qualquer conteúdo: (i) aquisição da informação;

(ii) após esta, há necessidade de retê-la nos neurônios; (iii) por último, avocar (recuperar), e isso só será possível se houver a devida aquisição (apreendido) e gravação do assunto.

Logo, a memorização adequada exige que cada uma dessas etapas aconteça de modo adequado.

Essa linha evolutiva é a base de toda e qualquer memorização. Sim, existe mais de um tipo de memorização. Existem três tipos de memórias quando classificadas em razão do tempo da sua duração, sendo esse o critério que importa para nós quando tratamos de retenção de conteúdo para realização de provas. A memorização pode ser:

A memória de trabalho, também chamada de memória de curtíssima duração, tem um papel preliminar de administrar a realidade. É a primeira memorização que é feita pelo cérebro, havendo um mero reconhecimento se o que está sendo passado é algo novo e que por isso precisa ser guardado ou se é algo que pode ser descartado imediatamente.

Exemplo: ao ler o seu endereço em uma correspondência direcionada a você e saber que essa informação não é nova e que não precisa ser arquivada, haverá uma manifestação da memória de trabalho.

Outro papel importante desempenhado pela memória de trabalho está relacionado às informações que precisamos guardar por segundos e depois dispensar.

Exemplo: quando memorizamos rapidamente um número de processo ou telefone para anotar, depois que fazemos isso, tal informação acaba sendo rapidamente descartada.

Neste capítulo, o que nos interessa saber sobre a memória de trabalho é quando ela decide que uma informação é nova e precisa ser gravada. É a partir daí que começam os trabalhos pelas duas espécies de memórias que nos interessam: (a) memória de curta duração; (b) memória de longa duração.

A **memória de curta duração** é aquela que perdura por até seis a oito horas depois da aquisição da informação, tempo este necessário para que uma memória de longa duração seja construída.

Desse modo, a memória de curta duração serve para viabilizar a consolidação da memória de longa duração.

Nada é guardado definitivamente no nosso cérebro (em longa duração) sem antes ter sido armazenado em uma memória de curta duração. A memorização definitiva é a etapa de um processo que obrigatoriamente precisa passar pela memória de curta duração.

Perceba, não há distinção sobre o conteúdo da memória de curta ou de longa duração; esse conteúdo será o mesmo. A distinção é o tempo de duração, pois para que a memória de longa duração possa se consolidar há necessidade de armazenamento na memória de curta duração.

Em síntese, para que ocorra a memorização de longa duração, há necessidade de um trabalho em conjunto com a memória de curta duração.

Essa conclusão esclarece algo de suma importância:

> A memorização a longo prazo exigirá que você aprenda a lidar antes de tudo com a memorização de curta duração.

Diante de tudo que já foi dito, não fica difícil conceituar a **memória de longa duração** como sendo aquela que perdura por muitas horas, dias ou vários anos.

Acredito que você já tenha entendido a diferença entre memória de trabalho, memória de curta duração e memória de longa duração e a inter-relação que elas mantêm. Perfeito.

Observe que estamos aqui trabalhando a melhora do seu desempenho em provas e que para isso acontecer você precisará memorizar o conteúdo que deverá ser estudado. Por isso é importante, além de entender o conceito de cada uma dessas três espécies de memória, compreender que a memorização de longa duração, essa que você precisa aprender a desenvolver, passa por um processo metabólico que pode levar até seis horas.

Daí é que vem a pergunta: o que deve ser feito para cuidar da memorização de curta duração e daquela de longa duração e evitar que o cérebro descarte o conteúdo que com tanto esforço foi estudado?

Se você está se perguntando isso, eu já alcancei o meu objetivo inicial: fazer você compreender que estamos falando de duas coisas distintas (memorização de curta e de longa duração) e que precisam ser trabalhadas. Para cada uma delas algo de diferente precisa ser feito.

A memória de trabalho não arquiva nada. Como antecipei, trata-se de uma memorização meramente operacional.

O arquivamento de informações acontece na memorização de curta e na de longa duração, lembrando que o cérebro é um sobrevivente e descarta o máximo de coisas que arquiva. Por esse motivo acabamos lembrando apenas de uma fração do que arquivamos, e mesmo assim isso acontece por pouco tempo, já que esquecemos da maioria das informações que armazenamos ao longo da vida.

Parte dos motivos para que isso aconteça está relacionada às múltiplas interferências externas durante o processo de aprendizagem. Por exemplo, estudar em uma circunstância estressante tende a prejudicar o arquivamento das informações.

Calma, não estou aqui para apresentar qualquer tipo de ajuda sobre autocontrole e sim para melhorar sua memorização. Além de algumas técnicas que ainda vamos trabalhar, precisamos falar desses fatores externos que atrapalham a retenção e evocação do conteúdo estudado. Isso está mais presente na vida de quem se prepara para uma prova do que você pode imaginar, pode ter certeza.

Vou contar algo pelo que passei há alguns anos durante minha preparação para provas.

Eu estava fazendo tudo certo ao me preparar para determinada prova. Estava confiante de que seria aprovado em razão da minha nota nos simulados que vinha fazendo. Ou seja, tudo estava indo bem até o dia da prova.

Nesse dia resolvi sair de casa em cima da hora, coloquei-me numa situação em que nada poderia dar errado durante o percurso. E adivinha. Deu.

Durante o percurso houve uma alteração no itinerário do segundo ônibus em que eu precisava embarcar. Fui correndo para onde me informaram que ele passaria e nada de ele passar.

No desespero, tive a "brilhante" ideia de pegar um táxi, ideia essa que seria perfeita se eu tivesse dinheiro para pagar o táxi, o que eu não tinha.

Era uma época em que não existia sequer a possibilidade de qualquer transação bancária ser feita pelo celular, ou seja, eu não poderia pagar aquela corrida porque a tecnologia não era como é hoje, e eu também não tinha a quantia disponível no banco.

Ao chegar ao local de prova, expliquei para o motorista que não tinha como pagar, mas que eu deixaria meu celular como garantia e que uma amiga ligaria nele para pagar a corrida e recuperar o aparelho. Tudo isso já estava previamente acertado com minha amiga via mensagem de SMS.

O motorista ficou com o celular e eu fui fazer a prova.

Pois bem, imagina o grau de estresse durante a prova, primeiro pelo desespero para chegar a tempo no local, depois para explicar para um taxista que deliberadamente fiz aquela corrida sem ter como pagar num primeiro momento e depois por não saber se um dia iria ter meu celular de volta.

No final deu tudo certo. Ao sair da prova, estava lá minha amiga no portão me esperando com meu celular.

Só estudar do jeito certo não vale de nada se fatores externos vão prejudicar sua retenção de conteúdo e/ou avocação dele.

Ansiedade, estresse, problemas hormonais etc. são inibidores da memorização e precisam ser evitados.

A partir disso, chegamos a mais uma conclusão: questões emocionais interferem no processo de memorização.

Estamos aqui falando de algo que quase sempre é repentino, mas que pode ser evitado muitas vezes.

Assim, evite estudar num dia em que tudo na sua vida está de pernas para o ar. Veja bem, você precisa ser honesto e perceber quando se trata de meros aborrecimentos do dia a dia. Por estes todos passam, e você não tem que abandonar os estudos por causa disso. Já quanto àqueles aborrecimentos que vão muito além do corriqueiro, são eles que devem justificar você colocar o pé no freio para colocar a cabeça no lugar.

Se o emocionalmente negativo atrapalha, obviamente o emocionalmente positivo ajuda.

Dentro dessa linha, encontramos os seguintes dizeres:

> Um aluno estressado ou pouco alerta não forma corretamente memórias em uma sala de aula. Um aluno que é submetido a um nível alto de ansiedade depois de uma aula pode esquecer aquilo que aprendeu. Um aluno estressado na hora da avocação (por exemplo, em uma prova) apresenta dificuldades para evocar (os famosos "brancos"). Já aquele que, pelo contrário, estiver bem alerta conseguirá recordar muito bem. Um aluno profundamente deprimido também recordará pouco e mal.

> Isso se deve à operação de vários sistemas moduladores, cuja natureza e cujo modo de ação são hoje cientificamente bem conhecidos.[5]

Assim, as emoções positivas produzem um alto fluxo de dopamina e de serotonina, ambas benéficas para o bem-estar, o aprendizado e a facilitação da recuperação de informações contidas na memória.[6] Portanto, dúvidas não existem de que as emoções são importantes reguladoras da memória. O problema está na dificuldade de controlá-las, já que são reações rápidas.

Observe que é impossível viver uma vida sem apresentar qualquer tipo de emoção. Quando falamos em regulação da memória em razão das emoções, estamos nos referindo aos níveis elevados.

Por exemplo, a ansiedade na dosagem certa contribui, e muito, para a memorização. A curiosidade em saber como algo funciona decorre de uma ansiedade benéfica para a retenção de informação. Já a ansiedade desmedida acaba trazendo prejuízos para a retenção e/ou avocação do conteúdo estudado.

Por isso, se você reconhece que sempre ao fazer uma prova seu coração começa a acelerar demais, suas mãos ficam trêmulas e/ou frias, vai precisar resolver isso, porque esse lado emocional com toda a certeza vai dificultar a avocação de conteúdo durante a prova.

Outro ponto regulador da memorização é o nível de alerta, especialmente quando o cérebro recebe várias informações ao mesmo tempo.

O cérebro tende a armazenar aquilo que captamos a partir de um nível maior de concentração. A concentração funciona como estímulo para a memória de trabalho. Perceba que aquele assunto é importante e que ele precisa ser enviado para a memória de curta duração. De

---

5. IZQUIERDO, Ivan. *Memória*. 3. ed. Porto Alegre: Artmed, 2018. p. 23.
6. CHAVES, José Mário. *Você não sabe estudar!* Guia completo para concurseiros, vestibulandos e estudantes em geral. Belo Horizonte: Evolution, 2022. p. 45.

outra maneira, qualquer leitura desatenta levará a memória de trabalho a descartar as informações obtidas por meio de tal leitura.

É por isso que, ao estudar determinado assunto, no momento em que a concentração começa a diminuir, é necessário fazer um intervalo e só depois retornar aos estudos.

É comum aquele que se prepara para uma prova querer ficar lendo o máximo de tempo possível, sem respeitar os limites da concentração, o que acaba se tornando uma espécie de leitura por tabela e que pouco vai adiantar.

Lembre-se, a melhora dos estudos está ligada, entre outros fatores, à constância. O começo dos estudos é o mais difícil, por ser algo que acontece fora da sua zona de conforto, e por isso os níveis de concentração no começo dessa jornada tendem a cair rapidamente; isso é normal. Só o tempo irá permitir a manutenção da concentração por cada vez mais tempo.

Outro importante regulador da memória é o sono. As fases do sono têm destacada importância no processo de memorização.

O premiado pesquisador Alan Baddeley indica a existência de claras evidências de que sono contribui para o fortalecimento daquilo que aprendemos quando estamos acordados.[7] Ao que parece, é durante o sono que o cérebro passa a limpo todas as informações que recebemos no período em que estamos acordados, estabilizando e definindo as mais importantes.[8] Por tudo isso, é preferível estudar duas horas e dormir de seis a oito horas numa boa noite de sono do que dormir pouco para poder estudar mais tempo. Na semana de prova da escola ou faculdade até que pode funcionar virar a noite estudando e ir fazer a prova após uma noite maldormida. Já naquele estudo que precisa de mais tempo para se consolidar, em que há necessidade

---

7. BADDELEY, Alan; ANDERSON, Michael C.; EYSENCK, Michael W. *Memória*. Porto Alegre: Artmed, 2010. *E-book*. p. 100.
8. COSENZA, Ramon M.; GUERRA, Leonor B. *Neurociência e educação:* como o cérebro aprende. Porto Alegre: Artmed, 2011. p. 65.

de armazenamento de informações na memória de longo prazo, por exemplo, aquele estudo direcionado aos concursos públicos, não é indicada tal substituição. Frequentes noites de sono são fundamentais para o aprendizado.

4. OS QUATRO CAMINHOS INDISPENSÁVEIS PARA UMA BOA MEMORIZAÇÃO

Após a realização adequada das revisões, conforme explicado no tópico anterior, algumas práticas podem melhorar consideravelmente a retenção do conteúdo estudado numa proporção muito superior à da maioria das pessoas. São elas: o *feedback*, pré-teste; a distribuição eficaz do tempo de estudos; a intercalação do conteúdo do estudo.

Por meio do *feedback* é possível receber o retorno sobre algo, uma espécie de devolutiva sobre o que foi realizado. E qual a relação disso com a memorização?

Simples, o *feedback* deve estar conectado com a ideia de revisão ativa, sendo então o seu consequente.

Após realizar uma revisão ativa, como explicamos no tópico anterior, há necessidade de saber se aquilo que foi resgatado da memória de fato representa a compreensão correta do que foi estudado.

Quantas vezes na sua vida você achou que entendeu algo e depois percebeu que na verdade confundiu tudo, trocou alhos por bugalhos, como popularmente é dito?

Logo, realizar revisões ativas é um item indispensável. Sem elas o aprendizado se dará de modo tão lento que talvez você não aguente esperar e abandone os seus estudos ainda numa fase prematura do aprendizado sobre aquele assunto. Caso não ocorra tal abandono, você nunca sairá de um conhecimento superficial daquela matéria, o que na maioria das vezes não leva ninguém à tão desejada aprovação.

Ocorre que a revisão ativa, sem a devida cautela, pode acarretar uma memorização eficiente, só que do conteúdo compreendido de maneira errada. Rever aquilo que foi compreendido e guardado de maneira errada não vai fazer sua aprovação chegar. Não saber nada ou saber tudo de maneira errada têm o mesmo resultado prático, a reprovação.

É até possível dizer que aquele que não estudou e não sabe nada tem uma pequena chance de acerto por meio de um chute certeiro na alternativa correta, enquanto aquele que estudou mas compreendeu de maneira errada a matéria certamente acabará assinalando com convicção a alternativa errada achando que está certa a resposta.

Para evitar isso é que o *feedback* tem sua importância, já que por meio dele será possível descobrir se a compreensão sobre o assunto estudado e revisto se deu da maneira correta.

A partir daqui, naturalmente algumas indagações aparecem: O *feedback* sempre tem que existir (nos erros e nos acertos)? Ou só quando se compreende de maneira incorreta a matéria? Em até quanto tempo após a revisão ativa o *feedback* deve acontecer? Como realizar o *feedback*?

Conhecida pesquisa realizada por Pashler, Cepeda, Wixter, todos renomados professores e pesquisadores norte-americanos, e que vem sendo replicada em muitos materiais de referência sobre o campo da memorização, concluiu que o oferecimento da resposta correta após uma resposta incorreta melhora o desempenho durante o início do aprendizado e aumenta a retenção final do conteúdo em 494%.[9] É por isso que dificilmente esquecemos a resposta de uma questão que lá atrás tivemos o dissabor de errar em algum momento. Nosso cérebro trabalha melhor retendo aquilo que foi temperado com as angústias experimentadas por termos errado alguma questão do que pela felicidade do acerto.

---

9. PASHLER, Harold; CEPEDA, Nicholas J.; WIXTED, John T.; ROHRER, Doug. When does feedback facilitate learning of words? *Journal of Experimental Psychology: Learning, Memory, and Cognition*, v. 31, n. 1, p. 3-8, 2005.

Tanto é verdade que a mesma pesquisa concluiu que o *feedback* após a resposta correta faz pouca diferença para a retenção.[10] **Mas preste atenção em algo importante**: acertando ou errando a questão o *feedback* será necessário, porque só por meio dele é possível saber se as informações estudadas foram compreendidas adequadamente.

Assim, a resolução de questões de múltipla escolha funciona, como já vimos, como excelente instrumento para realizar uma revisão ativa e, após a correção, como meio de obter *feedback*.

Nesse passo, outra pesquisa precisa ser lembrada. Ela concluiu que não averiguar a resposta correta após errar uma questão de múltipla escolha pode acarretar, em alguns casos, a memorização da informação errada. Isso se dá porque aquele que responde a questões de múltipla escolha pode acabar memorizando respostas incorretas achando que são verdadeiras.

De outra forma, o *feedback* não é eficaz por si só; ele precisa ser feito no tempo certo. E depois de quanto tempo após a revisão ativa o *feedback* precisa acontecer?

Outra pesquisa revelou que um ligeiro atraso é mais benéfico e faz o *feedback* surtir mais efeito do que se acontecer logo após a revisão ativa, por exemplo, responder uma questão de múltipla escolha e já corrigi-la.[11] Sempre me marcaram muito mais as questões de concurso cuja prova eu fazia no domingo e o gabarito eu corrigia na segunda ou na terça-feira do que os concursos que divulgavam o gabarito no mesmo dia da aplicação da prova.

Portanto, sempre que possível, dê um espaçamento de alguns minutos ou poucas horas para receber *feedback*, o que pode acontecer

---

10. PASHLER, Harold; CEPEDA, Nicholas J.; WIXTED, John T.; ROHRER, Doug. When does feedback facilitate learning of words? *Journal of Experimental Psychology: Learning, Memory, and Cognition*, v. 31, n. 1, p. 3-8, 2005

11. BUTLER, Andrew C.; ROEDIGER III, Henry L. Feedback enhances the positive effects and reduces the negative effects of multiple-choice testing. *Memory & Cognition*, v. 36, n. 3, p. 604-616, 2008.

por meio da correção de questões que foram feitas ou, para aqueles que detêm uma melhor estrutura de estudos, a explicação de algum professor.

A realização de questões de múltipla escolha como instrumento de revisão ativa e posteriormente de *feedback* é só um exemplo que foi apresentado por ser o mais utilizado. Outro excelente instrumento, e que considero até mais válido, é o uso de *flashcards* (cartões de memória). Esse instrumento exige muito mais da memória do que a realização de questões de múltipla escolha e trabalha ainda mais o estudo ativo.

> ⚠ **ATENÇÃO:** neste ponto estou me referindo à utilização de questões de múltipla escolha e *flashcards* como instrumentos de revisão ativa e *feedback*. Neste caso acredito que os *flashcards* apresentam resultados melhores, e isso nada tem que ver com outro momento dos estudos, que é aquele voltado para a realização de provas de múltipla escolha, como instrumento de treinamento para conhecer o estilo da banca do seu concurso e como meio para treinar a realização desse tipo de prova, que certamente será utilizada para avaliar você no concurso que deseja. Neste outro caso as questões de múltipla escolha são imprescindíveis.

Outra ferramenta que contribui, e muito, para a memorização é o chamado pré-teste.

A ordem natural dos estudos da maioria das pessoas se desenvolve primeiro por meio da compreensão do conteúdo que se dá assistindo a uma aula e/ou realizando a leitura em livros, apostilas, PDFs, caderno etc. Depois de tudo isso acontece a resolução de testes para ver os acertos e os erros sobre aquilo que foi estudado.

Esse caminho natural que quase todos perseguem de maneira até intuitiva não é totalmente ineficaz, tem lá o seu proveito e até existe quem tenha passado em provas (vestibulares, Enem, concursos públicos) se utilizando dele. O fato é que é possível obter melhores resultados, e de maneira até mais rápida, inserindo mais um componente aí: o pré-teste.

O pré-teste consiste na realização de testes antes mesmo do início dos estudos de determinado assunto, que, como já dissemos, acontece por meio de aulas e/ou leitura. Antes de começar a estudar, testes devem ser feitos sobre o assunto tentando acertar cada um deles.

Penso que você deve estar se perguntando: Como vou fazer exercícios sobre algo que nem comecei a ler ainda? Óbvio que vou errar a maioria das questões!

Realmente há grandes chances de o número de acertos ser reduzido. Ocorre que, além de essa não ser a hora de você acertar as questões, o pré-teste tem um papel diferente daqueles testes que são feitos após os estudos.

Logo após aprender um assunto, os testes têm a função de consolidação do conteúdo e também de monitoramento do que precisa ser mais bem estudado. O pré-teste ainda tem outra função: funciona como uma espécie de abre-alas do estudo que ainda está por vir, favorecendo a memorização.

Várias são as pesquisas que reconhecem a eficácia do pré-teste como mecanismo de aprendizagem, mesmo que o estudante não consiga responder adequadamente às questões.[12] O pré-teste contribui para que a mente fique mais receptiva ao estudo do conteúdo que posteriormente deverá ser analisado. Isso se dá porque ele cria no estudante um grau maior de atenção e de seletividade das informações que passará a estudar.

Você já deve ter tentando responder alguma coisa e depois, ao estudar sobre o assunto, sua atenção ficou muito maior quando chegou no tópico relacionado com a questão que foi respondida anteriormente.

---

12. SHIVARAJU, Padmanabha Thiruganahalli; MANU, Gangadhar; VINAYA M.; SAVKAR, Madhav K. Evaluating the effectiveness of pre-and post-test model of learning in a medical school. *National Journal of Physiology, Pharmacy and Pharmacology*, v. 7, n. 9, p. 947-951, 2017.

Logo, por meio do pré-teste o aluno acaba desenvolvendo uma atenção redobrada quando se depara com o assunto que já foi objeto de análise via teste. Há o despertar da curiosidade de querer entender o porquê daquela resposta da questão que anteriormente foi objeto de análise. Além disso, ao responder o pré-teste há uma percepção dos tópicos daquele assunto que costumam ser mais cobrados em questões, o que também aguça a curiosidade e contribui para o arquivamento na memória de longa duração.

Quando se faz o pré-teste para logo depois estudar sobre o assunto, parece que o cérebro já sabe o que procurar para ser efetivamente arquivado, por ser crucial àquele conteúdo.

Como bem foi lembrado, ao ler qualquer material depois de ter sido feito o pré-teste será possível eliminar erros que possivelmente aconteceriam no teste final. E por que isso acontece? A resposta é simples: ao fazer uma prova de múltipla escolha, certamente existirão alternativas incorretas que serão eliminadas pelo estudo posterior ao pré-teste, sendo então mais fácil para o cérebro memorizar não apenas a resposta correta, mas também as respostas erradas que poderiam confundir no futuro.[13] Adquirir conhecimentos duradouros para ser aprovado nos vestibulares, no Enem, exames para qualificação profissional (p. ex., OAB) ou concursos públicos não é tarefa fácil quando o processo de memorização é uma batalha contra a necessidade natural do cérebro de querer a todo instante descartar algo que ele entende não ser importante, o que dificulta o processo de memorização.

A vantagem é que essa não é uma batalha ingrata, já que os caminhos para chegar a uma boa memorização são claros e cientificamente comprovados.

---

13. CHAVES, José Mário. *Você não sabe estudar!* Guia completo para concurseiros, vestibulandos e estudantes em geral. Belo Horizonte: Evolutio, 2022. p. 66.

O aprendizado sólido exigirá que se percorram alguns caminhos, e entre eles está a repetição. E aqui não estou me referindo apenas ao conhecimento que deverá ser exigido para que ocorra a aprovação em provas; essa é uma regra da vida. Andar bem de bicicleta é repetição; dirigir um veículo de maneira exemplar é repetição; ser um bom professor cuja didática é reconhecida por quase todos os alunos é também repetição.

Volto a dizer, o caminho do aprendizado sólido precisa necessariamente passar pela repetição. Essa é uma regra que não dá para evitar, e não tenho como mudar isso para ajudar você.

É por isso que o conteúdo de qualquer área do conhecimento exigirá a repetição dos estudos. Apesar de isso ser óbvio, não existe muita clareza sobre como essa repetição deve ocorrer.

O erro mais comum, ainda mais no começo dos estudos, quando há energia e paciência de sobra, é querer estudar por muitas horas seguidas, o que é ainda pior quando acontece com um único conteúdo. Além do equívoco de se deixar dominar pela ansiedade de querer ler tudo o mais rápido possível, o estudante muitas vezes faz isso lendo uma única matéria.

Digo isso com conhecimento de causa. No começo dos meus estudos para concurso público eu estudava por horas e horas Direito Constitucional. Por entender que nos concursos que eu almejava essa era uma das disciplinas mais importantes, e de fato era mesmo, tentei me tornar um expert nela para só então pensar em começar a aprender outra matéria.

Insisti nesse erro por vários meses até que um amigo abriu meus olhos e me fez perceber que isso era totalmente improdutivo.

Esse tipo de estudo, como já antecipei, só produz algum resultado positivo quando utilizado para uma memorização de curta duração para fazer uma prova do colégio ou da faculdade no dia seguinte e daí tirar uma boa nota sem qualquer preocupação em de fato aprender o conteúdo, já que ele acaba sendo esquecido logo após a realização da avaliação.

Essa tática funciona num primeiro momento, mas é mera ilusão. Não é à toa que o índice de reprovação da OAB é enorme. Esse é um fato que mais tem relação com o modo de aprendizado durante a faculdade de Direito – sempre buscando a memorização de curta duração para tirar boa nota e passar naquela matéria, sem qualquer compromisso com a memorização duradoura – do que com o grau de dificuldade do exame da OAB.

Não estou tentando dizer que o exame da OAB é fácil, mas que o método de estudo que a maioria dos estudantes de Direito desenvolve ao longo do curso está mais preocupado em tirar boa nota e passar nas provas do que com algo que busque, além da nota, conhecimento a longo prazo. E esse cenário acaba encontrando no exame da OAB um enorme limitador.

Como bem exemplificado por José Mário Chaves, estudar dessa maneira é o mesmo que ter bulimia e, em virtude dessa compulsão alimentar, comer exageradamente e, como consequência, vomitar logo em seguida.[14] Muito mais resultado de aprendizado é obtido quando o estudo acontece de maneira distribuída, ao invés de tentar estudar tudo de uma só vez. Assim, é indicado estudar várias vezes, devendo haver um lapso de tempo entre as sessões de estudo e as revisões.

Quatro horas de estudos consecutivos de um assunto tendem a gerar uma retenção infinitamente menor do que aquela decorrente das mesmas quatro horas, só que aqui, ao invés de acontecer de uma só vez, ele se desenvolve em quatro dias diferentes, cada um de uma hora, dentro de um espaço de tempo razoável entre um estudo e outro.

O estudo de massa, aquele que acontece de uma só vez por várias horas seguidas, traz a sensação de maior aprendizado, o que é um engano, porque essa percepção é momentânea, pois desse estudo não nasce uma memorização douradora. Em pouco tempo o que será

14. CHAVES, José Mário. *Você não sabe estudar!* Guia completo para concurseiros, vestibulandos e estudantes em geral. Belo Horizonte: Evolutio, 2022. p. 67.

lembrado da matéria é desprezível quando comparado com os proveitos do estudo distribuído.

Há pesquisas que apontam para uma recuperação final do conteúdo estudado de até 150% a mais do que aquele estudo de massa a que nos referimos linhas atrás.[15]

Não se culpe por estudar assim. Digo mais: não se culpe por não estar aceitando que o estudo em massa não funciona tão bem, já que seu estudo sempre aconteceu dessa maneira e mesmo assim você terminou o colégio, quiçá a faculdade e pós-graduações.

O fato é que, sim, um mínimo de aprendizado o estudo em massa alcança. Esse resultado é ainda potencializado quando ele serve para realizar algum tipo de avaliação de resolução menos complexa.

O fato é que, apesar de ter lá sua eficácia, o volume de retenção por meio do estudo em massa é de menos da metade da retenção obtida por meio daquele estudo realizado com intervalos adequados.

O sistema de aprendizado brasileiro contribui para o estudo em massa, e é por isso que intuitivamente acreditamos ser esse o caminho para o sucesso. Cito como exemplo o que comumente acontece na época da escola, quando temos que fazer lição de casa sobre um assunto que aprendemos naquele dia para entregar no dia seguinte ao professor. Desse jeito, como dizem por aí, "a favela não vence".

A distribuição do estudo em intervalos não é apenas sobre o aprendizado inicial, mas, e principalmente, sobre as revisões. Deve haver um espaçamento entre as sessões de revisões, evitando rever tudo de uma só vez, como já será explicado no tópico específico sobre o assunto.

---

15. PASHLER, Harold; CEPEDA, Nicholas J.; WIXTED, John T.; ROHRER, Doug. When does feedback facilitate learning of words? *Journal of Experimental Psychology: Learning, Memory, and Cognition*, v. 31, n. 1, p. 3-8, 2005. p. 4.

Muito bem lembrado:[16] fazer intervalos entre sessões de revisão é usar o esquecimento em favor do aprendizado. O que isso quer dizer? Quando você deixa um pouco de esquecimento acontecer, há necessidade de realizar ainda mais esforços para recordar as informações apreendidas, acarretando uma melhor fixação do conteúdo na memória. Assim, um pouco de esquecimento não é prejudicial, já que ajudará ainda mais a formar, após as revisões, uma memória duradoura.

ATENÇÃO: os intervalos entre as revisões e autotestes não podem ser muito espaçados entre si porque nesse caso não ocorrerá um ligeiro esquecimento, mas um profundo abandono do assunto e então um descarte quase total daquele conteúdo. O que virá depois não será uma revisão e sim praticamente um reaprender do assunto.[17] Apesar de ter ficado subentendido, importante deixar claro que a intercalação de disciplinas é também um dos caminhos para uma boa memorização.

Esperar terminar uma matéria para só então iniciar outra não apresenta resultados vantajosos quando se busca uma memorização a longo prazo. Deve haver o estudo de várias disciplinas, intercalando-as.

Há pesquisa que revela que a intercalação de matérias apresenta resultados elevados, isso porque o estudo diversificado de conteúdo produz muito menos esquecimento quando comparado ao ato de condensar o estudo em um único tema.[18]

Além disso, importante registrar que a intercalação naturalmente acarreta o espaçamento entre matérias. Ao intercalar os conteúdos, obrigatoriamente haverá um espaço entre a leitura de um conteúdo e a sua continuação.

---

16. CHAVES, José Mário. *Você não sabe estudar!* Guia completo para concurseiros, vestibulandos e estudantes em geral. Belo Horizonte: Evolutio, 2022. p. 71.
17. Os intervalos entre uma revisão e outra foram mais bem explicados no tópico reservado às revisões. Caso tenha dúvidas sobre os intervalos entre uma revisão e outra, indico a leitura atenta desse tópico.
18. ROHRER, Doug; DEDRICK, Robert F.; STERSHIC, Sandra. Interleved practice improves mathematics learning. *Journal of Educational Psychology*, v. 107, n. 3, p. 900-908, 2015.

De outra maneira, a intercalação ajuda na atenção. Já que não é possível manter a atenção sobre algo durante muitas horas, há uma perda natural do foco. Quando ocorre a intercalação dos assuntos, ocorre um renascimento da atenção, que, como vimos, funciona como um facilitador da memorização duradoura. A leitura atenta precisa ser a regra quando se busca uma boa memorização.

5. REVISÕES

Ao longo deste capítulo foi explicado o essencial sobre o funcionamento no que se refere ao cérebro e a técnicas para memorização. Assim, se você chegou até aqui, já deve ter compreendido quão importante é desenvolver um método de estudo que contenha todos os canais de memorização, em especial as revisões ativas.

Um erro comum é procurar fazer o cérebro se adaptar a um modelo de estudos ineficaz e que carregamos pela vida toda em vez de desenvolver um método de estudo respeitando as características do cérebro e aproveitando ao máximo sua funcionalidade.

Ao longo da vida, a maioria das pessoas adapta o seu jeito de ser ao ambiente de trabalho, aos ambientes de estudo, ao casamento. Por que com os estudos tem que ser diferente?

Não ache que seu cérebro vai funcionar diferente de todos os outros para que você possa se manter numa zona de conforto e desenvolver um modelo de estudo intuitivo. Isso não vai dar certo.

Como já foi dito, não é que o estudo ligado a pressupostos metodológicos equivocados inviabilize totalmente o aprendizado; claro que não. Alguma coisa de positiva será extraída de um estudo assim. O que estamos falando é de alto rendimento, de melhorar o desempenho e a compreensão em 400%, colocando você perto do seu sonho de maneira mais sólida e rápida.

Para aprender mais e melhor você não precisa de mais dinheiro ou mais tempo de estudos, você precisa estudar do jeito certo. E no que isso consiste? Consiste em criar mecanismos de aprendizado e memorização considerando o processo de retenção cerebral.

A partir disso, pelo fato de sabermos que o aprendizado exigirá revisões periódicas e espaçadas para melhor memorização, qual é a periodicidade adequada para tais revisões? Qual é o espaçamento adequado entre uma revisão e outra?

A primeira regra que você não pode esquecer, e que eu diria até ser uma regra absoluta, é que não há uma regra absoluta para periodicidade e espaçamento das revisões. Muitas variantes precisam ser consideradas para chegar a números eficazes de revisões e o espaçamento que deve existir entre elas, e quase todas essas variantes consideram questões pessoais de cada indivíduo.

Não sei sobre sua realidade de tempo, o grau de conhecimento sobre cada uma das matérias que você busca aprender, as disciplinas de que você gosta mais e as de que gosta menos, quanto tempo falta para acontecer a prova para a qual você quer se preparar.

A ausência de todas essas informações me impede de dar uma resposta fechada e certeira sobre a quantidade e frequência das revisões que melhor se encaixam no seu caso.

Apesar disso, quero deixar claro que nem tudo está perdido e que é possível, nas próximas linhas, eu ajudar substancialmente nos seus estudos.

Não posso fugir da realidade deste material: ele foi desenvolvido pensando na média dos vestibulandos e concursandos (popularmente chamados de concurseiros), e a partir disso é possível traçar diretrizes que já elevarão os rendimentos nos estudos em proporções astronômicas, colocando qualquer pessoa à frente da maioria no que se refere ao aprendizado e ao grau de retenção de conteúdo dentro do propósito que é ser aprovado em provas, especialmente vestibulares, Enem, OAB, concurso público, ingresso no mestrado, doutorado etc.

Vários são os modelos de revisões divulgados, a maioria esmagadora sem qualquer embasamento, construído em achismos infundados, e uma minoria com certo grau de fundamento em pesquisas sérias.

Esses modelos de revisões, alguns deles com enorme eficácia, falham porque não fazem nenhuma diferenciação por matéria.

Antes de adentrarmos na quantidade e periodicidade adequada das revisões, precisamos dividir as matérias em pelo menos dois grupos: (i) matérias nas quais há maior dificuldade de compreensão; (ii) matérias com maior facilidade de aprendizado.

Em cada um desses grupos de matérias a curva do esquecimento acontece em momentos diferentes, e a revisão precisa considerar isso.

Feita essa separação, vamos colocar a mão na massa.

A primeira regra que não pode ser abandonada é a de que é necessário você deixar o esquecimento começar a agir para então entrar com as revisões. Costumam ter pouca eficácia revisões feitas enquanto a memória sobre o assunto estudado ainda está fresca na cabeça. A memória duradoura é resultado de esforços constantes para lembrar daquele assunto, e pouco esforço é feito sobre aquilo que ainda está fresco.

Mas, dentro da ideia de revisão, não é de qualquer esforço para relembrar que estamos falando; esse esforço precisa ser feito do jeito certo e enquanto o esquecimento não se dá quase por completo, porque, caso isso aconteça, não será uma revisão e sim um reestudo.

Dessa forma, não se costuma extrair grandes proveitos da realização de sessões de revisão de um mesmo conteúdo em um curto intervalo de tempo (p. ex., em poucas horas ou em até dois ou três dias)

IMPORTANTE: a regra acima não se aplica à primeira "revisão". A primeira revisão não serve propriamente para armazenamento duradouro, mas sim como complementação do estudo inicial para melhor compreensão do conteúdo.

Há quem defenda que nas primeiras 48 horas o cérebro perde até 50% do que foi estudado. Outros afastam essa teoria.

Na minha vida prática, primeiro como estudante e depois como professor e mentor, percebo que na verdade o que existe não é uma perda tão severa de conteúdo nas primeiras 48 horas, mas sim uma familiaridade ainda superficial com o assunto. É nesse momento que o aluno costuma trocar alhos por bugalhos com maior incidência, e essas confusões levam a uma percepção equivocada de perda severa da matéria nas primeiras horas.

O que existe é uma compreensão equivocada em razão da inexperiência sobre aquele tema recém-estudado. Daí a necessidade de a primeira revisão acontecer em um ou dois dias após os estudos, e isso deve se dar não como função de armazenamento duradouro, e sim como *feedback* para diminuir os riscos de a memorização acontecer sobre um conteúdo que foi compreendido de maneira confusa e ainda superficialmente.

Assim, a primeira revisão ativa precisa acontecer de um a dois dias a partir do estudo inicial daquela matéria, e aqui pouco importa se o estudo recai sobre disciplinas do grupo cuja compreensão se dá mais facilmente ou se a matéria é uma daquelas com as quais o aluno tem mais dificuldade.

> ⚠ **LEMBRE-SE:** estamos chamando de "revisão" aquilo cujo objetivo, na verdade, é de lapidação.

E como essa primeira "revisão" que ocorre de um a dois dias após estudo inicial do tema deve acontecer?

O primeiro ponto que merece ser esclarecido é que isso pode parecer um travamento dos estudos, porque as revisões periódicas trazem uma sensação de lentidão no avançar das matérias, sendo então mais um obstáculo para conseguir terminar de ler todo o programa. Mas não é isso que acontece.

Estudos apontam que o aprendizado não acontece na primeira leitura e sim nos momentos posteriores em que ocorrem as revisões.

A partir daí é que vem a seguinte indagação: o que é melhor: ir fazer uma prova tendo lido 100% do conteúdo, mas lembrando de 30% dele porque o aprendizado aconteceu sem as revisões periódicas e a curva do esquecimento não permitiu que houvesse retenção acima de 1/3 daquilo que foi estudado, ou ir fazer uma prova tendo lindo 75% da matéria e lembrando de 90% disso?

Colocar como meta inicial esgotar o edital de um concurso público, por exemplo, vai levá-lo a resultados pouco satisfatórios. Lembre-se, nosso cérebro é um balde furado que ao longo dos dias vai perdendo tudo o que foi despejado nele.

O objetivo principal precisa ser o aumento do conhecimento com qualidade e gradativamente; o esgotamento do edital precisa acontecer de modo secundário. Aliás, devo informar que passei em doze concursos públicos sem nunca ter esgotado um único edital em toda a minha vida.

Assim, a frequência das revisões não é um entrave para a evolução do seu aprendizado e sim o meio necessário para uma compreensão duradoura.

Entendido isso, como, então, deve acontecer essa primeira "revisão" que acontece em um ou dois dias após o estudo inicial?

Deve acontecer de maneira substancialmente ativa, porque não é possível abandonar totalmente o estudo passivo.

E como isso acontece?

Após o estudo inicial do tema, em um ou dois dias, deve ser feito um resgate do que foi estudado sem o apoio de qualquer material. Assim, pelo período de 10 a 20 minutos, comece sozinho a sistematizar na cabeça buscando lembrar o que foi aprendido um ou dois dias atrás sem apoio de qualquer material; use apenas sua memória.

Feito isso, faça alguns testes e perceba o que você acertou porque lembrou previamente naqueles 10 ou 20 minutos em que a memória foi induzida a trabalhar sozinha; o que você acertou porque o conteúdo só foi resgatado fazendo os testes; e daí então aquilo que não foi acertado nos testes, ou aquilo em que o acerto se deu por meio de chute e não por conhecimento sobre o assunto, e que deve ser revisto passivamente por meio da leitura de resumos ou anotações.

IMPORTANTE: esse estudo final sobre o que não foi objeto de acerto por não ter ocorrido a devida compreensão ou lembrança sobre o assunto deve acontecer de maneira isolada. Ou seja, não é para estudar novamente toda a matéria – de parte dela já houve a recordação, e daí sua compreensão se deu de maneira adequada –, e sim apenas aquilo que foi compreendido errado ou já esquecido em apenas 24 ou 48 horas depois do estudo inicial.

Toda essa primeira "revisão" não pode durar mais de alguns minutos, não é para passar o dia debruçado sobre isso. Há necessidade de dar continuidade aos estudos.

Assim, o estudo de um ou dois dias após o primeiro contato com aquele conteúdo deve seguir esta sequência:

Passada essa primeira "revisão" feita em um ou dois dias após a primeira leitura do conteúdo, pelos motivos antecipados linhas atrás, deve ser abandonada qualquer revisão de espaçamento curto, já que há necessidade constante de deixar a perda parcial da memória acontecer.

Por muito tempo a ciência tenta desvendar qual o tempo de espaçamento entre uma revisão e outra após a compreensão sobre a matéria estudada, e essa não vem sendo uma tarefa fácil em razão de inúmeros fatores: (a) diferenças cognitivas entre as pessoas; (b) volume de dificuldade sobre a matéria que deve ser memorizada; (c) quantidade de horas diárias de estudos etc.

Apesar de todas essas dificuldades, a pesquisa consegue apontar alguns prazos de espaçamento melhores do que outros, sendo essa, então, a nossa diretriz nesse trabalho.

Vamos utilizar dois prazos diferentes para duas realidades diversas: (i) revisões das disciplinas com mais dificuldade de memorização; (ii) revisões das disciplinas com mais facilidade de memorização.

Feita essa separação, vamos aos prazos:

Método de Estudo 1:
24/48 horas - 7 dias - 7 dias - 7 dias - 45 dias

Método de Estudo 2:
24/48 horas - 20 dias - 45 dias - 45 dias - 45 dias

Esse método materializado numericamente é o que você precisa para fixar a memória duradoura sobre qualquer assunto.

Para ajudar os concurseiros que me procuram e que, a partir da minha experiência nos estudos para conseguir todas minhas aprovações e também de todas as pesquisas que li sobre técnicas de estudos e memorização, é que desenvolvi esse método, que costuma ser aplicado de maneira geral e indistintamente. Após o período de adaptação, que costuma durar algo perto de três meses, é que são feitos os ajustes considerando a individualidade de cada aluno, caso necessário.

O Método de Estudo 1 é aplicado naquelas disciplinas nas quais a memorização acontece com mais dificuldade, e o Método de Estudo 2, consequentemente, incide sobre aquelas matérias cuja memorização acontece com mais facilidade.

Os números representam de quanto em quanto tempo devem acontecer as revisões.

A primeira "revisão", que não é bem uma revisão, e já explicamos como ela deve ocorrer, acontece entre um e dois dias da primeira leitura sobre o assunto em ambos os métodos.

No Método de Estudo 1, por ser o indicado para aquelas matérias em que há maior dificuldade de memorização, os espaçamentos são menores. Após a primeira "revisão", aquela que acontece de um ou dois dias, as três revisões seguintes devem acontecer num intervalo de sete dias. Concluídas todas essas revisões da maneira correta, certamente a memorização de longa duração já acontecerá, e a curva do esquecimento demorará mais para acontecer. Por isso, a partir daqui as revisões acontecerão com intervalos de 45 dias.

Para compreender melhor, um exemplo:

- A primeira leitura do assunto acontece no dia 1º de março.
- A primeira "revisão" (*feedback*) deve acontecer no dia 2 ou 3 de março.
- A segunda revisão deve acontecer no dia 10 ou 11 de março.
- A terceira revisão deve acontecer no dia 17 ou 18 de março.
- A quarta revisão deve acontecer no dia 24 ou 25 de março.
- A quinta revisão deve acontecer 45 dias depois, ou seja, 9 ou 10 de maio.
- A sexta revisão deve acontecer 45 dias depois, e assim sucessivamente.

Observe que a primeira "revisão" acontece num curto espaço de tempo. Já as três revisões seguintes têm espaçamento maior. E depois dessas, ou seja, da quinta revisão em diante, o prazo será sempre o mesmo (45 dias).

Por quanto tempo você deve ficar fazendo revisões?

Até passar no concurso que deseja e tomar posse.

A revisão nunca terá fim, no máximo o espaçamento entre elas ficará maior.

As revisões devem acontecer sempre do mesmo jeito?

Não. À medida que o conteúdo for sendo arquivado na memória de longa duração, isto é, for se tornando mais duradouro, é possível se dedicar menos à leitura de resumos e breves anotações e mais à resolução de questões ou *flashcards*, sempre buscando, antes de tudo, resgatar solitariamente da memória o conteúdo que está sendo revisto.

Lembre-se, a memorização fica melhor quando buscamos métodos que trabalhem o resgate natural do assunto na memória. Primeiro se tenta buscar o assunto naturalmente e sozinho, sem a ajuda de qualquer material, utilizando só mesmo a lembrança. Depois a realização de resolução de questões ou *flashcards* e, caso a memorização ainda não esteja duradoura, a revisão passiva por meio da leitura de anotações e/ou resumos, somente daquilo que não foi lembrado nas etapas anteriores.

Outro dado importante: os intervalos são de um a dois dias, depois três intervalos de sete dias e daí em diante os intervalos serão de 45 dias. Note que não é para estudar no sétimo dia e depois no quadragésimo quinto dia. Haverá, por exemplo, o intervalo de sete dias e a revisão acontecerá no oitavo dia.

É por isso que, no exemplo que apresentamos, a segunda revisão acontece no dia 2 ou 3 de março e a terceira revisão no dia 10 ou 11 desse mesmo mês. A mesma regra se aplica para os espaços maiores, em que o estudo não ocorrerá no quadragésimo quinto dia e sim no quadragésimo sexto.

Assim, não confunda o prazo de intervalo de sete dias com ter que estudar no sétimo dia. Serão sete dias consecutivos sem fazer revisão, e daí a próxima revisão acontecerá no oitavo dia.

Nada impede que lá na frente os intervalos aconteçam num espaçamento maior que 45 dias quando o conteúdo revisto já estiver bem sedimentado da memória.

> ⚠ ***CUIDADO:*** a revisão mais espaçada que 45 dias pode vir, sim, a ser uma realidade quando ocorrer a maturidade na memorização dos estudos, só que isso não pode ser confundido com não fazer mais revisão. A revisão é uma constante, e deve durar até a sua aprovação.

Se ficar muito tempo sem rever, pode ter certeza que esquecerá o conteúdo, e daí será necessário reaprendê-lo.

Assim, quando você notar que a matéria revista tantas vezes já foi bem sedimentada na memória, indico aumentar os espaçamentos de 45 para no máximo 60 dias.

Outro ponto se refere ao tempo que deve durar uma revisão.

Não existe um dado científico que esclareça quantos minutos deve durar cada revisão para ela ser eficaz. Está aí algo que comporta tantos detalhes (grau de dificuldade com a matéria, nível de concentração, ambiente de estudo etc.) que é impossível dizer algo que caberá na vida de todos.

Daí que a prática me mostrou que, se não houver um controle do tempo de revisão, um novo problema acabará sendo criado: o grande volume de disciplinas gerará um travamento e muito pouca matéria nova será estudada.

Assim, a indicação com base na minha experiência é que, numa regra, a revisão deve durar de 10 a 20% do tempo que durou o estudo daquele assunto.

> Exemplo: imagine que você estudou por duas horas a matéria de acentuação gráfica. Nesse caso a revisão deverá durar de 12 a 24 minutos.

Óbvio que essa não é uma regra absoluta. O mundo não vai acabar se sua revisão durar um pouco mais, até mesmo porque cada assunto exigirá um empenho diferente. Trata-se, como já foi dito, de uma regra não isenta de exceções.

Outra coisa: se no dia em que aquela revisão deveria ter acontecido não foi possível ser feita, não se culpe por isso; faça-a no dia seguinte. Um dia a mais de vez em quando não eliminará suas chances de memorização. Imprevistos acontecem e são da vida. Só não permita que isso vire uma constante na sua rotina.

O Método de Estudos 2 funciona da mesma maneira, com as mesmas observações, apenas os intervalos são maiores (24/48 horas – 20 dias – 45 dias – 45 dias – 45 dias).

Lembrando que o Método de Estudo 1 deve ser utilizado para aquelas matérias com mais dificuldade de memorização, enquanto o Método de Estudo 2 é reservado para as disciplinas cuja memorização acontece com mais facilidade.

Tudo isso exigirá certa organização e no começo será desconfortável, como quase tudo que iniciamos na vida, mas certamente com o passar do tempo estará na sua rotina de tal maneira que não haverá nenhum desconforto.

Por isso, não mude de método logo nos primeiros dias achando que não está dando certo. Persista. O ritmo costuma vir a partir do terceiro mês; até lá, mantenha o foco e confie no processo.

Após esse prazo, se sentir necessidade, adéque o método ao que você precisa e à sua realidade.

Então é isso!

Era o que eu tinha para passar.

Siga as dicas e se dedique aos seus objetivos, saia da zona de conforto caso você ainda esteja nela.

Forte abraço e bons estudos.

O MÉTODO *SCRUM* APLICADO PARA CONCURSOS

Gustavo Nogueira de Sá

Nesse capítulo vou demonstrar um método de estudos que aumentará consideravelmente sua pontuação em provas de concursos públicos, método que denominei de *Aprovação Ágil*.

Esta metodologia foi criada com base em teorias adotadas por grandes empresas nos últimos anos, principalmente nas que atuam no desenvolvimento de softwares, que têm produtividade acima da média e continuam, dia após dia, aumentando cada vez mais sua eficiência em todos os setores envolvendo a necessidade de intervenção da inteligência humana. Usaremos como base para seus estudos o *método scrum*, que aumentou a produtividade das empresas de tecnologia em mais de 400%.

Vou mostrar como adaptar estes conceitos para aumentar nessa mesma proporção a sua produtividade nos estudos para concursos públicos.

1. A REVOLUÇÃO NA ÁREA DE DESENVOLVIMENTO DE EMPRESAS DE TECNOLOGIA – O MÉTODO SCRUM

Quando pensamos na alta eficácia em produtividade humana logo pensamos em empresas como o *Google* e *Apple*. Há muitas outras empresas que também têm este perfil, mas com certeza essas são de longe as mais emblemáticas. Elas atualmente aprendem muito rápido e nos oferecem soluções cada vez mais completas com uma agilidade impressionante.

Mas nem sempre as empresas desta área agiram dessa forma...

Nos primórdios das empresas envolvidas com softwares, havia uma insistência enorme de que todas as etapas de um determinado projeto poderiam ser previstas e planejadas. Era utilizado o sistema de desenvolvimento em cascata: gigantes documentos previam de forma detalhada todas as fases de criação do projeto, com uma previsão quase divina, incluindo até mesmo os minutos a serem trabalhados em cada etapa. Porém, de forma praticamente inevitável, toda previsão detalhada nestes documentos era uma grande ilusão. Os prazos eram descumpridos e os prejuízos eram enormes.

Seguindo-se com esse planejamento estático, era praxe o atraso e até mesmo a impossibilidade de concluir os objetivos iniciais. A frustração era enorme e impedia o avanço natural dos sistemas. Os custos sempre eram maiores do que os previstos. Os trabalhadores envolvidos eram altamente qualificados, porém não conseguiam realizar de forma primorosa seus serviços. A culpa não era e nunca foi dos executores das tarefas, mas sim do sistema metodológico altamente burocrático e completamente estático, que impedia a plena execução dos objetivos iniciais.

Isso me dá calafrios e faz lembrar a gestão de projetos pelo Poder Público, não é mesmo?

Os atrasos, ainda, geravam um outro problema, pois quando era entregue o sistema da forma como previsto no plano inicial, a necessidade dos usuários já era outra. Todo trabalho era perdido e teria de ser iniciado um novo planejamento para desenvolver um novo.

Essa era a realidade vivida por estas empresas até que foi criado o método *scrum*, por *Jeff Sutherland*. Esse norte-americano foi piloto de caças em combates na guerra do Vietnã, Mestre em Estatística pela Universidade de Stanford e PhD em Biometria, e foi Diretor Executivo em diversas empresas de tecnologia, nas quais implantou sua metodologia de trabalho e revolucionou o desempenho de equipes e indivíduos. Ele percebeu que tudo estava sendo feito da forma mais trabalhosa e ineficaz possível e mudou esta realidade em meados da década de 1990.

Ele criou esse método com base em metodologias já adotadas por empresas da indústria japonesa, especialmente na Toyota, que destoava das demais empresas mundiais em termos de produtividade. Notou a necessidade de um melhoramento contínuo em todas as áreas e que para isso era preciso medir constantemente a evolução em todos os aspectos do negócio. Em todas as mais diversas áreas da produção havia gargalos, os quais poderiam e deveriam ser aprimorados. Era necessário testar, experimentar todas as possibilidades viáveis, e assim sempre buscar o degrau acima. Após, era preciso repetir esse processo de forma constante, sem se limitar a atingir os objetivos de um planejamento fixo. A ideia central era sempre melhorar todos os processos, de forma constante e cíclica.

Os antigos planejamentos em cascata, que previam a execução de etapas consecutivas, uma dependente da outra, usualmente tinham prazos amplos. As equipes por vezes ficavam meses trabalhando em determinada etapa do plano inicial, para só quando pensavam ter finalizado tal fase, olhar para trás e verificar se de fato fizeram o trabalho corretamente.

Com o método *scrum*, a medição de resultados em equipe é constante, quinzenal ou até mesmo semanal, e existem curtas conversas diárias de forma individual com os envolvidos sobre suas realizações e suas dificuldades. O fato de confrontar os dados do resultado de seu trabalho de forma constante impediu estes indivíduos e equipes de ficarem às cegas e direcionarem seus esforços a algo que não lhe trariam resultados efetivos.

O acesso aberto às informações sobre sua produtividade e o impacto sobre o seu maior objetivo permitiam a mudança rápida em caso de estagnação ou de queda de desempenho. E a utilização de prazos menores e intensos para a verificação dos objetivos alcançados, chamados de *sprints* (palavra relacionada ao momento que o corredor impõe a maior velocidade na corrida – pode ser traduzido do inglês como **tiro curto**), garantirá que indivíduo o se manterá fiel em sua evolução constante, sempre direcionado ao seu objetivo maior.

Esta metodologia tem como um dos fundamentos o ciclo **PDCA – *Plan, Do, Check e Act* / Planejar, fazer, checar e agir** (esse mesmo que você está pensando, muito cobrado em concursos, na matéria de Administração Pública), sendo, basicamente, um ciclo de melhoramento contínuo, destinado à eliminação de falhas em processos. Estas quatro etapas estão inseridas dentro de cada sprint, ou seja, a cada ciclo os envolvidos se planejam, cumprem o plano, analisam os resultados e agem para melhorar ainda mais no próximo.

Em seguida, no próximo tópico, vamos analisar melhor este ciclo e como você poderá utilizá-lo em seu desenvolvimento pessoal nos estudos.

Tal mudança na cultura corporativa revolucionou a produtividade de todas estas empresas. Após, foi disseminada em todos os diversos campos da produção humana.

Esse método é utilizado atualmente em empresas tradicionais de todas as áreas, no exército, no setor público (apenas nos mais eficientes) e **na educação de países desenvolvidos**, em todos seus níveis.

Os resultados são sempre impressionantes, com o alcance da **hiperprodutividade.**

Todos estes princípios farão total diferença em sua preparação, se adaptados e incorporados a sua rotina na preparação para provas de concursos públicos, fazendo você render muito mais. Você também pode alcançar uma altíssima produtividade utilizando alguns conceitos bem simples.

A seguir você entenderá como poderá implementar estes fundamentos em sua vida, na prática.

2. UTILIZANDO O SCRUM EM SEUS ESTUDOS

Nesse momento você já deve ter percebido uma similaridade muito grande entre o **planejamento em cascata** e o **planejamento de estudos padrão adotado pelos tradicionais cursinhos preparatórios para concursos públicos**. Ambos são rígidos, com detalhamento sobre horas dedicadas a cada etapa ou cada matéria.

Ambos são similares em tudo, inclusive no fato de serem **grandes farsas**...

Você pode substituir no tópico anterior as palavras "equipes" e "indivíduos" pelo seu nome e o objetivo das empresas pela sua aprovação no concurso que você sonha, e terá uma analogia de tudo que deverá fazer para evoluir de forma impressionante em seus estudos.

Sua evolução, caso siga os conceitos aqui apresentados, será constante. A cada ciclo de estudos você evoluirá, sempre de forma progressiva, e estará melhor em cada ponto necessário para sua aprovação.

Nesse método usaremos *sprints*, ciclos intensos de estudos, totalmente direcionados ao edital do concurso que você deseja, e dentro de cada sprint será inserido um ciclo **PDCA (Plan, Do, Check e Act – Planejar, fazer, checar e agir)**, que é, basicamente, um ciclo de melhoramento contínuo, destinado à eliminação de falhas.

Veja o gráfico abaixo para entender melhor o sistema. O 1° ciclo apresenta os termos originais do PDCA e o 2° contém a tradução do que você deverá fazer em seus estudos:

Ou seja, você realizará microplanejamentos (*sprints*) consecutivos e intensos, em que você deverá ter planejado um cronograma de estudos com todas as matérias exigidas no concurso, e que será seguido à risca.

Após a realização dos estudos previstos no cronograma, você medirá seus conhecimentos com um simulado da prova e analisará o seu desempenho e seu resultado em cada disciplina, para então criar um microplanejamento, em que fará mudanças para aumentar ainda mais sua pontuação no próximo ciclo.

O ideal é que você consiga, estando em um nível avançado de estudos, realizar **ciclos de até duas semanas**, esgotando o edital do próximo concurso neste período e testando-se constantemente.

Acredite: é sim possível esgotar um edital neste período, ou seja, estudar todo conteúdo exigido, para um "edital padrão" de concurso de nível médio ou até mesmo de nível superior, desde que este certame exija como regra o conhecimento da "lei seca" e súmulas, ou até "conceitos batidos" de doutrinas, se você já tiver compreendido globalmente o conteúdo programático e estiver habituado ao seu material de estudos.

Porém, se este não for o caso do seu próximo concurso, se sua prova exigir um conteúdo mais "pesado", com a necessidade do estudo aprofundado de doutrinas, jurisprudência ou outros conteúdos de absorção mais dificultosa, este período ideal do *sprint* pode ser impossível de ser cumprido. Nesse caso, você deve utilizar o mesmo raciocínio central: reduzir ao máximo os ciclos de estudos, dentro de suas possibilidades.

Da mesma forma, se você está iniciando seus estudos, não se preocupe em imediatamente fechar seus ciclos de estudos em duas semanas. Esse deve ser seu objetivo final. No primeiro contato com um novo material, talvez você demore meses para fechar um único ciclo.

E está tudo bem...

Porém, a partir da segunda leitura deste mesmo material, com os conceitos já fixados em sua mente, garanto que a próxima leitura será muito mais rápida. E a cada repetição você estará mais rápido nos *sprints*. A cada ciclo, a cada repetição, perceberá um maior domínio do conteúdo exigido para o concurso e a inserção de cada ponto em sua memória de longo prazo.

Você por um acaso já leu algum livro duas vezes??? Qualquer um vale, até Harry Potter!

Tenho certeza de que, se já fez isso, percebeu, na segunda vez, ter lido muito mais rápido. Também, entendeu muito melhor a história, notou algumas nuances antes despercebidas e decorou nomes de personagens secundários... O raciocínio é o mesmo aqui nos *sprints*!

Ao seguir essa lógico com o livro de ficção, você irá saber o mapa completo de Hogwarts, com todas suas salas secretas e o nome completo do primo "trouxa" do Harry. Já com a aplicação desse sistema no material de estudo de um ótimo concurso, você saberá um conteúdo que garantirá uma vida estável e que, com absoluta certeza, mudará sua qualidade de vida para sempre.

A cada ciclo você revisará todo conteúdo e a cada dia ficará mais próximo de ter uma ótima nota no concurso que deseja. Tais etapas serão de vital importância para seu aprimoramento pessoal e para ampliar suas chances reais de aprovação

Mostrarei isso tudo a seguir, com mais detalhes.

Recomendo muito que você, ao estudar de forma séria e contínua, priorize o **material escrito**. Assim você conseguirá criar um ritmo individualizado de estudos, sem a dependência e interferência de terceiros (componentes de grupo de estudo ou até mesmo alguns professores mais "lentos" em sua didática, que adoram contar piadas e desviar dos temas de estudos), elementos que podem desacelerar seu aprendizado. Também, ao estudar com seu próprio material escrito, você pode utilizar canetas "marca-texto" coloridas e fazer suas próprias anotações, detalhes que vão sempre ajudar a conseguir realizar a releitura ou revisão e memorizar todos os detalhes importantes de forma muito rápida.

Além disso, lembre-se sempre de um detalhe muito importante: **a prova do concurso é escrita.** Quanto mais você estiver adaptado a ler e absorver muita informação rapidamente, mais chances você terá em sua prova.

A leitura constante e incessante de matérias voltadas para os conhecimentos específicos do seu próximo concurso irá ajudar ainda a enriquecer seu vocabulário. Isso possibilitará uma maior chance de obter uma ótima nota em uma possível redação ou prova com questões dissertativas, além de aumentar suas chances de acertos em questões que exijam interpretação de texto.

Preciso, nesse momento, demonstrar um ponto importante e polêmico sobre o estudo baseado em videoaulas.

A videoaula é o formato "mais queridinho" de uma parcela gigantesca de concurseiros. A imensa maioria desses estudantes acreditam nesse formato de estudo como o mais efetivo para aprender as disciplinas de seu concurso, principalmente nos pontos mais pesados do estudo. Alguns pensam que elas são indispensáveis. Porém, na prática, percebo que a maioria dessas pessoas cometem um erro gravíssimo nessa análise: confundem conforto com eficácia.

De fato, é muito mais cômodo ficar quatro horas sentado em uma confortável cadeira, assistindo ao professor falar sobre o tema (e talvez fazendo algumas breves anotações, que nunca irá ter tempo de revisar), do que ficar duas horas estudando de forma ativa com leitura, questões, pesquisas etc.

Aguentar mais tempo estudando não significa que você terá um rendimento maior. Apenas significa que você será uma pessoa mais ocupada...

Lembre-se sempre: tempo de estudo não é um critério que estará em qualquer edital. Esse elemento também nunca será considerado nem mesmo para um eventual desempate. A pessoa que tira a melhor nota, aquela que fez seu estudo render mais, é quem terá seu nome no diário oficial, independentemente do tempo de estudo.

Falando nisso...

Deixe-me contar uma história verdadeira, para exemplificar isso para você.

Eu fiz pós-graduação em Direito Material e Processual do Trabalho. Como se tratava de um curso regular, com certificado e tudo mais que você já sabe, eu era obrigado a assistir a um número mínimo de aulas, mesmo já conhecendo meu perfil de aprendizado e sabendo que videoaulas não eram nem de perto a melhor opção para mim.

No 1º dia de aula, o professor foi o Carlos Henrique Bezerra Leite, autor do meu livro preferido de Direito Processual do Trabalho, obra que já tinha lido inteirinha pelo menos umas dez vezes. Foram quatro aulas de cinquenta minutos, totalizando 3h20 de conteúdo, em que ele falou exclusivamente sobre a aplicação do princípio protetor no direito processual trabalhista.

Fiquei muito surpreso com a aula, pois ele demonstrou, além de um domínio enorme do conteúdo, o que era esperado, ter uma didática acima da média. Ele não enrolava tanto e ao mesmo tempo conseguia ser até engraçado em determinados momentos. Note que um professor sempre faz isso para "quebrar" a monotonia e envolver os alunos ou terá apenas zumbis multitarefas olhando para seus celulares durante a aula.

Essa foi com certeza a melhor aula da minha pós...

Mas quer saber de uma coisa?

Se fosse fazer uma prova escrita, como no caso de um concurso, essa aula seria totalmente dispensável.

Ouso dizer que a aula atrapalharia bastante meu rendimento.

Pense comigo: se eu fosse fazer uma prova escrita apenas sobre esse tema e pegasse o livro dele, lendo 03h20 repetidas vezes esse tópico, seria imbatível no exame.

Nesse tempo **conseguiria ler pelo menos 5x o conteúdo do livro** e já teria feito marcações e breves anotações. Teria pesquisado conteúdos escritos complementares e teria praticado com algumas questões. Com certeza não erraria absolutamente nada e ainda teria uma linguagem muito parecida com a dele, se a prova tivesse qualquer questão discursiva.

Em compensação, se meus concorrentes tivessem visto apenas a videoaula nesse período, teriam apenas conhecimentos rasos sobre o tema, pois ele nem conseguiu se aprofundar tanto durante a aula. No livro havia alguns detalhes que passaram batidos na apresentação. Mesmo se fosse possível assistir a essa videoaula em velocidade acelerada, a diferença de rendimento ainda seria muito grande.

Essa comparação, apesar de simples e pontual, demonstra muito bem a diferença de rendimento entre o estudo em um formato no qual você não tem nenhum controle, como a videoaula, e o estudo com total liberdade.

Agora imagine a diferença de rendimento entre um estudante que segue com a videoaula como núcleo de estudo e aquele que foca seus esforços em métodos nos quais pode controlar melhor sua produtividade? A diferença será gigantesca!

Não demonstro isso de forma alguma com a intenção de menosprezar qualquer professor. Apenas acredito que o sistema de ensino nesse formato apresente muitas limitações intransponíveis, principalmente quando o objetivo é se dar bem em uma prova escrita, como é o caso do concurso público.

Um fator importante é que em videoaulas de cursinhos famosos sempre há a visualização por milhares e milhares de concurseiros de todos os níveis. Dessa forma, o professor precisa seguir um ritmo baixo (no máximo mediano) ou então irá abandonar os iniciantes. Isso é bem nobre do ponto de vista coletivo, mas para o concurseiro que quer e precisa acelerar seu rendimento é um tiro no pé.

Mas, como ensino nesse livro e em todo meu trabalho com milhares e milhares de concurseiros, o que eu acredito e grito aos quatro ventos é: você deve sempre personalizar seus estudos, priorizando aquilo que funciona para você.

Nesse ponto você deve ser até um pouco egoísta. Está tudo bem pensar assim em relação aos estudos. Você não irá prejudicar ninguém!

Inclusive, acredito que em determinados pontos bem específicos, nos quais você tenha dificuldades nos estudos com outros estímulos, uma videoaula poderá vir a calhar...

Por isso mesmo proponho que você faça um experimento simples e descubra se a videoaula é realmente importante para você em termos de evolução nos estudos, e não apenas em conforto:

Escolha dois temas de uma disciplina em que você não tenha domínio algum.

No 1º tema você irá estudar em um formato baseado totalmente em videoaulas. Elas serão o grande centro dessa primeira etapa. Você pode fazer anotações durante a exposição, aumentar a velocidade do vídeo ou qualquer outro *hack* que você entenda adequado. Marque exatamente o período gasto com esse formato. Em seguida faça um simulado de dez questões reais de concursos deste tema para medir seu desempenho.

No 2º tema escolhido você irá fazer um estudo independente de videoaulas. Irá dedicar exatamente o mesmo tempo de estudo utilizado no tema anterior. Estude com leitura, pesquisas, faça questões, marcações de textos, breves anotações, resumos, engenharia reversa, ou seja, faça um estudo ativo nesse período focado em soluções utilizando a leitura e sempre forçando sua interpretação textual. Após, faça um simulado com o mesmo número de questões do tema anterior e meça seu rendimento, comparando os resultados nos dois formatos.

Feita essa comparação, você terá dados importantes que irão ajudá-lo a descobrir qual formato de estudo realmente faz você evoluir acima da média, que é o que realmente importa.

Além disso, vale frisar: números são sempre importantes, porém a vida real não pode se tornar uma equação fria.

Além desses números, perceba, sinta sua real evolução e sua confiança sobre cada um dos temas. Perceba que, em algumas vezes, principalmente quando temos uma amostragem pequena de simulados, os números podem nos enganar. Por isso, além dos números, faça essa análise subjetiva e compare os estudos sob tal prisma, medindo seu conforto e seu sentimento de evolução real na absorção de conteúdo. Esses fatores irão ajudar a tomar a melhor decisão para seus estudos.

Aqui fica **mais uma dica importante sobre utilização de canetas marca-texto**, para a aceleração constante dos ciclos e revisão: em sua primeira leitura de um novo material de estudos, em que você está em fase de adaptação, recomendo usar apenas o lápis para marcações. Em um primeiro momento é natural pensarmos que tudo é relevante e que todos os detalhes serão essenciais para a absorção e memorização do conteúdo, o que não é verdade.

Com as marcações em lápis, você poderá no futuro apagá-las, sem estragar seu material impresso. Em uma segunda leitura, com um melhor entendimento sobre o conteúdo, faça marcações de texto com uma determinada cor apenas (verde, por exemplo), nas partes que achar realmente relevantes. Em um terceiro ciclo, utilize uma nova cor única (laranja talvez), para identificar pontos de maior dificuldade, e assim por diante, criando uma escala de prioridades, separadas por cores.

Tal rotina irá facilitar a aceleração dos ciclos, pois estimulará sua memória visual, e você saberá, sprint após sprint, quais pontos necessitam de mais atenção e quais já estão sendo absorvidos pela sua memória.

3. PLANEJANDO OS *SPRINTS*

A primeira etapa a ser feita é criar um planejamento (*plan*) de estudos com um objetivo específico, neste caso o estudo das matérias do concurso de seu desejo. Você deve sempre limitar seus estudos de forma estrita ao conteúdo programático do edital de abertura do concurso. Deve tornar o material de estudos o mais enxuto possível, sempre de acordo com o edital, o perfil da banca examinadora e o nível de cobrança das provas anteriores para o mesmo cargo.

Esse planejamento do *sprint* deve conter metas palpáveis, quantificáveis, como por exemplo a duração total de um mês, com estudo de quatro horas diárias e com alcance de 90% de acertos em um simulado que será realizado ao final do ciclo.

Aqui é importante que você já fixe um período curto para fechar o ciclo e você deve sempre tentar reduzir esses ciclos ao máximo. É de vital importância que seja observado fielmente esse limite de tempo previamente fixado para o ciclo e que ele seja finalizado com a realização de testes efetivos do seu conhecimento, com simulados. Assim, com essas métricas em mãos, poderemos direcionar seus estudos para a direção correta.

Acredite, ao estudar por algum tempo com esses ciclos, cada vez mais você conseguirá acelerá-los. O contato constante com o material de estudo fará ele ser completamente absorvido pelo seu cérebro cada vez de forma mais fácil e rápida. Assim, naturalmente isso facilitará seu entendimento sobre todas as matérias e você conseguirá realizar ciclos cada vez mais rápidos e com um rendimento maior nos simulados.

Em concursos de ensino médio e até mesmo em alguns certames de nível superior é possível esgotar todo material de estudo de um edital até 2 semanas, após você já ter tido muitas vezes o contato com seu próprio material, ter feito marcações de texto e anotações que o fazem rapidamente lembrar de seu conteúdo por completo.

Dentro desse planejamento você deve ainda levar em consideração a quantidade de questões e os pesos de cada matéria na prova, além também o seu conhecimento sobre cada tópico.

É normal, em concursos públicos algumas matérias terem muito mais questões que outras e algumas terem peso 2 ou peso 3, ou seja, essas questões valem 2 ou 3 vezes mais pontos do que as das demais matérias. Nesse caso, você deve sempre dedicar seu tempo aos estudos de maneira proporcional ao valor da matéria como um todo.

Exemplificando essa questão dos pesos, digamos que um determinado concurso exija apenas conhecimentos em português (peso 1 – 10 questões), Matemática (peso 1 – 10 questões) e Direito Constitucional (peso 2 – 10 questões). Neste caso, será possível obter na prova 40 pontos (10 pontos em português + 10 pontos em Matemática + 20 pontos em Direito Constitucional). Portanto, nesta prova, você teria de dedicar metade de seu tempo de estudo a Direito Constitucional, e dividir a outra metade entre português e Matemática, de forma igual.

Você pode ainda realizar alterações nesta divisão do tempo de estudo de acordo com seu conhecimento em cada matéria. Por exemplo, se em seu caso você tem muita facilidade com matemática, e sabe que facilmente conseguiria um aproveitamento ótimo nestas questões, seria um completo desperdício de tempo dedicar um quarto de seu tempo de estudos a essa matéria. Você deve, nesse caso, reduzir o tempo de estudo em matemática para dedicar-se à matéria na qual você tem um aproveitamento menor. Leve sempre sua condição pessoal em consideração e crie o melhor cronograma para você.

4. EXECUTANDO OS CICLOS DE ESTUDO

Após, é necessário executar (do) esse planejamento, ou seja, colocar em prática seus planos. Lembre-se sempre de colocar metas realizáveis, mas ao mesmo tempo desafiadoras, pensando sempre em sua evolução.

Priorize o estudo com Materiais Enxutos e sempre realizando questões com Engenharia Reversa, que é a forma mais ativa de estudar!

Motive-se a se superar, executar suas metas sempre no seu limite, e até mesmo, se possível, ultrapassar sua previsão inicial. Crie uma disputa competitiva com seus próprios limites, e a sua evolução será inacreditável.

5. CHECANDO SUA EVOLUÇÃO

Em seguida, os simulados serão uma forma de validar sua evolução nos estudos. Aqui você deve confrontar os dados obtidos no simulado feito ao final de cada sprint com aqueles contidos no seu planejamento (check).

Há duas formas bem práticas de obter simulados. A primeira é procurar nos sites das próprias bancas organizadoras. Eles normalmente disponibilizam as últimas provas na internet. Você pode pegar a prova do concurso anterior, ou provas de concursos anteriores com o mesmo perfil de sua próxima prova e utilizá-las como simulado.

Uma outra opção muito interessante e prática é utilizar as grandes plataformas pagas de questões, as quais possuem filtros que facilitam na criação de simulados, e muitos comentários de outros concurseiros e professores em muitas dessas questões, o que facilitará o processo de correção.

Você deve ter dados de todas as matérias que você estuda, individualizando os dados de cada uma. Você pode criar uma tabela simples, em que serão inseridas as porcentagens de acertos em cada matéria, assim como esta:

MATÉRIA	SIMULADO 1	SIMULADO 2	SIMULADO 3
PORTUGUÊS	60%	65%	70%
MATEMÁTICA	70%	73%	75%
INFORMÁTICA	65%	70%	73%
DIREITO CONSTITUCIONAL	50%	60%	65%

6. AGORA É HORA DE AGIR

"Insanidade é continuar fazendo sempre a mesma coisa e esperar resultados diferentes." – **Albert Einstein**

Nesse ponto, analisado todo este processo, seu rendimento e os dados obtidos, você deverá agir (act) e adaptar seus estudos para obter resultados sempre melhores. É o momento crucial para seu sucesso, e você deverá manter distância de suas emoções para conseguir fazer uma análise objetiva de sua real evolução nos estudos, ou pedir a ajuda de alguém de sua confiança e com alguma experiência na área de concursos para que possa ajudar.

A partir dessa análise, você decidirá se deverá manter sua rotina ou pivotar, ou seja, mudar sua direção nos estudos.

Se você ficar feliz e confiante com sua evolução, ótimo! Isso quer dizer que você encontrou um método de estudos encaixado perfeitamente em seu perfil e deve continuar assim. Pode aprimorar ainda mais seus resultados definindo padrões mais altos de acertos em seu planejamento inicial. Pode ainda procurar transpor alguns obstáculos que podem influenciar negativamente em sua preparação, tais como o ambiente de estudos, sua bibliografia, ou buscar se aprofundar nos pontos das matérias dificultando o alcance de notas melhores. Pode ainda retirar alguma carga horária de estudo de uma matéria em que sua pontuação beira à perfeição e inserir maior carga horária em pontos nos quais tenha mais dificuldade.

Porém, caso não tenha atingido os resultados previstos em seu planejamento inicial, ou ainda mais importante, caso você ainda não esteja se sentindo confortável com sua evolução, vendo sua meta cada vez mais distante, deve alterar de forma significativa seus métodos de estudos, e reiniciar com um novo *sprint*: planejar, executar, checar e agir novamente. Nesse caso é hora de agir diferente, sempre avaliando os dados obtidos com a sua real expectativa.

É importantíssimo sempre ter a noção exata de seu real aproveitamento nas diversas matérias antes da execução da prova do concurso desejado e então pivotar, fazer uma alteração substantiva nos métodos de estudos, em caso de falta de crescimento na pontuação.

Você agora não estudará para esgotar o edital uma única vez até a data da prova, para somente então realizar o grande teste com a prova do concurso, como a imensa maioria dos cursinhos tradicionais propõem. Você não agirá mais às escuras, como um concurseiro inexperiente. Você estudará em ciclos menores, com tiros curtos e intensos.

A cada ciclo, você deverá tentar esgotar o conteúdo programático exigido pelo edital do concurso da forma mais rápida possível e finalizá-lo com a realização de um simulado bem próximo da realidade da prova, com o mesmo estilo e quantidade de questões.

Por exemplo, caso você esteja se preparando para uma prova de certo e errado, ao melhor estilo CESPE/Cebraspe, você deverá buscar simulados neste formato. Caso você esteja se preparando para uma prova da Fundação Carlos Chagas – FCC, deve encontrá-los no mesmo estilo. Isto lhe dará experiência no formato da prova e no ritmo imposto por cada banca examinadora, ponto fundamental para uma boa execução de prova.

Após a realização do simulado, você deverá extrair os dados de sua pontuação, matéria por matéria, para poder então analisar sua evolução nos estudos, comparando sempre o resultado com os simulados de ciclos anteriores.

Para a sua aprovação ficar mais próxima, a primeira atitude a se tomar é perder o medo de se testar de forma constante. Não tenha medo de errar. Todos erramos, e quanto mais rápido errarmos e entendermos o motivo deste erro, mais rápido poderemos modificar nossas atitudes e ficaremos mais fortes. Ao errar em simulados, você diminuirá muito a chance de errar no clímax da sua trajetória, ou seja, no momento da execução da prova do concurso sonhado.

Portanto, teste-se constantemente e erre rápido. Quanto mais cedo você errar, mais chances terão de corrigir suas falhas. Em uma vida destinada aos concursos públicos, nunca deixe para perceber seus erros apenas depois de ter realizado a prova. É comum que tenhamos medo da verdade, de descobrir que não alcançamos ainda o patamar desejado. Temos medo de nós mesmos e da visão dos outros sobre nossas vidas. Mas o choque de realidade é a única forma de encontrar o seu caminho e superar suas dificuldades.

Com a experiência no contato com vários concurseiros nestes anos de estudos para concursos públicos, verifiquei um fato incontestável: há vários perfis de estudantes e cada um destes reage de forma diferente a cada estímulo de aprendizagem.

Há pessoas que se adaptam plenamente aos estudos apenas com leitura, outros respondem de forma melhor a estímulos visuais e fixam a matéria com facilidade após estudar por mapas mentais e videoaulas. Alguns memorizam de forma impressionante após estudar o conteúdo em áudio. Algo que salta aos olhos também é a evolução de determinadas pessoas após sua incorporação a grupos de estudos, em interação constante com outros estudantes.

Não há uma fórmula única de estudos, portanto. Você precisa obter um ótimo autoconhecimento para verificar qual método se adequa melhor ao seu perfil e é importante testar todas estas hipóteses. Afinal, ao ter sempre a mesma rotina de estudos e as mesmas atitudes, não se pode esperar uma mudança significativa em suas notas.

A cada novo *sprint* você deve verificar os pontos de estudos em seu planejamento que apresentam menor evolução, inserir novos métodos de estudos ou até mesmo buscar novos materiais, novos autores de livros ou novos professores e novas apostilas, e então medir novamente seus resultados.

Abra sua cabeça para novos métodos que podem aumentar sua produtividade e não tenha medo de uma nova abordagem em seus planos. Você de fato só saberá os resultados após arriscar-se e medir sua evolução. E convenhamos, não há sentido em ficar inerte frente as suas próprias dificuldades. Ao perceber que seus estudos não terão como consequência a aprovação no concurso, você não pode jamais ficar parado, esperando por algum milagre. Sua melhora só depende de você, que é a única pessoa que pode tomar alguma atitude a respeito.

O milagre está em reconhecer as suas limitações e buscar formas de quebrar estes limites, e isto só depende de você mesmo e do controle sobre suas emoções e sentimentos.

7. UM EXEMPLO PRÁTICO

Vou mostrar aqui um exemplo de como um concurseiro tradicional estuda. Logo após, vamos analisar um novo exemplo de quem segue a metodologia proposta no presente capítulo, para que você entenda na prática como esta forma de estudar poderá mudar sua vida.

Vou chamar nossa amiga deste exemplo de Natasha, uma pessoa que começará a estudar para concursos do absoluto zero e terá como objetivo de médio prazo a aprovação na carreira de Técnico Judiciário – Área Administrativa, de um Tribunal Regional do Trabalho.

Natasha decidiu aproximadamente um ano antes da realização da prova do Tribunal Regional do Trabalho de Pernambuco que este seria seu primeiro objetivo. Estava um pouco perdida, pois não sabia como conciliar seu trabalho com os estudos para a prova. Então, procurou um cursinho on-line com duração de 1 ano para sua preparação. Durante este ano, seguiu fielmente as instruções dos professores, dissecando todo conteúdo em vídeo no período da noite e lendo os materiais de apoio. Ela se aprofundou em cada aula e se preparou de forma exclusiva com os materiais do cursinho durante todo este ano para a grande prova, destinando aproximadamente quatro horas diárias às videoaulas e duas horas ao material de leitura.

Uma vez a cada 6 meses testava seus conhecimentos, mas tinha certo receio de ter a real noção de seu aproveitamento. Suas notas não eram muito boas em algumas matérias, mas confiava que iria evoluir até o final do curso, seguindo sempre a mesma metodologia imposta pelo cursinho.

Seu cronograma inicial foi cumprido perfeitamente, e depois de um ano, às vésperas da tão esperada prova, conseguiu finalmente esgotar o conteúdo do edital por completo. Estava muito ansiosa para a prova, afinal este era o grande momento, e não estava habituada a fazer provas constantemente. Ao mesmo tempo, estava muito confiante, afinal, seguiu tudo que eles propuseram à risca...

Realizada a prova, esperando com lágrimas nos olhos o gabarito oficial, ela acessa o site da banca do concurso e confere seu caderno de respostas. Percebe não ter pontos suficientes para estar entre os aprovados com chances reais de nomeação.

Na verdade, não chegou nem perto de ter uma nota competitiva... A frustração é enorme.

O resultado parece não ser compatível com seu esforço.

Afinal, ela estudou muito e deu o seu melhor durante um ano inteiro...

8. O QUE ACONTECEU DE ERRADO?

Bem, como você já pode imaginar, o maior erro foi acreditar em um método de estudos com o qual ela sequer sabia se iria se adaptar e por não medir de forma mais constante sua evolução em cada disciplina antes da prova. Ainda errou ao permanecer estática em sua rotina de estudos mesmo após resultados decepcionantes no simulado.

Ela só descobriu seus erros no planejamento após 1 ano inteiro de esforço.

Este gráfico demonstra muito bem o seu rendimento nos estudos e a distância para a aprovação:

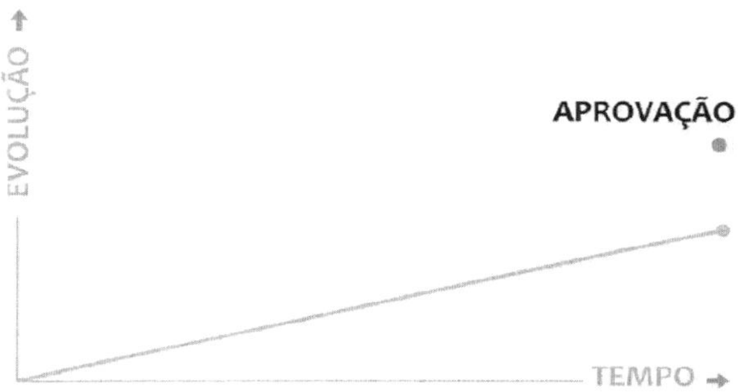

Ela não tinha uma experiência relevante em provas de concursos públicos e confiou no método tradicional. Esse método de estudos não era o melhor para ela, por diversos motivos: assistir aulas maçantes e cheias de "histórias" dos professores não a motivava; estava cansada demais depois de um dia de trabalho e as aulas pareciam ainda mais longas do que de fato eram; e a linguagem dos professores, a grande maioria da área jurídica, não permitia que ela pudesse entender plenamente o conteúdo de algumas matérias.

Resumindo: esse método definitivamente não era o melhor para Natasha, e ela só entendeu isso quando era tarde demais: depois da prova.

Agora, veremos como Natasha faria a organização de seus estudos caso utilizasse a metodologia aqui sugerida:

Ao iniciar sua preparação para os estudos, o objetivo final seria o mesmo, ou seja, a aprovação na prova para técnico do TRT, que aconteceria em 1 ano.

Porém, haveria em seu plano a existência de ao menos seis ciclos bimestrais de estudo, não apenas um ciclo único anual. Ela decidiu, assim, iniciar seus estudos com ciclos de dois meses de estudo para respeitar seu ritmo de iniciante neste mundo dos concursos e, caso conseguisse terminar o esgotamento do edital antes do previsto, reduziria o prazo dos próximos ciclos.

Com base no último edital deste mesmo concurso e no perfil da banca FCC, organizadora do certame, obteria seu material de estudo de todas as matérias previstas em locais confiáveis ou o elaboraria da forma mais enxuta possível.

Nesse caso, Natasha optou por estudar apenas pela lei seca (ou seja, sem qualquer comentário ou anotação) e por resumos em matérias como Gestão Pública e Direito Administrativo. Em português e Matemática, optou por apenas realizar exercícios de provas anteriores da mesma banca, tendo em vista seu conhecimento prévio sobre as matérias, pois já tinha estudado há alguns anos para vestibulares e ENEM.

Então, iniciaria o primeiro *sprint*, ou seja, o primeiro ciclo de estudos, com o objetivo de um aproveitamento de 85% em cada matéria no simulado, conforme cronograma abaixo:

SPRINT 1

MATÉRIA	TEMPO	PESO/QUESTÕES	DIAS DA SEMANA
PORTUGUÊS	2h	Peso 1 – 10 Q	segunda
MATEMÁTICA	1h	Peso 1 – 5 Q	segunda
GESTÃO PÚBLICA	1h	Peso 1 - 5 Q	segunda
D. CONSTITUCIONAL	2h	Peso 3 – 6 Q	terça
D. CIVIL	2h	Peso 3 – 5 Q	terça
D. ADMINISTRATIVO	2h	Peso 3 – 7 Q	quarta
D. PROC. CIVIL	2h	Peso 3 – 5 Q	quarta
D. TRABALHO	4h	Peso 3 – 9 Q	quinta
D. PROC. TRABALHO	4h	Peso 3 – 8 Q	sexta
REDAÇÃO	2h	-	sábado
CICLO BIMESTRAL: 1 SIMULADO/1 CICLO			

Ela estudaria exatamente nos termos deste ciclo bimestral de estudos e o finalizaria com um simulado com o mesmo número de questões da prova real.

Seu aproveitamento após o primeiro ciclo ficou assim:

MATÉRIA	APROVEITAMENTO
PORTUGUÊS	70%
MATEMÁTICA	85%
GESTÃO PÚBLICA	70%
D. CONSTITUCIONAL	90%
D. CIVIL	60%
D. ADMINISTRATIVO	55%
D. PROC. CIVIL	70%
D. TRABALHO	70%
D. PROC. TRABALHO	65%

Nesse caso, ela teve um aproveitamento acima do previsto em Direito Constitucional, dentro de sua meta em Matemática e abaixo em todas outras matérias. Em Direito Administrativo teve uma pontuação muito abaixo da meta.

Então, com estes dados em mãos, percebendo a diferença de rendimento em cada disciplina, ela planejou seu novo *sprint*:

SPRINT 2

MATÉRIA	TEMPO	PESO/QUESTÕES	DIAS DA SEMANA
PORTUGUÊS	2h ▪	Peso 1 – 10 Q	segunda
MATEMÁTICA	30 min ↓	Peso 1 – 5 Q	segunda
GESTÃO PÚBLICA	1h30 ↑	Peso 1 - 5 Q	segunda
D. CONSTITUCIONAL	1h30 ↓	Peso 3 – 6 Q	terça
D. ADMINISTRATIVO	3h ↑	Peso 3 – 5 Q	terça
D. CIVIL	2h30 ↑	Peso 3 – 7 Q	quarta
D. PROC. CIVIL	2h30 ↑	Peso 3 – 5 Q	quarta
D. TRABALHO	5h ↑	Peso 3 – 9 Q	quinta
D. PROC. TRABALHO	5h ↑	Peso 3 – 8 Q	sexta
REDAÇÃO	2h ▪	-	sábado
CICLO BIMESTRAL: 1 SIMULADO/1 CICLO			

Além de adaptar sua carga horária de estudos nesse planejamento, priorizando aquelas matérias nas quais houve menor índice de acertos, ela também decidiu mudar seu material de estudo nessas disciplinas. Nos dias de estudo das matérias com menor pontuação decidiu ainda aumentar em mais uma hora sua carga de estudos.

Para Gestão Pública decidiu não apenas ler resumos, mas também se aprofundar com videoaulas desta matéria, de um renomado professor. Em Direito Administrativo, começou a ler um livro doutrinário sobre o tema nos tópicos exigidos pelo concurso. Nas demais matérias continuou com o mesmo material de apoio, apenas alterando as cargas horárias.

Em seu segundo *sprint*, este foi o resultado:

MATÉRIA	APROVEITAMENTO 1	APROVEITAMENTO 2
PORTUGUÊS	70%	73% ↑
MATEMÁTICA	85%	82% ↓
GESTÃO PÚBLICA	70%	73% ↑
D. CONSTITUCIONAL	90%	85% ↓
D. CIVIL	60%	65% ↑
D. ADMINISTRATIVO	55%	62% ↑
D. PROC. CIVIL	70%	70% -
D. TRABALHO	70%	75% ↑
D. PROC. TRABALHO	65%	73% ↑

A evolução ficou evidente nas matérias nas quais houve a alteração na forma de estudos, a não ser em Direito Processual Civil. No caso dessa última matéria, seria necessário buscar novos métodos de estudo, novos professores etc. Em Matemática, percebeu que a redução da carga horária prejudicou um pouco seu rendimento e poderá acertar este ponto no próximo *sprint*.

Ainda, após realizar seu terceiro ciclo e acreditar ter encontrado um material perfeito para seus estudos, Natasha percebeu ter esgotado todo edital mais rapidamente.

Decidiu, portanto, reduzir os *sprints* para um mês, com o objetivo de esgotar o edital do concurso mais vezes. Agora ela pode, em um novo *sprint*, manter aquilo que deu certo e apontar arestas nas matérias de menor aproveitamento. A cada ciclo, ela fica mais forte em todo conteúdo e sua evolução é constante. A cada *sprint*, ela percebe sua evolução e fica motivada a melhorar ainda mais.

Você pode neste momento estar em dúvidas se este método funciona mesmo...

Posso garantir que sim, o método funciona!

Sabe este exemplo acima da Sra. Natasha? Não se trata de um exemplo hipotético, mas sim de um acontecimento verdadeiro.

Natasha na verdade é minha esposa. Ela começou a estudar para concursos após várias frustrações em empregos privados, quando eu já era concursado e tinha sido aprovado em vários concursos. Ela quis começar a estudar da forma tradicional, inscreveu-se em um cursinho tradicionalíssimo e não obteve resultado. Ela foi a primeira "cobaia" do método que apresento neste livro.

E a partir do momento em que começou a estudar neste sistema de *sprints*, foi aprovada em apenas 6 meses nos próximos 2 concursos públicos para Técnico Judiciário que prestou: os concursos do TRT-15 (colocada na 144ª posição, sendo que no último concurso foram nomeadas mais de 700 pessoas neste cargo) e no TRT-02, também dentro do número de pessoas nomeadas no último concurso.

Inclusive, hoje já foi nomeada como técnica judiciária do TRT-15, é estável e trabalha em um ótimo gabinete de desembargador, com *home office* integral.

Ou seja, este método a fez ser aprovada em 2 ótimos concursos com enormes e reais chances de aprovação, e ainda gastando muito menos tempo e dinheiro do que gastaria com cursinhos tradicionais.

Agora é a sua vez de mudar a metodologia de estudar e iniciar a estudar em *sprints*. A sua rápida aprovação depende desta atitude.

Você deve adaptar as matérias do concurso desejado ao cronograma de *sprints*, de acordo com sua disponibilidade diária de estudo, da mesma forma descrita neste capítulo. Esgote o edital em cada *sprint*, teste-se de forma efetiva e refaça seus planos de acordo com seus resultados. Evolua a cada ciclo e consiga sua aprovação.

MODALIDADES DE PROVAS E ESTRATÉGIAS PARA ENFRENTÁ-LAS

Diego Pureza

Há diversas modalidades de provas aplicadas em etapas de concursos públicos e cada uma exige preparação específica e estratégica.

Dessa forma, o presente capítulo será dedicado a apresentar sugestões de preparação e estratégias para o momento da prova.

Trataremos das seguintes modalidades de provas:

- Provas objetivas (múltipla escolha);
- Provas escritas (discursiva e redação);
- Prova oral.

1. PROVAS OBJETIVAS (MÚLTIPLA ESCOLHA)

Provas objetivas envolvem questões de múltipla escolha, podendo ser no formato com quatro alternativa (A, B, C e D), cinco alternativas (A, B, C, D e E) e no formato com duas alternativas (Certo e Errado, em que cada erro representa a subtração de um acerto).

Muitos concurseiros com pouca experiência acreditam que não há estratégia ou ordem para se enfrentar uma prova objetiva. Alguns seguem a sequência de questões organizadas pela banca examinadora no caderno de prova, outros partem para a matéria que mais possui facilidade até chegar nas consideradas mais difíceis.

É também muito comum concurseiros nem ao menos conseguirem tempo para o preenchimento do gabarito (ou preenchem com tanta pressa que acabam passando inúmeras respostas equivocadas para o gabarito). Isso acaba custando caro, resultando em uma reprovação precoce.

Perceba que é fundamental saber administrar o tempo durante a prova, tanto para analisar cada questão com a devida atenção, quanto para preencher o gabarito com calma.

Passaremos a seguir a apresentar uma estratégia que otimizará o seu rendimento em provas objetivas. Você poderá testá-la em simulados para ter a oportunidade de realizar ajustes e aperfeiçoamentos, conforme convir. Vejamos:

1° Passo – visão panorâmica da prova: dedique os primeiros minutos a ler as instruções da prova (geralmente na primeira página) para não cometer nenhum erro grosseiro capaz de te eliminar do concurso, e em seguida inicie uma análise panorâmica da prova.

A finalidade da análise panorâmica da prova não é tentar resolver as questões. Você deverá apenas ler rapidamente um pouco de cada questão, pois o objetivo é identificar quais assuntos e nível de profundidade estão sendo cobrados em cada questão.

Você gastará poucos minutos nesse processo pois, como já mencionado, o objetivo é meramente identificar assuntos e nível de dificuldade das questões. Sinalize as questões que considera fáceis, medianas e difíceis. Para exemplificar, em minhas provas costumava anotar F para fácil, M para medianas e D para as questões mais difíceis.

Não subestime esse passo, você já entendeu que um dos propósitos é destacar os níveis de dificuldade das questões. Outro fator crucial presente nesse passo é ativar um gatilho mental em seu cérebro que, por sua vez, iniciará o chamado **processo de evocação da memória**[1].

Você já deve ter vivenciado alguma situação em que tentou se lembrar de algo e não conseguiu. Porém, horas após a frustrada tentativa, a informação simplesmente surge de forma consciente. Isso acontece justamente porque no momento em que tentou se lembrar de tal informação, seu cérebro deu início ao processo de evocação da memória. Ocorre que a memória é armazenada em diferentes níveis de qualidade, quanto maior a qualidade mais fácil será acessá-la, por outro lado quanto mais baixa a qualidade, mais difícil e demorada será o acesso.

Quando estudamos para concursos públicos, naturalmente iniciamos a preparação sem muita qualidade, sem método, sem eficiência. Dessa forma, por mais que você entenda o que está estudando, muitas informações serão armazenadas na memória sem muita qualidade (mas as informações estão na memória).

Daí a importância da realização de uma análise panorâmica da prova. Em cada assunto de cada questão visualizada, seu cérebro passa a buscar as respectivas informações em sua memória, então enquanto estiver realizando a prova (próximos passos), você terá grandes chances de ir se lembrando das questões mais difíceis.

Essa estratégia te poupará tempo e aumentará suas chances de acertar mais questões na prova.

Vale destacar que, à evidência, o processo de evocação da memória só funcionará sobre os assuntos que você efetivamente estudou em sua preparação. Para os temas que nunca teve contato, não haverá milagre a ser feito. O jeito será tentar interpretar o que a questão quer e, por meio de aplicação dos princípios gerais do assunto, tentar

---

1. Denominação utilizada pela Neurociência para identificar o processo em que nosso cérebro utiliza para buscar uma informação armazenada na memória e trazê-la à tona para o imediato uso.

eliminar as alternativas que pareçam estar erradas até chegar na possível alternativa correta (chute calculado).

2º Passo – comece pelas questões mais fáceis: uma vez sinalizados os níveis das questões, inicie sua prova pelas questões mais fáceis.

Além de aumentar a confiança para a continuidade da prova (e sabemos que os aspectos psicológico e emocional durante a prova são de fundamental importância), você conseguirá poupar tempo para analisar as questões medianas e difíceis com a devida atenção.

Também dará tempo ao cérebro para trabalhar o processo de evocação da memória. Nessa fase, na medida em que for se lembrando de detalhes necessários para acertar questões difíceis, valerá a pena localizá-las e resolvê-las, evitando possíveis esquecimentos.

3º Passo – separe um tempo para o gabarito: separar um tempo para o preenchimento do gabarito é sagrado em uma prova de concurso público.

Já tive contato com inúmeras histórias de concurseiros que teriam sido aprovados se tivessem dedicado alguns minutos ao gabarito.

30 minutos é mais do que o suficiente. Se ainda não tiver concluído a sua prova na hora final, pare mesmo assim, preencha o gabarito com o que já fez para garantir uma possível pontuação mínima, e depois você poderá utilizar os minutos finais para as demais questões, resolvendo e preenchendo o gabarito para cada questão.

Pode acontecer de surgir alguns problemas durante a realização da prova, como por exemplo ter "branco"[2] e/ou se sentir estranho em relação à algumas questões[3], nesses casos algumas técnicas poderão

---

2. Expressão comumente utilizada para momentos de esquecimento. São casos em que o concurseiro se depara com alguma questão cujo tema exigido sabe já ter estudado, mas não consegue se recordar dos detalhes.
3. Na prática, é uma sensação esquisita, como se estivesse escutando uma voz, algo ou alguém dizendo qual é a alternativa correta. Falaremos sobre essa "voz" adiante.

te salvar. Diante das peculiaridades de cada tema, passaremos a analisar cada uma dessas técnicas em tópicos próprios.

1.1. Como vencer o "branco" em provas de concursos

Você já deve ter passado pelo famoso "branco" em uma prova, seja de concurso público, seja de qualquer certame de grande importância em sua vida. O famoso "apagão" na memória. A sensação é a de que você está sendo traído pela própria memória – se ainda não passou por isso, vale a pena se prevenir conferindo essa dica de ouro!

Você estudou, sabe que o conhecimento exigido por aquela prova, por aquela questão, você possui, todavia, naquele momento tenso, na hora H, você simplesmente não se lembra. Terrível, não é mesmo?

Obviamente, o "branco" na memória só é possível para quem estudou. Ora, se você não estudou e acha que teve um "apagão" na hora da prova, sinto em lhe dizer, mas se trata de um verdadeiro vácuo na memória (mera ausência de informação). Para aqueles que realmente estão estudando, essa dica será para vocês!

Inicialmente, é importante entender a origem do "branco". Em resumo, sempre que o ser-humano se coloca em situações de extrema pressão, nervosismo, estresse, as glândulas adrenais (localizadas acima dos rins) começam a produzir um hormônio chamado cortisol e liberá-lo na corrente sanguínea. O cortisol produz diversas alterações no organismo. Basicamente, visa criar uma espécie de proteção contra sensações ruins (depressão, mal-estar, nervosismo etc.), assim como um casco serve para blindar a tartaruga. Ocorre que o cortisol também bloqueia o correto funcionamento da memória. Logo, diante de uma prova tão importante como é o concurso público dos seus sonhos, diante de tamanho nervosismo, com a respectiva produção de cortisol, sua memória é bloqueada dando lugar para o tão temido "branco".

Na prática, frustrado o(a) concursando(a) termina a prova na medida do possível, preenche o gabarito com total decepção, o entrega ao fiscal, sai da sala, desce as escadas do prédio, e, assim que coloca o pé pra fora o que acontece? A bendita informação vem à tona em sua memória!! Parece até mesmo que o cérebro lhe pregou uma pegadinha, não é mesmo? Nada mais natural, pois ao sair daquele ambiente de estresse, o organismo para de produzir o cortisol e, em minutos, a memória é novamente liberada.

Então, o que fazer para evitar o "branco"? Seria possível vencer o "branco" na hora da prova?

A resposta à segunda questão é SIM, porém, vale a pena começar lhe entregando o antídoto para a prevenção do "branco" (como diz o ditado: "melhor prevenir do que remediar").

A prevenção começa com uma mudança de postura e de visão sobre o concurso público. É comum pensar que o concurso é um bicho papão, um verdadeiro mostro entre você e seus sonhos. Nada mais enganoso. O concurso público é a porta de entrada para o cargo que você deseja. É necessário, portanto, mudar a perspectiva: VOCÊ PRECISA GOSTAR DE REALIZAR PROVAS DE CONCURSOS PÚBLICOS! É importante que seja prazeroso. Jogador de futebol tem que gostar de jogar, precisa gostar de grandes jogos, do contrário perderá muito rendimento diante de uma decisão por conta da pressão (o famoso "pipoqueiro", justamente em razão do cortisol). Ao mudar a perspectiva, seu organismo estará devidamente preparado para encarar o ambiente da prova como algo prazeroso, desafiador positivamente – na prática, a tendência é que seu rendimento seja ainda maior.

Além disso, é importante ter uma vida saudável para que seu organismo funcione corretamente, a exemplo de ter uma rotina com sono tranquilo e por período equilibrado.

Ótimo, excelente! Aprendemos a nos prevenir... agora, se você já está ali, sentado na cadeira, na sala de aula, diante da prova que poderá levá-lo ao cargo dos seus sonhos, nervosismo, ansiedade e, pronto! Lá vem o "branco"! É possível encontrar solução? A resposta é SIM!

É fundamental que você acredite nessa dica de ouro. Centenas de pessoas já tentaram – inclusive eu – e todas foram uníssonas em afirmar que funciona. Não se trata de autoajuda, trata-se de neurociência pura!

Você aprenderá a "sabotar" o seu cérebro e seu organismo de uma forma positiva.

Então vamos lá!

Ao contrário do que muitos acreditam, o nosso cérebro não é limitado. Há um ponto em nosso cérebro que é simplesmente incapaz de diferenciar fantasia de realidade. Não sabe diferenciar um sonho (que gera, inclusive, reações orgânicas) de um fato que está efetivamente acontecendo (basta se lembrar de sua infância, sonhando estar em uma piscina, cachoeira, lagoa etc., e como você acorda? Sim, todo ensopado).

Munido dessa informação, agora você aprenderá a "driblar" seu cérebro, "enganando-o", fazendo-o acreditar que não está mais naquele ambiente que, até então, é de estrema tensão. Então faça o seguinte:

Feche os olhos (e abaixe a cabeça, pra não passar vergonha). Em seguida, comece a imaginar com riqueza de detalhes – sim, detalhes! Projetando, inclusive, sensações, ora, aprenda a enganar seu cérebro com eficiência! – você terminando a prova, preenchendo o gabarito, entregando-a ao fiscal, deixando o prédio...

Todos que testaram a dica afirmam: ao sair do prédio, na imaginação, aquela informação exigida pela prova vem à tona! Sim, é natural que isso ocorra. Seu organismo acredita que aquilo realmente aconteceu, acredita que você efetivamente deixou aquele ambiente de estresse e muita tensão e, assim, interrompe a produção de cortisol, liberando em instantes o regular funcionamento da memória.

Obviamente, você deverá fazer isso com rapidez (repetimos: priorizando a riqueza de detalhes em sua imaginação), já que o tempo da prova está passando.

Bom, pra finalizar: se você desconfia da dica (mesmo com centenas de testemunhos positivos), não custará nada tentar. Além disso, é muito melhor prevenir, passando a gostar de provas e concursos públicos.

1.2. Como acertar questões com base na "intuição"

Você já fez alguma prova onde, ao enfrentar determinada questão, teve a sensação de estar ouvindo alguma voz em sua cabeça sugerindo qual a alternativa correta? Você seguiu essa voz? Neste artigo explicaremos esse fenômeno e como pode ser usado como uma arma poderosa para acertar questões em provas e concursos públicos.

Sem dúvida você deve ter sido atraído pelo título desse artigo, todavia, com certa desconfiança. Acertar questões em concursos públicos com base supostamente apenas na intuição aparenta ser no mínimo fantasioso – para não dizer forçado.

Não desconfie! É isso mesmo, é possível acertar questões em concursos públicos valendo-se do que muitos chamar de "intuição". Antes, é importante estabelecer algumas premissas e conhecer a sua principal ferramenta nos estudos e provas: seu cérebro.

Obviamente, o cérebro humano, dotado de racionalidade, e o que nos diferencia do restante do reino animal. Em provas e concursos, muitos deixar de buscar informações mínimas sobre o funcionamento cerebral e dedicam todo o tempo de estudos apenas para buscar conteúdo das matérias. Conhecer a sua principal ferramenta deveria ser um dos primeiros passos de todo estudante, então vamos lá conhecer ao menos um pouco dessa "supermáquina".

O cérebro possui capacidade por demais extensa (porém, não ilimitada como muitos pensam). Seria uma loucura se você se lembrasse de absolutamente tudo o que fez até aqui, de cada passo, respiração, piscada de olhos, palavras que proferiu, etc., ao longo de toda a sua vida. Exatamente por isso, temos um consciente e um inconsciente (alguns chamam de subconsciente).

O consciente é acionado sempre que estamos focados em algo. É responsável por uma atenção ativa, detalhada. O inconsciente, por sua vez, será responsável por todo o restante, ou seja, por todas as demais informações que não prestamos a atenção (exemplo: após pegar a prática em dirigir carros, você não fica pensando o tempo todo nos momentos em que precisará trocar a marcha do veículo, acelerar, olhar no retrovisor, ou então pensando que deve respirar para não morrer, piscar os olhos pra não secar, etc., isso porque, ao "agir naturalmente", é o seu inconsciente que está trabalhando).

Resumindo: por conta do inconsciente, absolutamente toda informação que é captada pelos sentidos humanos são armazenadas no cérebro. Evidentemente, quanto menor o foco (no caso, utilizando o inconsciente, menor será suas chances de lembrar da informação).

Agora, como aproveitar essa informação em questões de concursos? Quando alguém começa a estudar, especialmente para concursos públicos, é muito comum que o início seja equivocado, com métodos incorretos, de forma improdutiva. Com exceção dos gênios da humanidade (praticamente extintos), o ser humano precisa sair da zona de conforto até entrar em um ritmo adequado para os estudos. Nesse meio tempo, você já terá encarado páginas e páginas de estudos e/ou horas de aulas assistidas, e terá a sensação de que se esqueceu de tudo, de que não consegue absorver nada.

É extremamente natural, já que seu cérebro está enfrentando uma nova situação e levará tempo até que seu consciente concentre todo o foco para armazenar as informações estudadas.

Mas lembre-se: ainda assim, seu inconsciente terá absorvido tudo.

Voltando a indagação inicial: Você já fez alguma prova onde, ao enfrentar determinada questão, teve a sensação de estar ouvindo alguma voz em sua cabeça sugerindo qual a alternativa correta?

Isso ocorre ao enfrentar alguma questão que aborda tema já estudado. Você estudou o tema, não o absorveu devidamente, mas a informação está em sua memória.

Essa suposta "voz" ecoando em sua mente é exatamente o inconsciente lhe enviando a resposta correta!

Enviar a resposta correta ocorre por instinto do seu cérebro, entendo que você é quem está pedindo a informação.

O problema é que muitas pessoas, ao passarem por isso, acabam perdendo muito tempo "quebrando a cabeça" por desconfiarem dos próprios instintos. Alguns pensam se tratar da voz do examinador ao lançar uma possível "pegadinha" na questão; outros acreditam se tratar de obra de alguma entidade maligna (ademais, cuidado: se você não estudou – ou seja, não há a menor possibilidade daquela informação estar em sua memória – e mesmo assim está escutando alguma voz, então desconfiar do demônio nesse caso seria algo até compreensível).

Por fim, para aplicar essa técnica vale apontarmos as últimas orientações:

- Quanto mais tempo utilizar em questões como essas em que não sabe a resposta conscientemente, mas que seus "instintos" estão lhe ajudando, mais confuso você ficará e aumentará as chances de errar. Então, se não tem a resposta "viva" em sua memória, mas está recebendo a mensagem do inconsciente, não perca tempo!
- Controlar o nervosismo e ansiedade me provas facilitará o funcionamento do seu inconsciente (nervosismo produz cortisol que, por sua vez, é capaz de bloquear o regular funcionamento da memória).
- Teste a técnica à vontade. Muitos que testaram garantem que funciona – inclusive este autor que vos escreve.

2. PROVAS ESCRITAS (DISCURSIVA E REDAÇÃO)

Provas escritas não são aplicadas em qualquer concurso público. Em geral, as provas discursivas (ou dissertativas) são aplicadas em concursos com exigência de nível superior, e redações são aplicadas em concursos específicos (a exemplo dos concursos da Polícia Militar de São Paulo, dentre outros).

Antes de adentrarmos nas estratégias sobre como aumentar o desempenho em provas escritas, vamos destacas os pontos em comum e as diferenças entre provas discursivas e redações:

PROVAS DISCURSIVAS	REDAÇÃO
• Geralmente cobram 4 ou mais questões versando sobre temas específicos; • As questões são distribuídas em disciplinas previstas no conteúdo programático do edital.	• Tema surpresa, único, e sorteado no momento de aplicação da prova; • Distribuição da pontuação entre: aspectos formais (ortografia, pontuação, acentuação etc.) e aspectos materiais (conteúdo, coerência nos argumentos, raciocínio desenvolvido etc.).
Os pontos em comum entre ambas são: • Número mínimo e máximo de linhas permitido; • Ortografia, pontuação e acentuação são avaliadas, além do conteúdo; • Paragrafação deve ser respeitada; • Cuidado com o enredo e limitações das questões ou tema; • Não se deve emitir opiniões pessoais (foco nos detalhes do tema).	

Para quem não tem o hábito de escrever, provas escritas podem parecer uma tortura. Posso afirmar isso por experiência. Antes de ser aprovado em oito provas escritas, eu tinha uma dificuldade absurda em desenvolver um único parágrafo de um texto. Passava minutos completamente travado.

E como sair do zero até o nível necessário para ser aprovado? Simples: prática constante e estratégia.

Então a primeira lição aqui é: **mantenha-se em prática constante**. Não estou dizendo que deve dedicar diversas horas de sua semana para ficar escrevendo. Se você escrever um pouco em cada dia já estará no caminho certo.

Uma dica que funciona muito bem é tentar conciliar a escrita com o seu método de revisão. *Flashcards*, por exemplo, é uma ótima escolha (tema aprofundado em capítulo próprio), na medida em que você se forçará a escrever (física ou digitalmente) sobre diversos assuntos estudados.

Já em reta final de preparação os treinos deverão ser intensificados. Você deverá treinar respostas mais completas para possíveis questões. Não precisará depender de provas anteriores, você poderá selecionar um ou dois temas por dia para dissertar tudo o que sabe como se estivesse sendo questionado em uma prova escrita.

Da mesma forma que você deve ter uma estratégia muito bem definida para enfrentar provas objetivas, há táticas que irão otimizar seus resultados em provas escritas também. Aqui vão algumas dicas preciosas:

- Calcule o tempo que terá para cada questão. A título de exemplo, as provas escritas dos concursos para os cargos de Investigador e Escrivão da Polícia Civil de São Paulo são compostas de quatro questões com 4 horas disponíveis para resolvê-las. Fica fácil perceber que há 25 minutos para resolver cada questão. Lembre-se que nesse tempo você poderá utilizar a folha de rascunho e o caderno de resposta definitiva (este último não poderá ter rasuras).
- Identifique as questões mais fáceis e comece por elas. Assim, você terá chances de finalizá-las em menos tempo, garantindo minutos extras para as questões mais difíceis.
- Utilize a folha de rascunho com sabedoria. Evite os extremos: um primeiro extremo é a não utilização da folha de rascunhos, nesse caso você corre um enorme risco de errar no caderno de resposta definitiva. Outro extremo é a utilização da folha de rascunho para construir toda a resposta e, só após finalizar,

passar a limpo toda a resposta no caderno de resposta definitiva. Esse segundo extremo te fará perder muito tempo. Então o que fazer? Como agir nesses casos com sabedoria? Você deverá utilizar a folha de rascunho para esquematizar sua resposta, criando uma espécie de roteiro.

Vou explicar como eu construía meus roteiros nas provas em que fui aprovado. Basicamente para cada questão, separava um espaço na folha de rascunho e dividia a página em duas colunas. A primeira coluna usava como uma espécie de rascunho de ideias. Escrevia sem nenhum compromisso com a ordem correta todos os tópicos e assuntos que não poderiam faltar em minha resposta. A segunda coluna eu utilizava para colocar tudo em ordem, criando o roteiro da minha resposta.

Para exemplificar, vamos imaginar que uma determinada questão de prova escrita solicite em seu enunciado que os candidatos dissertem sobre a legítima defesa e seus requisitos. Assim ficaria as minhas colunas na folha de rascunho:

<table>
<tr>
<td>
- Injusta agressão (escrever sobre quem pode praticar injusta agressão e o que é);
- Atual ou Iminente;
- Mencionar natureza jurídica (excludente de ilicitude);
- Escrever sobre possibilidade de responsabilização sobre excesso, doloso ou culposo;
- Proteção de direito próprio ou alheio;
- Uso moderado dos meios necessários (escrever também sobre excesso intensivo e extensivo);
- Escrever sobre elemento subjetivo;
- Escrever sobre possibilidades excepcionais de legítima defesa recíproca.
</td>
<td>
Introdução:
- Conceito e natureza jurídica.
Desenvolvimento:
- Requisitos:
Injusta agressão;
Atual ou iminente;
Uso moderado dos meios necessários;
Proteção de direito próprio ou alheio;
Elemento subjetivo;
- Possibilidades excepcionais de LD recíproca.
Conclusão:
- Possibilidade de responsabilização do excesso doloso e culposo.
</td>
</tr>
</table>

Dessa forma, você utilizará poucos minutos e terá um roteiro com tudo o que sabe e em uma ordem fluida, com coesão e coerência. Sua resposta somará muitos pontos ao ser confrontada com o espelho de prova (espécie de gabarito de provas escritas) do seu examinador.

Justamente na folha de rascunho você fará a curadoria dos pontos que irá efetivamente escrever em sua resposta, e sobre esse detalhe aí vai um alerta importante: **responda apenas o que a questão pede!**

Evite escrever sobre detalhes não solicitados no enunciado da questão. Há questões abertas que permitem respostas amplas e aprofundadas, porém há também questões fechadas que exigem respostas diretas e objetivas.

A título de exemplo, imagine que em uma determinada questão de Direito Administrativo o enunciado esteja descrito da seguinte forma:

> *"Aponte quais são os princípios norteadores da Administração Pública expressamente previstos na Constituição Federal, e explique cada um deles".*

No caso, o candidato deverá dissertar sobre os princípios da legalidade, impessoalidade, moralidade, publicidade e eficiência, todos previstos no artigo 37 da Constituição Federal e responsáveis por orientar a atuação da Administração Pública.

Ponto, é só isso! Não invente! Há candidatos que insistem em fugir do que a questão pede e começam a dissertar sobre diversos princípios implícitos (autotutela, supremacia do interesse público, indisponibilidade do interesse público, dentre outros).

Ultrapassar os comandos da questão custará alguns pontos e causará uma má impressão sobre o examinador, algo que definitivamente você não irá desejar.

Durante o desenvolvimento de sua resposta, há três fatores fundamentais que deverão guiá-lo: **clareza**, **coerência** e **fundamentação**. Utilize-os em seus treinos para que no dia da prova tudo flua naturalmente. Vejamos cada um:

- **Clareza**: escrever com clareza significa tornar evidente a sua resposta, evitando devaneios e divagações. Nesse sentido, sua resposta deverá conter um vocabulário adequado, caligrafia legível e construção de linhas agradáveis à leitura;
- **Coerência**: demonstre tudo o que sabe sobre o tema exigido, não se limitando a mera transcrição da legislação (no caso das questões jurídicas que permitam consulta à legislação). É importante também evitar a quebra de raciocínio sem sentido. Lembre-se: essa fase serve para demonstrar também o quão profundo é o seu conhecimento. Convença o seu examinador!
- **Fundamentação**: o óbvio precisa ser dito, a fundamentação jamais poderá faltar em sua resposta. É a premissa que se sustenta qualquer resposta jurídica. A fundamentação pode ser: algum dispositivo da Constituição Federal, da lei, verbetes de súmulas, jurisprudência ou até mesmo posicionamento de algum doutrinador.

Por fim, o que fazer diante de questões não sabidas? Bom, isso dependerá exatamente de cada situação, vejamos:

a) **Questões que não se sabe absolutamente nada:** aqui não vale a pena "chutar", já que o risco de passar uma péssima impressão ao examinador é enorme.

b) **Casos em que se sabe um pouco sobre a questão:** o passo a passo a seguir te ajudará a construir uma resposta minimamente satisfatória:

  I. Mencione o assunto geral em que a pergunta se insere;
  II. Destaque os princípios gerais do tema;
  III. Se o assunto comportar divergências, mencione-as;
  IV. Analise o material de consulta (se permitido) e destaque o que encontrar sobre o tema;
  V. Seja objetivo, evite enrolações e devaneios desnecessários;
  VI. Lembre-se: toda pergunta traz consigo a resposta (ou pelo menos o início da resposta).

3. PROVA ORAL

A prova oral costuma causar calafrios em muita gente. Já perdi as contas do número de histórias que tive acesso sobre pessoas que desistiram do concurso apenas pelo fato de existir a etapa da prova oral.

Muitas pessoas desistem do cargo dos sonhos por pavor de enfrentar uma banca examinadora cujo trabalho é sabatinar candidatos aprovados nas etapas anteriores com base em temas previstos no respectivo edital.

O primeiro passo a ser dado é superar esse medo. A pressão emocional e psicológica realmente pesa, mas a boa notícia é que é superável.

Me recordando de minha preparação para a primeira vez que enfrentei a prova oral, surgem lembranças de medo, insegurança, crença de falta de capacidade, nervosismo. Mas também me recordo de muitos treinos, treinos diários, mesmo sendo extremamente tímido passei a me submeter a ocasiões e ambientes que precisaria falar em público. Enfrentar o medo é o único caminho para transpor essa barreira.

E se racionalizarmos a situação, ficará fácil concluir que uma banca de examinadores de prova oral não espera encontrar super palestrantes, oradores brilhantes e bem articulados. A expectativa é encontrar pessoas que saibam explanar ideias, desenvolver raciocínios coerentes e coesos, apresentar postura de segurança, firmeza, controle emocional diante de questões não sabidas. Lembre-se da importância do seu cargo público, provas orais não são aplicadas aos cargos mais simples. Geralmente são aplicadas para cargos de extrema responsabilidade, com poderes decisórios e com contato direto com o público em geral.

Então se você é uma pessoa normal, com insegurança para se expor ao público (e talvez até pavor em ser pressionado e questionado por uma banca de especialistas), pode apostar que a prova oral pode ser sim superada. Mas como qualquer outra etapa de um concurso público, a prova oral exige uma preparação específica[4].

A seguir, portanto, passaremos a apresentar diversas dicas de como se preparar em todos os aspectos relevantes para uma prova oral.

3.1. Aprendendo a falar bem em público e treinando para provas orais

Há pessoas que nascem agraciadas de alguns dons, inclusive o dom da oratória. A boa notícia é que a oratória pode ser desenvolvida. Se você é capaz de conversar com as pessoas, consegue verbalizar minimamente seus pensamentos para alguém, então é prova de que possui a capacidade da oratória. Naturalmente, essa capacidade precisará ser desenvolvida e aperfeiçoada. Esse desenvolvimento só é possível com muito treino e com estratégias bem direcionadas, não há milagre!

Mas é importante entender de onde vem a crença limitante e fantasiosa de que você pode ter nascido sem o dom de falar em público. É uma crença que pode ter surgir na infância, a partir de críticas infundadas de pessoas próximas ou de experiências traumáticas. Nesses casos, com os treinamentos aqui propostos e com muitas repetições, você conseguirá ressignificar em sua memória tais experiências.

Porém, na maioria dos casos o que acontece é a interpretação distorcida de alguns sinais de insegurança. Na prática, a pessoa só é insegura e nos raros momentos em que se submete ao público para falar algo acaba sentindo algum sinal de insegurança e interpretando

---

4. A pressão emocional decorrente da prova oral é tão forte em alguns casos que muitos concurseiros acabam fugindo da realidade. Passam a acreditar que a prova oral é etapa de seleção de vocacionados e de iluminados. Uma etapa cuja finalidade é meramente recrutar supostos "escolhidos". Esse pensamento não faz o menor sentido. Não existe etapa de concurso cujo objetivo é recrutar pessoas como elas são. Todas as etapas exigem alguma forma de preparação (intelectual, físico, psicológico etc.). Com a prova oral não é diferente.

o momento, de forma equivocada, como uma "prova" de que não possui a capacidade de falar em público.

São sinais de insegurança:

- Gaguejar;
- Cacoetes verbais (nééé, hããããã, dentre outros);
- "Brancos" durante o discurso;
- Em alguns casos, fala acelerada (esse era o meu maior sinal de insegurança);
- Olhar desviante ou perdido;
- Postura corporal curvada e retraída.

A partir do instante em que você consegue identificar que é apenas uma pessoa insegura (e não alguém incapaz), você começa a entender que há um caminho, uma possibilidade de resolver o problema.

Grandes oradores são frutos de muito treino, preparo, repetição, persistência e exposição. Tanto as pessoas tímidas, quanto as pessoas extrovertidas podem se comunicar com ótima desenvoltura, tudo depende da intensidade que se envolvem nessa meta e o primeiro passo, como já deve ter percebido, é abandonar suas crenças limitantes, os pensamentos que te sabotam e te fazem crer que não é capaz de desenvolver uma boa oratória.

Outro obstáculo que precisa ser superado é o perfeccionismo. Em uma entrevista de emprego, quando é solicitado uma qualidade e depois um defeito dos candidatos, geralmente as pessoas que buscam respostas prontas já correm e apontam o perfeccionismo como um defeito e, ao mesmo tempo, uma qualidade. Fica fácil perceber que a maioria das pessoas não fazem ideia do que realmente é o perfeccionismo.

Perfeccionismo é um fator extremamente forte para impedir pessoas de falar em público ou até mesmo de começar os treinos e preparação. O perfeccionista só quer começar quando tudo está perfeito[5] e não percebe que o cenário perfeito nunca chegará.

Entenda: nem mesmo o melhor dos oradores começou falando em público com a melhor desenvoltura possível. Grandes resultados são frutos de muito preparo direcionado e repetição.

Então vamos ao que interessa, mas antes vale lembrar que as orientações a seguir te ajudarão a alcançar uma ótima performance em provas orais, ou seja, a finalidade não é construir aqui grandes palestrantes, motivo pelo qual nossas dicas e conselhos serão direcionadas somente para a prova oral.

O **primeiro passo** é identificar o seu ponto de partida e aonde quer chegar. Saber aonde se quer chegar não é tão difícil, você pode assistir as arguições de alguns concurseiros aprovados em provas orais, com excelente desempenho, e usá-los como espelho. A finalidade não será projetar em si uma cópia, não queremos que você se torne um personagem de alguém. O objetivo será modelar ótimos oradores, extraindo as melhores características que possuem e adaptar ao seu estilho, conforme suas peculiaridades pessoais (com treinos diários tudo vai se encaixando e se tornando natural).

Já para identificar seu ponto de partida você precisará colocar a mão na massa. Se quer ir direto ao ponto, sugiro que selecione algumas arguições de provas orais realizadas em concursos anteriores, preferencialmente do mesmo concurso que você almeja, providencio uma câmera e faça a sua própria gravação respondendo tais arguições. Grave respondendo para a câmera ao menos 5 arguições de matérias distintas.

5. Em outras palavras, o perfeccionista não é o sujeito que tenta fazer tudo perfeito (essa pessoa tem apenas excesso de capricho e detalhismo). O perfeccionista nada mais é do que um procrastinador com um rótulo mais elegante. Tende a adiar o cumprimento das metas usando como desculpa que o cenário atual ainda não é perfeito para começar e, com isso, nada sai do papel.

Ao se assistir posteriormente, você evitará realizar distorções de si mesmo. Quando nos assistimos o diagnóstico tende a ser mais frio e objetivo. Os problemas e falhas saltam aos olhos, ficam mais evidentes.

O seu diagnóstico será ainda mais seguro se puder pedir para alguém de sua confiança assistir aos seus vídeos e apresentar um *feedback* completo (postura, oratória, dicção, contato visual, segurança, controle emocional, construção da resposta com coesão e coerência). Se puder ser um professor ou alguém com experiência em provas orais, será ainda melhor. É importante que seja alguém com o mínimo de conhecimento do que se trata e de onde você precisa chegar.

É importante que coloque em sua rotina essa autoavaliação e *feedback* de terceiros. Uma vez por semana já estará ótimo, considerando que estamos tratando de uma preparação de médio a longo prazo.

O **segundo passo** será criar periodicamente uma espécie de aula. Uma por dia estará de bom tamanho, pois exigirá organização, estudo e planejamento antes da prática. Você deverá:

- Escolher um tema para explicar (de preferência, um tema previsto no edital do seu concurso);
- Roteirizar o que será uma resposta completa, com início, desenvolvimento e conclusão;
- Quando estiver pronto, inicie sua explanação, cronometrando o tempo e prosseguindo com a explicação mesmo se cometer erros (o objetivo é conseguir finalizar a sua resposta).

Perceba que você poderá unir ambos os passos. Ao gravar a execução do passo dois em um dos dias, você terá o material necessário para colocar em prática o primeiro passo.

Com os dois primeiros passos em sua rotina, você deverá constantemente medir o progresso dos seguintes fatores: postura, dicção, oratória, construção das respostas e do raciocínio, segurança, controle emocional, gesticulação e contato visual – todos esses aspectos são avaliados em uma prova oral.

O **terceiro passo** permitirá dar saltos de progresso tanto em relação a sua desenvoltura na prova oral, quanto em relação à memorização e fixação dos temas estudados: você irá unir treinos diários com o processo de revisão.

Alguns estudos científicos chegaram à conclusão de que o método de revisão mais eficiente é o uso dos *Flashcards* (tema aprofundado em capítulo próprio sobre revisão). Basicamente é a utilização de fichas pautadas, em que você sintetizará temas estudados por meio de perguntas e respostas.

Na frente da ficha irá escrever uma pergunta, e no verso a respectiva resposta. Só construirá o seu flashcard após ter efetivamente entendido o tema (isso, inclusive, evitará respostas extensas, pois se você realmente entendeu e aprendeu o que estudou, ficará mais fácil resumir as respostas em tópicos).

Pronto, assim você constrói flashcards. A diferença é que na hora de revisar seus flashcards, você seguirá um ritual parecido com as arguições de uma prova oral:

1º: leia a questão do *flashcard* como se fosse um examinador te questionando;

2º: responda como se estivesse em uma prova oral, com elegância e com o devido respeito à banca (mesmo que imaginária);

3º: só agora confira o verso, veja se acertou. Se sim, passe para a próxima questão; em caso contrário, entenda o que faltou, assimile o conteúdo, fixe-o e passe para a próxima.

Assim você estará constantemente se preparando de forma específica conforme a dinâmica da prova oral (evocação da memória e raciocínio rápido para construir respostas após ser questionado; desenvolvimento da resposta com início, meio e fim; postura confiante e contato visual, escolhendo um ponto fixo para simular o seu examinador; dicção; memorização dos temas estudados; etc.).

Sua rotina sobre a preparação para a prova oral será basicamente:

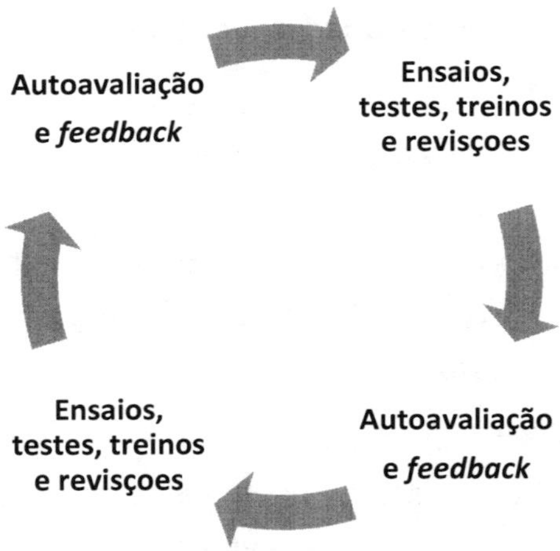

Seguindo esse fluxo constantemente você inevitavelmente perceberá enormes progressos em pouco tempo. Posso assegurar que o método funciona. Anos após as minhas aprovações, passei a ter centenas de alunos aprovados em concursos com provas orais, e esse treinamento sempre serviu como a base da rotina. A diferença, em minha mentoria, é que eu constantemente assistia os vídeos dos meus alunos fornecendo de imediato um *feedback* preciso e fornecia conselhos e estratégias para solucionar problemas e dificuldades específicas de cada um, mas a base que funcionava para todos era essa apresentada acima.

3.2. O dia da prova: vestimentas, postura e comportamentos

Por mais experientes, técnicos e muito bem preparados que sejam seus examinadores, eles são seres humanos. Como seres humanos, mesmo inconscientemente acabam tomando decisões e posturas movidos por vieses cognitivos.

Sabe aquela sensação de não gostar de alguém, de não ir com a cara da pessoa, e, ao mesmo tempo, não conseguir explicar o motivo?

Pois é, isso acontece com todo mundo. Se não tem uma boa impressão de alguém, se os valores aparentes dessa pessoa confrontam com os seus, instintivamente a tendência é entrar na defensiva.

O tema é muito mais profundo e daria para escrever páginas e páginas sobre todo o processo neurológico desta reação, mas o que realmente interessa aqui é: você definitivamente não vai querer causar uma má impressão aos seus examinadores.

Em minha experiência como concurseiro e, posteriormente, como mentor, assistindo, participando e simulando bancas e arguições de provas orais, foi ficando cada vez mais claro que há sim algumas tendências inconscientes:

(a) Se o examinador não vai com a cara do candidato, a tendência é apresentar questões cada vez mais difíceis, ou seja, tende a aumentar a pressão sobre o candidato;

(b) Por outro lado, quando o examinador se simpatiza pelo candidato, é perceptível em alguns momentos a tolerância e paciência com alguns deslizes, sinais de nervosismo e respostas incompletas ou equivocadas.

Então o objetivo aqui é entender detalhes importantes para causar uma boa impressão sobre os examinadores (ou ao menos indiferença, pois o importante é não causar uma má impressão).

Nesse campo, para alguns os concelhos a seguir podem parecer óbvios demais, mas vale destacar: o óbvio só existe para mentes treinadas. Me deparei inúmeras vezes com candidatos completamente sem noção nenhuma, que causavam péssimas impressões não apenas aos examinadores, mas também sobre toda a plateia.

Me recordo de um candidato, no concurso para o cargo de Promotor de Justiça de São Paulo, adentrando na tribuna para o dia de sua prova oral vestindo um terno totalmente amarrotado (parecia ter saído de uma garrafa), desalinhado, grande demais, cor bege, com camisa azul e gravata do Pernalonga. Extremamente nervoso, suava sem parar, evitava contato visual com os examinadores, gaguejava ao extremo. A impressão é que se tratava de um vulcão que entraria em erupção a qualquer momento. Parecia que surtaria ou teria um ataque de pânico.

Era perceptível, também, que alguns examinadores estavam apresentando arguições cada vez mais difíceis, específicas e aprofundadas.

Por casos como esse, é importante destacar o óbvio – além de outros detalhes que na prática fazem a diferença.

Então aqui vão algumas dicas:

Sobre vestimentas:

- Utilize roupas sociais, mesmo se não exigidas pelo edital;
- Roupas e cabelo alinhados. Para homens, barba não é um problema, desde que bem-feita, limpa e também alinhada;
- Evite chamar a atenção pelas cores, penteados e tatuagens;
- Jamais utilize roupas que chamem a atenção para partes do corpo (decotes; colantes; peças justas; transparentes; excesso de joias; cores escandalosas; etc.).

Sobre postura (já coloque em prática nos treinos para naturalizar o processo):

- Corpo natural, ereto e olhando para frente;
- Olhe nos olhos de cada examinador ao dirigir a palavra e não fixe apenas em um membro da banca;
- Se você sua muito, leve um lenço;
- Não cruze as pernas ou os braços;
- Evite fumar;

- Gesticule naturalmente e com as mãos soltas;
- Mantenha a voz em um tom normal e seguro (treine);
- Feche a boca após cada resposta (evite hãããã, ehhh, né?, etc.).
- Não peça desculpas e permissões na tentativa de parecer humilde (esse sinal de nervosismo disfarçado de falsa modéstia não costuma causar boas impressões).

Sobre comportamentos:

- Não tente parecer mais esperto ou inteligente que os examinadores;
- Seja humilde: permita-se ser conduzido(a) pela banca examinadora;
- Não faça críticas a correntes doutrinárias;
- Não rotule correntes de forma tendenciosa (ex: clássica e moderna);
- Não puxe o saco dos examinadores;
- Jamais faça piadas ou paquere algum membro da banca (acredite, há candidatos e candidatas que fazem isso);
- Não se permita intimidade com membros da banca;
- Seja cortês e gentil;
- Ignore os movimentos de cabeça dos examinadores (alguns examinadores encarnam verdadeiros personagens, fingem braveza, indiferença, felicidade, dentre outras reações para causar pressões distintas sobre os candidatos, ou seja, estão avaliando o controle emocional do candidato).

Como destacado no início deste tópico, não há milagres ou fórmulas mágicas para se preparar para a prova oral. Também não é necessário ter nascido com o dom da oratória. O fato é que se você se preparar de forma estratégica e direcionada para a respectiva etapa, mantendo a constância dos usos das ferramentas e conselhos aqui apresentados, certamente chegará devidamente preparado(a) para conquistar a sua aprovação!

PRÁTICA INDISPENSÁVEL: QUESTÕES ANTERIORES, SIMULADOS E PROVAS

Hector Kenzo

Quem estuda há algum tempo para concursos sabe que para alcançar a aprovação deve-se pagar um pedágio com muitas HBCs (as famosas horas de bunda cadeira, expressão famosa no mundo concurseiro que significam horas estudadas). A exemplo dos concursos das áreas fiscais, estimamos que em média precisamos de pelo menos 1500 a 2000 horas de estudo para chegar com boas chances de aprovação (para se ter uma ideia, uma pós-graduação *lato senso* exige apenas 360 horas; com 1500 horas, o estudo para concursos seria o equivalente a terminar pelo menos 4 pós-graduações). Porém, eu acredito que é possível fazer cada hora de estudo render mais, já que nem todas as HBCs são iguais: algumas HBCs são mais iguais que outras[1].

Para quem não conhece minha história, eu fui aprovado no concurso de Auditor-Fiscal da Receita Federal do Brasil (concurso de 2014) com apenas 10 meses de estudos, contando desde o momento

1. Referência à célere frase 'alguns são mais iguais que outros', do clássico *A revolução dos bichos*.

em que decidi me preparar para concursos públicos até o dia da prova. Quando falo da minha jornada até a aprovação, muitas pessoas me perguntam qual foi o segredo para passar em tão pouco tempo (em média, a preparação para o concurso de Auditor-Fiscal costuma ser de uns 2 anos), e sempre respondo que não há segredo nenhum na aprovação. A aprovação, no meu caso, foi uma conjunção de sorte com esforço direcionado em boas práticas. Mas o que seriam essas boas práticas? Não basta ler e absorver tudo o que estudamos?

Na preparação para concursos públicos, especialmente para cargos com edital mais extenso, temos em geral uma grande quantidade de assuntos a serem estudados, mas com um tempo relativamente limitado para a preparação. Pegue o concurso de Analista-Tributário da Receita Federal do Brasil, por exemplo (que tem um conteúdo menor que o concurso para Auditor-Fiscal): no concurso de 2023, tivemos 11 matérias, todas com um conteúdo extremamente vasto, com 140 questões objetivas e contando ainda com uma etapa discursiva. É extremamente improvável que alguém consiga memorizar, literalmente, todo o conteúdo estudado de forma plena (até hoje, nunca vi alguém gabaritar algum desses concursos com vasto conteúdo).

Estaria tudo certo se a gente realmente conseguisse ler o material de estudo uma vez, e nosso cérebro nunca mais esquecesse o que foi lido (se este for o seu caso, recomendo deixar esse capítulo de lado, pois as práticas aqui não se aplicam a você, meu querido abençoado), mas se você for um ser humano normal como eu, que com o tempo esquecemos parte do que estudamos, é melhor adotarmos estratégias que vão alavancar a possibilidade de marcar o X no lugar certo no dia da prova (existe até a famosa curva do esquecimento, que é um gráfico que mostra o quanto o cérebro humano vai esquecendo um assunto estudado com o tempo).

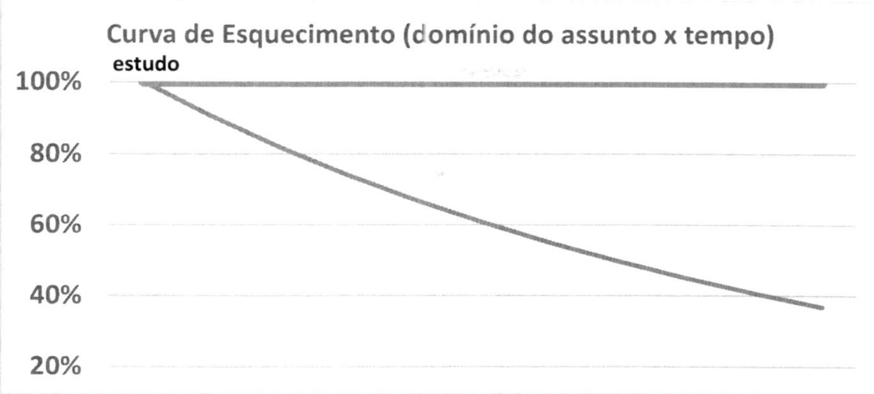

Curva de Esquecimento: Gráfico que mostra como vamos esquecendo do conteúdo estudado com o tempo.

E é aí que entra uma das práticas mais importantes na preparação para concursos, especialmente se você quer maximizar as chances de acertar questões no dia da prova por conta de ter um tempo limitado para estudos: a resolução de exercícios, provas e simulados.

1. POR QUE ESTUDAR POR QUESTÕES?

No mundo ideal, as pessoas conseguiriam estudar e entender de forma profunda o conteúdo estudado, e no dia do concurso público a prova testaria o nosso conhecimento e compreensão de determinado assunto. Estudaríamos apenas uma vez e teríamos um conhecimento bastante abrangente onde entenderíamos o funcionamento macro do órgão ao qual estamos candidatando, e ao mesmo tempo saberíamos de todos os detalhes operacionais (prazos, documentação, trâmite processual) de todos os serviços públicos oferecidos pelo órgão ao qual nós estamos nos candidatando. Parece utopia né?

Na prática, o que acontece é que temos uma quantidade muito grande de disciplinas e assuntos para aprender em um tempo relativamente curto, e infelizmente o que acaba sendo cobrado em provas são detalhes de normas e decorebas, ao invés da compreensão e da lógica sobre determinado assunto. Um dia conhecer algum ser humano capaz de saber na plenitude todos os detalhes que podem ser cobrados em uma prova de concursos público com muitas matérias, feito que acho quase impossível.

É por isso que defendo a importância de estudar por provas e questões passadas.

Eu chego a dizer que, se eu tivesse apenas 1 dia para estudar para uma prova de concurso (sem tempo hábil para ler e estudar as matérias da forma convencional), com toda a certeza, tentaria dar uma passada por todas as matérias olhando apenas pelas questões resolvidas dos assuntos cobrados na prova com o único objetivo de tentar angariar uns pontos no dia da prova.

> **Nota:** como estratégia de retenção de conhecimento a longo prazo, acredito muito na importância da compreensão do assunto como base de aprendizado de uma disciplina; como vamos ver mais à frente, acho que o primeiro contato sempre deve ser partindo da construção da lógica pela leitura do material escrito e assistindo a aulas.

Não é um método milagroso, e nem a certeza de aprovação, mas na minha opinião é a ferramenta mais poderosa que você pode encontrar para saber o que é cobrado e como são cobrados os assuntos na prova, e prática que melhor pode te ajudar a trazer alguns pontos extras no dia da prova.

Isso não quer dizer que nas provas seguintes só vai cair aquilo que já vinha sendo cobrado, e que novos assuntos não possam aparecer simplesmente porque nunca foram cobrados anteriormente. A ideia central aqui é que, ao estudar por questões, nós acabamos nos deparando com assuntos que historicamente caíram mais vezes, e que o mínimo que um bom candidato deveria fazer é **garantir** que se esse assunto cair na prova dele, ele não vá errar. Na minha visão, essa concentração de questões de determinados assuntos faz total sentido, considerando que na prática realmente existem assuntos que são muito mais relevantes para o exercício de um cargo público do que outros.

Se preparar fazendo muitas questões também tem um efeito psicológico muito forte: eu, pessoalmente, prefiro mil vezes errar uma questão de algum detalhe de rodapé das matérias que nunca ouvi falar na vida (e provavelmente, nem os meus concorrentes) do que errar uma questão na prova que já vi diversas vezes durante os estudos (e sabemos o quão importante é o psicológico do concurseiro para que ele possa ter alto rendimento nos estudos).

Fazer exercícios, resolver provas e simulados, além de serem ótimas ferramentas de estudo ativo, também tem um forte papel acessório de preparar suas outras habilidades para o dia da prova. A prática ajuda a treinar o cérebro a olhar para os pontos chaves do enunciado, ensina a habilidade de eliminar alternativas improváveis de modo a aumentar a chance de acerto de "chutes", e a gerenciar o stress e o tempo de prova.

Com a prática de provas cronometradas, por exemplo, é possível entendermos o funcionamento do nosso psicológico no momento da prova (conversas internas, estado emocional, vícios e manias) e dessa forma podemos, ainda durante a fase de preparação, já ir desenvolvendo uma clara estratégia de como atacar as questões e aprender técnicas para fortalecer o psicológico quando estivermos em momentos de pressão.

2. COMO ESTUDAR POR EXERCÍCIOS, PROVAS E SIMULADOS

Quando falo para estudar por exercícios, provas e simulados, em geral não digo para que o primeiro contato com uma matéria seja já sair estudando por esse tipo de material (apesar de achar que há sim vantagem em mapear os assuntos mais importantes do material antes de começar a ver o conteúdo). Nesse primeiro momento, acho mais produtivo construir a lógica e o raciocínio do assunto lido, e se esforçar para tentar guardar o máximo de informações que for possível por meio da leitura da teoria ou assistindo a aulas e videoaulas.

Se você já tem o hábito de estudar por ciclos, fazendo revisões espaçadas etc., sabe que é importante voltar ao assunto estudado de tempos em tempos para poder aumentar a retenção dos assuntos e fazer com que seu cérebro esqueça de forma mais lenta (atenuar a curva do esquecimento). O estudo por exercício deve encaixar exatamente aí: faça as revisões por meio de exercícios. Não leia novamente os seus resumos, não leia novamente a teoria; faça exercícios para testar seu conhecimento e fazer seu cérebro trabalhar para buscar as informações.

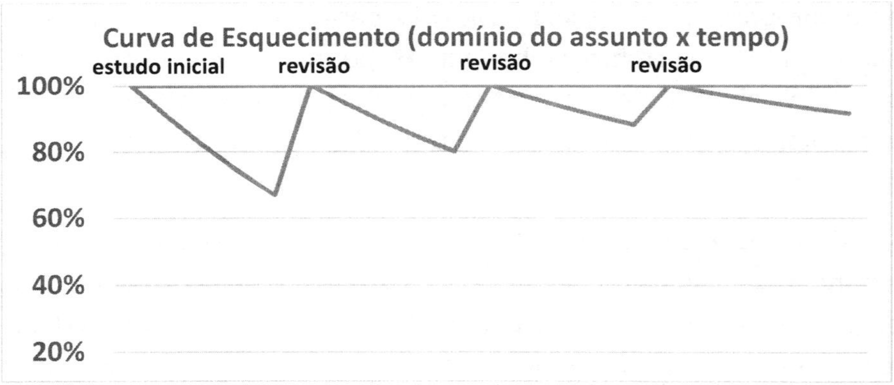

Curva de Esquecimento com revisões: a cada revisão, a curva do esquecimento vai ficando menos inclinada, significando que você esquece menos do assunto estudado a cada revisão.

Gosto muito da analogia de que você conseguir armazenar e buscar o conhecimento na sua memória de longo prazo é igual criar uma trilha no meio da floresta: quanto mais você passar ativamente por um caminho, a vegetação do local vai ficando mais rala e a trilha ficando mais clara. O estudo ativo é justamente você ir passando várias vezes pelo até para a trilha ficar bem delimitada, e você conseguir chegar ao conhecimento de forma rápida e fácil quando precisar no momento da prova. Fazer as revisões por meio de exercícios e questões envolve praticar ativamente o “passar pela floresta” para buscar o conhecimento necessário, e isso vai cada vez mais fortalecendo a trilha.

Quando você for revisar algum assunto de alguma matéria, experimente pegar uma lista de questões sobre esse assunto (em geral, os materiais de cursinho já têm uma seleção de questões separadas por assunto), e tente resolver a lista sem olhar o gabarito e nem consultando os comentários, mesmo que você não souber a resposta da questão na hora da resolução.

Para as questões que você perceber que não se lembra muito bem, ou não tem muita certeza da alternativa, deixe marcado com caneta ou marca-texto para revisitar a questão na hora da correção. Foque em entender o seu raciocínio mental para atacar essas questões que você não tem certeza da resposta (argumentos para eliminar alternativas que parecem incorretas, partes da sentença que parecem estar certas ou erradas), pois na hora da correção você vai tentar entender o que você fez de correto e o que estava equivocado.

A parte mais importante do estudo por questões é você reler a teoria e o comentário da questão resolvida para recalibrar o seu raciocínio e conhecimento a respeito do assunto, especialmente nas questões que você teve dúvidas ou errou. Com o tempo, você vai percebendo que tem algumas questões de certos assuntos que você acaba errando repetidas vezes. Nessas horas, é bastante interessante você ter um "caderno de erros", um caderno onde você vai anotando as questões e assuntos que você tem mais dificuldade. A ideia do caderno de erros é você esporadicamente espiar o caderno e tentar resolver as questões que tem mais dificuldade, e reforçar a teoria caso você volte a errar.

Outra dica legal é você deixar anotado o resultado das suas correções para você ir comparando a evolução ao longo das revisões. Imagine que você errou uma questão na primeira revisão, e depois novamente na segunda revisão. Isso serve para levantar um alerta vermelho de que esse assunto precisa urgentemente ser reforçado, para que de jeito nenhum você erre a questão no dia da prova. Lembre-se: imagine a dor que você irá sentir se essa mesma questão cair na prova, e no dia não se lembrar ou não conseguir resolver?

No meu caso, eu acabei organizando as revisões por exercícios em forma de lista. Para cada assunto eu tinha uma lista definida, que eu usava nas minhas revisões de tempos em tempos, e ia anotando meus erros e acertos para ir acompanhando a evolução (se a lista de questões mudasse, eu não saberia se eu estaria conseguindo reter melhor os assuntos ou não), mas há concurseiros também que gostam muito de utilizar o método Anki para organizar a resolução de exercícios. A lógica do Anki é bastante interessante, já que ele tenta pegar os assuntos que você tem mais dificuldade e vai repetindo numa frequência maior, enquanto assuntos fáceis aparecem com menos frequência. O mais importante é você testar e ver o que funciona para você, mas incorporar o estudo por exercícios na sua rotina de revisão.

Como vocês podem notar, o estudo por questões não é meramente pegar exercícios e resolver. A organização das revisões, preparo do material e o reforço dos assuntos deficitários é parte fundamental desse tipo de estudo, onde o objetivo principal é garantir que você não erre os assuntos historicamente mais cobrados.

Além das revisões por questões, é importante incluir na rotina de estudos a resolução de provas e simulados, cronometrando o tempo para realmente simular uma situação de prova. Por ser uma atividade mais demandante pelo fato de você precisar dedicar um bloco grande de horas para fazer uma prova ou simulado, gostava de deixar um dia dedicado apenas para essa atividade (estudo de sábado ou domingo, por exemplo, para fazer a prova de cabeça fresca e depois descansar).

Fazer provas e simulados é um jeito legal de variar a rotina de estudos, e ao mesmo tempo treinar a capacidade de buscar informações difusas espalhadas pelo cérebro. Essa prática também serve para avaliarmos nosso nível de preparo perante uma prova, indicando de forma bem clara os pontos de melhoria. No tópico Mentalidades, vamos abordar a mentalidade de crescimento, onde identificar fraquezas é prática fundamental para buscarmos o aprimoramento constante.

Os pontos de melhoria podem ser estudar mais o assunto X ou Y, ou focar em fatores acessórios como técnicas de resolução de provas. Em particular, acho muito importante que todo concurseiro desenvolva uma estratégia de resolução de provas bem determinada. Nesse ponto não acho que seja possível dar uma fórmula que funcione para todos, mas é interessante deixar pensado em algumas estratégias para testar nas provas e simulados:

- Pensar na ordem das matérias: funciona melhor resolver as questões curtas e de memorização primeiro, ou deixar para o final? Em que momento vou resolver questões de exatas, que envolve cálculo e raciocínio?
- O que eu faço se achar que não sei responder de imediato alguma questão? Marco para retornar na questão depois, ou eu já escolho alguma alternativa para não perder tempo com uma questão que não tem muito potencial de me trazer mais pontos?
- Vou olhar as questões apenas uma vez, ou vou revisar uma segunda vez antes de passar ao gabarito?

A título de exemplo, no meu caso, com a experiência que fui construindo ao fazer diversas provas e simulados, montei a seguinte estratégia:

ESTRATÉGIA DO HECTOR KENZO – aprovado para Auditor Fiscal da Receita Federal em 10 meses de preparação:
• Folhear todas as páginas da prova e dar uma olhada no tipo de questões que estão sendo cobradas para pré-calibrar o tempo de prova;
• Iniciar a resolução de questões pelas matérias que são mais de memorização;
• Caso não tenha certeza da alternativa, pré-marcar a alternativa correta para voltar nessa questão apenas se houver tempo de sobra
• Ir para questões que envolvem longos textos ou de interpretação (existem provas que simplesmente não dá tempo de finalizar a tempo e que você precisa de mínima por matérias – para esses casos, fazer uma quantidade razoável para garantir o mínimo e partir para outros assuntos);

ESTRATÉGIA DO HECTOR KENZO – aprovado para Auditor Fiscal da Receita Federal em 10 meses de preparação:
• Resolver as questões de exatas, administrando o tempo final para passar as alternativas no gabarito;
• Fazer pausas a cada 30 minutos para beber água e resetar o estado mental (levantar, ir ao banheiro, mascar um chiclete);
• Caso haja tempo de sobra, antes de passar as alternativas para o gabarito final, dar uma última revisada em questões que não ficou com dúvidas;
• Em questões que não fazemos a mínima ideia do que se trata, chutar alguma alternativa e não retornar para não perder tempo.

Coloquei a minha estratégia aqui apenas para demonstrar que já tenho mais ou menos um plano na minha cabeça de como vou atacar a prova; o plano pode mudar a depender da primeira folheada pelas páginas, para adaptar a estratégia se precisar (fatores como tamanho da prova, tipo de questões, etc.), mas é muito importante ter um plano inicial para você não precisar improvisar algo somente no dia da prova. Daí a importância de praticar bastante com provas e simulados para que você possa testar a sua estratégia e ver a melhor maneira de organizar a resolução.

Ter um plano vai te ajudar a usar menos processamento do seu cérebro para lidar com a incerteza de ter que criar algo na hora, vai baixar seu cortisol que permitirá raciocinar com mais clareza, e vai te impedir repetir vícios negativos que podem acabar tirando pontos importantes na classificação final. Pense comigo: se você ganhar 1% por cada um desses fatores, e estiver 3% melhor ao adotar um plano por conta desses fatores, não estaria feliz de conseguir angariar 3 pontos de 100 a mais no dia da prova simplesmente por estar mais preparado?

Resumo do capítulo:

- Implemente a revisão por meio de questões dentro da sua rotina de revisões;
- Tente primeiro resolver as questões sem olhar o gabarito / comentário, para você acompanhar o processo mental de resolução da questão (inclusive o motivo do chute, caso você não se recorde da resposta correta);
- Quando constatar que você não soube responder corretamente, ou que ficou com dúvidas na resolução, aí sim recorrer aos comentários da questão, e também reforçar o conteúdo relendo a teoria, se necessário;
- Lembre-se: de maneira alguma, você pode errar uma questão que você já errou no momento dos estudos;
- De tempos em tempos, pratique provas e simulados de forma cronometrada para praticar a estratégia de prova;
- Pratique elementos mecânicos, como grifar palavras-chave do enunciado (especialmente nas questões que falam para assinalar a alternativa CORRETA ou INCORRETA, palavras como NÃO dentro do enunciado, etc.);
- O relógio é importante para conseguir trazer a sensação de pressão do tempo do dia da prova;
- Após terminar, veja se a estratégia empregada foi eficaz ou não;
- Toda estratégia de prova deve ser elaborada ANTES do dia da prova, e não no momento da prova;
- Na estratégia, já decidir pontos como ordem das matérias a serem atacadas, estratégia de chute (se vai voltar nas questões com dúvidas ou se já vai deixar a alternativa marcada para evitar perder tempo numa questão que já é incerta);
- No dia da prova, seu cérebro deve estar totalmente dedicado ao trabalho de resgatar a informação da memória para resolver a questões, e por isso não pode haver perdas no poder de processamento do cérebro com estratégia de prova, chutes e fatores emocionais.

COMO CHEGAR A 80% DE ACERTOS EM TEMPO RECORDE ESTUDANDO POR QUESTÕES

Gustavo Nogueira de Sá

Todos nós fomos doutrinados, desde crianças, sobre a existência de um único e soberano sistema de estudos.

Porém, depois de sofrer muito na cilada da educação tradicional, que atualmente chamo de *"sistema de ensino de rebanho"*, descobri que poderia ter resultados muito acima da média em qualquer matéria literalmente BRINCANDO COM QUESTÕES.

Acreditamos cegamente que somente após uma aula, teríamos autorização para procurar outros estímulos de estudos. Essa é uma VERDADE quase universal... Ou melhor, uma MENTIRA quase universal!

A sala de aula é a mesma nos últimos 200 anos. O sistema de ensino travado não evoluiu quase nada durante todo esse período, enquanto o mundo todo mudou. E isso não faz o menor sentido...

Durante a vida toda acreditamos que as questões só seriam nossas últimas ferramentas de estudos, obrigatoriamente depois de aulas cansativas e teóricas sobre os temas. Ainda acreditamos que essas questões serviriam apenas para uma validação do conhecimento.

Sempre fomos instruídos que deveríamos "fazer questões para acertar". Caso contrário, você seria um fracasso e deveria retomar o estudo teórico.

Fomos ensinados a fugir do erro. Porém, já adianto a você, que o erro rápido em questões será o seu melhor aliado.

Quando você entender essa lógica, passará para uma mentalidade de evolução rápida e certeira nos conteúdos que realmente importam em qualquer prova. Assim, verá seus resultados explodirem!

Além disso, o estudo fica mais divertido estudar. Você vai ter um resultado muito mais rápido que a média literalmente BRINCANDO DE ENGENHEIRO E DE DETETIVE, COM AS MELHORES QUESTÕES. Você assim vai *gamificar* seus estudos, seguindo a tendência de todas as áreas mais avançadas do conhecimento humano.

Porém, para que você consiga essa virada de chave, deverá se desprender da mentira que contaram tantas vezes para você, durante toda sua vida de estudos. Você precisará se desprender do "*sistema de ensino de rebanho*", traduzido pela escola tradicional (aqui estão incluídos os cursinhos tradicionais de ENEM e concursos – que são o braço da educação tradicional nesse mundo).

Esse sistema sempre teve como foco a criação de pensadores medianos, operários, sem competitividade em qualquer prova e na vida em geral. Apenas uma parcela quase que irrelevante dos alunos conseguem sucesso nesse sistema travado e que não evoluiu quase nada nos últimos 100 anos.

Como não sabíamos disso, sempre achávamos que a culpa decorrente de uma nota mediana era nossa. Como não nos adaptávamos e éramos excluídos do sistema, nos achávamos burros e incompetentes.

Aí, com essa sensação de fracasso e impotência, você corre atrás do único sistema que conhece para estudar. Você assume que a falha sempre foi sua e que "*agora pode fazer melhor*".

Porém, não é nada disso. A culpa não é sua. A culpa é do sistema, que não foi feito para preservar e ressaltar a sua individualidade.

Segundo a própria ciência, todos temos plena capacidade de evoluir, se entendermos que o sistema tradicional é naturalmente exclusivo (no sentido de *excluir* mesmo). Aliás, você precisa entender que atualmente temos ferramentas muito melhores do que aquelas usadas pelos estudantes das últimas décadas.

Entendido isso, basta fazer diferente do que fez sua vida toda para evoluir nos estudos e melhorar sua vida profissional e financeira.

Afinal, só teremos resultados diferentes se agirmos de forma diferente... Concorda?

Vamos fazer um exercício simples e pensar na sua trajetória nos estudos:

Você estudou por muitos anos nesse sistema tradicional, certo? E sempre teve notas medianas, em geral, notas que nunca o levariam a uma aprovação em um concurso competitivo... acertei?

Então...

Faz algum sentido, depois de todo esse esforço de anos sem resultados expressivos, continuar estudando exatamente da mesma forma?

Não faz. Você sabe disso.

Agora você sabe disso. Sabe que o sistema de ensino tradicional é falho, que ele o excluiu descaradamente e que existem formas muito melhores de estudar para qualquer prova.

E nesse livro você aprenderá como os experts em concursos passam na frente da manada de estudantes *dominando os conteúdos das melhores questões de provas anteriores*, sem romantismo e em tempo recorde.

Aliás, já vou dar um *spoiler*: para ter resultados acima da média, vamos literalmente inverter o processo, pois você estudará principalmente com questões, literalmente brincando com essas ferramentas... Com as técnicas que ensinarei aqui, conseguirá rapidamente chegar a 80% de aproveitamento (e poderá ir ao infinito e além).

> ⚠ ***Atenção!*** descobrir esse sistema foi o que literalmente salvou a minha vida nos estudos, especialmente em língua portuguesa. Sempre estudei em escolas públicas, sem nenhuma estrutura, e essa matéria sempre foi a minha maior dificuldade. Mas, com esse passo a passo que desenvolvi, rapidamente passei de 80% em provas, chegando a mais de 90% em tempo recorde, nos principais concursos do Brasil, conquistando assim 10 aprovações em pouco mais de 3 anos...

É exatamente isso que você irá aprender nesse livro.

1. A MÁGICA DA ENGENHARIA REVERSA E COMO CHEGAR A 80% DE ACERTOS RAPIDAMENTE EM QUALQUER PROVA SÓ BRINCANDO COM QUESTÕES

Praticamente a totalidade dos concursos no Brasil exige dos candidatos conhecimentos em **língua portuguesa** e **raciocínio lógico-matemático** *ou* **matemática** como matérias básicas.

Portanto, estes são conhecimentos que precisam ser encarados de forma sistemática pelo concurseiro. Você precisa estar "na ponta dos cascos" nessas matérias para ter um ótimo rendimento nas provas. E um ponto que torna o estudo da *interpretação de textos* e *raciocínio lógico* ainda mais importante é a exigência destes conhecimentos para a resolução até mesmo das questões específicas.

Nota-se um padrão cada vez mais constante nas provas atuais de concursos: a exigência de resolução de problemas em matérias de Direito que exigem apenas o conhecimento do texto da lei, mas que são apresentados por meio de um texto relativamente grande, que demanda uma boa e rápida interpretação, associada à aplicação da lógica. Portanto, além de ser necessário o estudo dessas matérias para resolver as questões de conhecimentos básicos, os conceitos extraídos em seus estudos influenciarão diretamente na sua nota nos conhecimentos específicos.

Em **língua portuguesa** os concursos exigem conhecimentos muito próximos. Em regra, são exigidos conhecimentos básicos em **regras gramaticais** e **interpretação de textos**.

Você vai perceber pelos editais de concursos e pelas provas aplicadas que não há diferença prática nos conhecimentos exigidos, mas apenas no nível de dificuldade das questões, dependendo da banca e do nível de escolaridade do cargo.

Por isso mesmo, recomendo que você sempre inclua em seus estudos a prática de muitas questões anteriores da prova que pretende fazer. Como as provas nessa disciplina costumam manter um padrão de acordo com a banca e o nível de escolaridade, recomendo também que sejam feitas provas anteriores da mesma banca e mesma escolaridade, e não apenas necessariamente provas anteriores do cargo pretendido.

Ter o domínio dos filtros das questões é essencial para o concurseiro de alto rendimento.

Noto que muitas pessoas se desgastam demais no estudo dessa matéria. De fato, se você decidir analisar cada ponto da gramática, em detalhes, sem a aplicação dessas regras no mundo real, você vai se cansar demais. Isso gera um grande desânimo e pode causar um grande prejuízo na sua preparação.

Você perceberá um desgaste muito menor ao estudar com a ENGENHARIA REVERSA, na qual você irá fazer questões de provas anteriores de concurso e verificar o porquê de cada alternativa estar correta ou errada, recorrendo a um material de apoio para tanto.

O estudo por meio de questões vai ainda delimitar os pontos mais importantes a serem estudados, reduzindo drasticamente seus esforços. Você vai se esforçar apenas naquilo que é importante para a sua prova. Assim, não precisará mergulhar no imenso mar de armadilhas e regras gramaticais da língua portuguesa.

Fazendo muitas dessas questões você vai passar a perceber o padrão da sua próxima prova. Você entenderá quais os conhecimentos que a banca normalmente exige e se a prova costuma, por exemplo, exigir mais questões de interpretação de textos do que regras gramaticais. Você também notará que a banca tende a exigir mais alguns conhecimentos de regras gramaticais do que outros, e poderá trabalhar estes pontos no seu conhecimento.

Necessário destacar que os conhecimentos dessas disciplinas básicas não são muito diferentes daqueles exigidos para as provas do ENEM e vestibulares. Inclusive, o estudo para o vestibular foi a minha base para concursos em disciplinas básicas.

Caso você já tenha em algum momento de sua vida estudado para esse tipo de prova, tenha certeza que todo seu esforço anterior será aproveitado no mundo dos concursos públicos.

Os mesmos conceitos expostos acima para a análise da prova podem ser aplicados em **raciocínio lógico**, **matemática** e **informática**. O estudo com a engenharia reversa, com a análise do *pano de fundo* de todas alternativas de questões de provas anteriores, irá diminuir muito os esforços necessários para seu aprendizado.

Para a disciplina de **informática**, recomendo ainda um *hack* que sempre utilizei para aumentar minhas notas com alguns pontinhos: veja os programas exigidos no edital, e dê um jeito de instalá-los em sua máquina. Por exemplo, se o edital pede conhecimentos em *LibreOffice* e você utiliza o *Word* em seu trabalho ou estudo, troque de programa! No começo sofremos um trauma, pois há algumas diferenças significativas, mas em breve você acaba se adaptando e ainda aumenta suas chances de acerto na hora da prova.

Após terminar uma questão de informática e ficar com qualquer dúvida, abra o programa e faça uma simulação com o que foi exposto no problema. Em caso de mais dúvidas, pesquise na documentação do programa informações. Tenho certeza que esse exercício simples e prático irá fazer com que você entenda melhor todo conteúdo. Afinal, a prática leva à perfeição, certo? E não existe nenhuma forma mais prática de estudar informática do que essa!

Muitas milhares de pessoas conseguiram resultados extraordinários em concursos aplicando esses conceitos da engenharia reversa. Trata-se da forma mais prática e efetiva de estudo para concursos, especialmente para as disciplinas básicas. Quem centraliza seus esforços nessa técnica sempre colhe uma ótima evolução em pouco tempo.

Além disso, embora haja um encaixe perfeito entre essa técnica e as disciplinas básicas, que têm muito conteúdo teórico que não será cobrado nas provas de concursos, a engenharia reversa é uma ferramenta universal de estudos, que irá facilitar no entendimento e absorção de conteúdo em qualquer matéria.

2. NÃO É MAGIA, A CIÊNCIA EXPLICA OS ATALHOS DO ESTUDO COM QUESTÕES

Você já ouviu falar sobre a **LEI DE PARETO**, também conhecida como a regra 80/20?

Essa é uma regra muito usada nos negócios e na Administração em geral. Ela nos ensina que se você focar em apenas 20% das causas, alcançará um domínio de 80% de tudo que realmente importa no seu mundo.

Não vou me aprofundar nesses fundamentos, apenas dizer para você, concurseiro, que essa regra é plenamente aplicável no mundo das provas e dos concursos públicos.

Para o estudante, significa que "se você dominar apenas 20% dos conteúdos de cada matérias, já terá um aproveitamento de 80% na prova"!

Sensacional isso, não é mesmo?

Esse é o grande atalho. Ser ótimo naquilo que é mais recorrente nas provas. Não errar nesses pontos é crucial para evoluir e garantir uma nota competitiva, de pelo menos 80% de aproveitamento.

Porém, para que essa regra de ouro seja aplicada, precisamos de uma quantidade relevante de questões na matéria. Caso contrário, não teremos uma amostragem suficiente. Assim, poderemos ser enganados por um padrão falso.

Por isso mesmo, essa regra tem ainda uma relevância maior nas matérias mais recorrentes em concursos: português, matemática, raciocínio lógico, informática, direito constitucional, direito administrativo, administração pública e outras. Já em matérias muito específicas de determinadas provas, como o *regimento interno de um órgão*, a amostragem será muito pequena e não teremos uma base confiável.

Portanto, mais uma vez a ciência nos mostra o caminho para uma evolução acima da média. Tal análise reforça a importância do estudo com questões desde o seu 1° dia de estudo.

As questões não servem apenas como simulados, como aprendemos na escola tradicional. Elas são suas melhores amigas e suas melhores guias para o aprendizado e para o rápido domínio do conteúdo.

Além disso, vale destacar que você não irá parar nos 80% de aproveitamento nas provas se tiver CONSTÂNCIA nesse estudo. O primeiro passo será o domínio dos pontos mais recorrentes nas provas e o alcance desse percentual. Porém, inevitavelmente, você enfrentará também os pontos fora da curva. Assim, com o tempo e a repetição desse sistema, caso domine apenas metade das exceções, já ***terá uma nota de pelo 90% em qualquer prova***. E essa nota garantirá sua aprovação em todo e qualquer concurso.

Porém, aqui preciso reforçar que muitos se perdem ao tentar estudar dessa forma, pois erram nos filtros das questões que devem ser utilizadas nos estudos.

Os filtros podem ser afetados com mudanças nos editais, nas bancas organizadoras e com a evolução dos perfis de provas com os anos.

3. LÍNGUA PORTUGUESA – INTERPRETAÇÃO DE TEXTOS

Se eu tivesse apenas mais 05 minutos de vida, tempo suficiente para passar uma única dica à grande maioria dos concurseiros, para que esses pudessem dar um salto em sua pontuação, seria esta: **aprenda a interpretar correta e rapidamente os textos e enunciados de uma prova**.

Esse é com certeza o mais comum obstáculo para a aprovação de um concurseiro. E cada vez mais os examinadores exigem tal habilidade em todas as matérias, criando enunciados que exigem a interpretação de um pesado texto.

Atualmente vejo muitas pessoas dizendo que as provas, mesmo de nível médio, não exigem apenas mais a "lei seca". E não é esse o caso, definitivamente. Exige-se tão somente o conhecimento do texto exato da lei, e não de doutrina ou jurisprudência, porém são somados à "lei seca" enunciados que exigem uma interpretação lógica de seu conteúdo.

E esse é um ponto que não será aprimorado sem a sua própria ação. Exige-se prática diária, constante, e muita, MUITA LEITURA. Nenhum professor será capaz de lhe ensinar a interpretar um texto se você não praticar a leitura diária com atenção e dedicação. Cabe lembrar que a prova tem um tempo limitado para sua execução, portanto é necessário estar preparado para realizar a interpretação de forma correta e veloz.

Um exercício simples para a prática da interpretação de textos é realizar simulados e identificar seus erros. Ao errar uma questão, volte ao texto e analise atentamente o que você errou. Ache o erro da alternativa que você achou estar correta. Encontre a palavra ou termo que o levou ao erro. Se houver dúvidas sobre o significado de alguma palavra, procure imediatamente no dicionário. Em seguida identifique no texto qual trecho ou quais partes fizeram cada alternativa ficar correta ou incorreta.

Ao praticar desta forma, os erros, com o tempo, serão minimizados, e isso terá reflexos em todas outras matérias, aumentando muito seu aproveitamento em provas e concursos. Esta é a forma mais efetiva de estudo, é grátis, e só depende de você. Trata-se de uma técnica de *engenharia reversa*, em que você "quebra" em partes menores o problema para encontrar uma solução mais clara e desvendar todos os aspectos que envolvem a questão.

Outro exercício para praticar a interpretação de textos é ler determinado trecho de um texto complexo e reescrevê-lo, com suas próprias palavras. Marque palavras-chaves com canetas coloridas e tente reescrever a mesma ideia da forma mais concisa possível, com palavras mais simples.

Assim, você quase que "brinca de colorir" durante seus estudos. Com essa dinâmica, o estudo fica muito mais divertido e você conseguirá evoluir inclusive em leituras mais pesadas, sem sofrimento.

Essa prática facilitará muito sua compreensão rápida e correta de textos.

4. QUAL O MOMENTO IDEAL DE FAZER QUESTÕES?

O tema mais comum entre as muitas milhares de perguntas que já recebi de concurseiros que nos seguem nas redes sociais é sobre como e quando fazer questões.

A maior dúvida se trata sobre o momento ideal de se fazer questões de provas anteriores. A maioria deles já indicam que querem fazer as questões após estudar determinado tema, como uma forma de revisão ou de mera validação daquilo que estudou. Essa é a tendência natural de todos, pois basicamente esse é o sistema que seguimos desde o nível fundamental da escola: assistimos a uma aula sobre o tema, lemos um pouco sobre esse conteúdo e fazemos exercícios de fixação em seguida.

Em muitos casos isso pode funcionar..., Mas será que funciona da mesma forma para todos?

Essa sistemática não irá funcionar para todos com a mesma força, já adianto para você. Nesse caso você deve testar, validar e aplicar o formato em que você apresenta maior rendimento. Lembre-se que a chave para que você obtenha resultados excepcionais em provas é a personalização dos estudos. Isso vale para absolutamente tudo, inclusive na hora de estudar com questões.

Para dizer a verdade, quando me perguntam qual o momento ideal para fazer questões eu já tenho uma resposta pronta:- "*O tempo todo!*"

Isso mesmo. Você deve fazer questões o tempo todo. Elas são suas melhores amigas nos estudos. Tornar essas suas melhores amigas em um simples exercício de fixação de conteúdo é um extremo desperdício. Recomendo que você sempre dê mais valor a elas.

Você pode e deve usar questões não apenas como uma forma de reforço ou memorização de conteúdo, mas também como uma forma de aprendizado. Utilize-as não apenas para validar seu conhecimento, mas também para aprender mais e melhor. A *engenharia reversa*, que mostrei ao tratar do estudo das disciplinas básicas, utiliza esse raciocínio.

Quanto mais questões você faz, maiores suas chances de entender plenamente o que a prova quer de você. Aos poucos você se tornará tão expert no sistema da prova que, em muitos casos, apenas ao ver um enunciado ou uma alternativa, resolverá a questão instantaneamente, quase de forma instintiva, sabendo qual a resposta que estará no gabarito.

Pergunte a qualquer pessoa que estudou com muitas questões, depois de responder milhares e milhares de perguntas de provas anteriores, e ela irá confirmar isso que você acabou de ler.

Além disso, percebo um padrão: quem evita fazer questões o tempo todo normalmente tem medo de errar. Ao fazer questões a realidade é "*jogada em sua cara*" o tempo todo. Fazendo isso você constantemente irá trabalhar com a dor e com suas fraquezas. E isso é ótimo para quem quer e precisa evoluir rapidamente.

Faça questões constantemente. Acostume-se a fazer questões sempre que possível. Não se limite a uma única hipótese sobre o momento de fazer questões. A cada ciclo teste formatos diferentes. Se quiser, primeiro faça questões como uma forma de revisão do conteúdo, limitando os temas das perguntas ao conteúdo estudado no dia. Após, inverta o processo, fazendo questões sobre o tema que irá estudar, aplicando a engenharia reversa para entender plenamente o conteúdo.

Quando estiver no ápice do cansaço, em vez de parar os estudos, tente fazer apenas questões por um período, para retomar suas forças. Fazer questões normalmente é um estudo muito mais leve e dinâmico, principalmente quando você não tem mais medo delas e já adquiriu o hábito de resolvê-las constantemente.

5. QUAIS QUESTÕES ESCOLHER?

Outra dúvida muito comum dos concurseiros: "Faço apenas questões de provas anteriores da mesma banca e do mesmo cargo? Posso abrir o leque? Posso repetir questões se elas acabarem?"

Sites de questões facilitam muito essa escolha das questões, pois você pode filtrar por diversas categorias: banca, órgão, cargo, nível e escolaridade etc.

Mas ao mesmo tempo em que isso é uma benção, pois evita o caos, há um ponto bem negativo: você pode diminuir demasiadamente o número de questões possíveis de serem feitas, fechando muito o leque com tantos filtros ativos.

Para evitarmos esse problema é preciso entender alguns conceitos simples.

Quanto mais específico você for nos filtros, melhor. Sendo bem específico nessas ferramentas, suas chances de encontrar questões bem alinhadas ao perfil da sua próxima prova aumentam bastante. E isso é ótimo!

Porém o perfeccionismo pode e irá atrapalhar muito sua evolução. Se você sempre quiser fazer apenas questões do mesmo cargo, do mesmo órgão e da mesma banca, provavelmente terá um banco de questões limitadíssimo. E isso irá mais atrapalhar do que ajudar...

PRIORIZE o estudo com essas questões, pois elas são provavelmente o reflexo no espelho de sua próxima prova. Esgotadas essas questões, abra o leque. Retire um dos filtros, como por exemplo o do órgão, e faça questões de provas análogas a sua. Depois, retire o filtro da *banca organizadora*, e assim por diante. Dessa forma você encontrará muito mais questões para treinar, aprender e revisar seus estudos.

Obviamente, você que já entendeu tudo sobre o perfil de prova e limites do edital, ao encontrar uma questão claramente fora desses padrões, deverá descartar sua realização. Afinal, seria um extremo desperdício de tempo e esforço focar em conteúdo que que não será objeto de perguntas na sua próxima prova.

Uma outra dica que sempre dou é abrir bastante o leque para questões de conhecimentos básicos.

No caso de disciplinas como Língua Portuguesa, Matemática, Raciocínio Lógico-Matemático e Informática as bancas costumam ter muito mais liberdade na elaboração das questões. Por isso mesmo, percebe-se que não existem muitas variações no perfil e nível de exigência nas questões dessas disciplinas em provas com o mesmo nível de escolaridade, independentemente do órgão contratante. Portanto, nesse caso, faz sentido que você pratique com questões de todas as provas da mesma banca e do mesmo nível escolar. Se sua próxima prova for organizada por uma das bancas mais famosas no mercado, com certeza você terá acesso a milhares de questões.

Caso seja uma banca organizadora nova ou pequena, com poucas provas realizadas, parta para analogia. Procure alguma prova anterior dela e veja com qual das bancas maiores ela mais se parece. Provavelmente ela se espelha em alguma das referências do mercado, como a FCC ou CESPE (atualmente CEBRASPE).

Para finalizar e não deixar qualquer dúvida sobre o tema, não há qualquer problema em também repetir questões já feitas. Inclusive você pode separar as questões em que você errou a resposta para refazê-las depois de um certo tempo. Alguns sites de questões disponibilizam essa ferramenta para assinantes.

INTELIGÊNCIA PRÁTICA PARA CONCURSOS: 5 PASSOS QUE VOCÊ PRECISA DESENVOLVER PARA CONSEGUIR SER APROVADO NO CONCURSO QUE QUISER!

Núbia Alves de Oliveira

Quando começamos a estudar para concursos nossa maior preocupação reside em saber se teremos capacidade, ou não, de aprender os conteúdos necessários previstos no edital, para conseguirmos fazer uma boa prova e sermos aprovados.

Então nos preocupamos em adquirir um bom material, montar um bom planejamento de estudos, ter rotina de revisão, treinar muitas questões... enfim, usar todas as técnicas de estudo que apregoam por aí que são necessárias para conseguir a aprovação.

Mas quando começamos a executar o tal planejamento de estudos, começam as dificuldades: imprevistos na rotina, preguiça, procrastinação, ruminação mental (repetição excessiva de pensamentos), dificuldades de aprendizagem e memorização, falta de concentração, problemas familiares, entre tantas outras coisas que surgem para "atrapalhar" de vez os planos de ser aprovado no menor tempo possível.

E com isso o tempo vai passando, e o concurseiro vai cada vez mais desanimando, desacreditando de que o projeto de ser aprovado no cargo dos seus sonhos é realmente possível.

A única forma de não deixar isso acontecer, ou mesmo reverter esse processo, é desenvolvendo uma inteligência emocional prática para concursos, pois a grande verdade é que: **a emoção está na base de toda a aprendizagem**. A forma como você lida com as emoções vai impactar diretamente no seu rendimento tanto nos estudos do dia a dia, como na hora de fazer provas.

O concurso por si só já é um evento que mexe com as emoções do candidato. E não poderia ser diferente, afinal, é uma prova que pode mudar a vida da pessoa dali para frente. Portanto, é um momento carregado de expectativas e responsabilidade. Imagine então quando isso é somado a problemas externos? É uma pressão muito grande!

A Neurociência já comprovou que as emoções exercem influência direta no desempenho dos indivíduos, tanto no trabalho, quanto nos estudos. As áreas da cognição (memória, atenção e raciocínio) são diretamente afetadas pelas emoções.

Ser aprovado é consequência direta da união do **conhecimento cognitivo** com a **inteligência emocional prática para concursos** que você vai aprender agora em 5 passos!

1. **Autoconsciência**
2. **Autocontrole**
3. **Automotivação**
4. **Autoestima**
5. **Aptidão Social**

1. AUTOCONSCIÊNCIA

A autoconsciência é a capacidade de se conhecer e perceber a si mesmo. É o grau de visibilidade do "Eu" para se autoenxergar e se autoconhecer. Ela se manifesta pela compreensão que uma pessoa tem de seus próprios valores e metas, ou seja, ela sabe para onde está indo e o porquê.

A autoconsciência para concursos passa por 3 esferas:

- Quem sou eu como aluno?

- Como eu funciono estudando para concursos?

- Por que decidi fazer isso?

Quem sou eu como aluno?

A resposta a essa questão está no fato de **gostar, ou não, de estudar.** Quem sempre gostou não tem muito o que se preocupar, pois provavelmente a rotina diária de aquisição de novos conhecimentos vai ser um estímulo a mais para este perfil. Mas quem nunca gostou de estudar encontra aqui uma primeira barreira que é plenamente superável. Se estudar de forma prazerosa é um comportamento nunca desenvolvido até então, quem se enquadra aqui já sabe que terá de ter um esforço a mais em disciplina para desenvolver o hábito de estudar, e talvez necessite recorrer a materiais mais didáticos para entender conteúdos que considere mais difíceis. E não há problema nenhum nisso! Talvez sua jornada seja apenas um pouco mais complicada no início, mas com o autoconhecimento e a consciência de suas fragilidades, será muito mais fácil superá-las.

Como eu funciono estudando para concursos?

O concurseiro precisa conhecer desde a forma que melhor aprende cada matéria (PDF, videoaula etc.), que horários rende melhor, até o controle de outros fatores de sua rotina que podem impactar positiva ou negativamente nos estudos (ex: encontrar seu próprio método de estudo, ter um bom ambiente para estudar, conseguir organizar os afazeres cotidianos etc.). **Conhecer e organizar a própria vida em prol dos estudos.**

Por que decidi fazer isso?

Ter consciência do que verdadeiramente está por trás da decisão em fazer concurso público será primordial para manter a motivação ao longo do processo de estudos. E nessa parte a maioria das pessoas se enganam, pois focam na parte prazerosa da aprovação, que é o resultado. Quantas vezes você já não disse a você mesmo que está estudando "para dar uma vida melhor para sua família", "para poder comprar tal coisa", "para se sentir realizado profissionalmente"? Todos esses motivos são muito válidos, com certeza, mas **o real motivo não é o resultado, é a causa**. Pense e foque no tamanho da sua dor por NÃO conseguir dar hoje uma vida melhor para sua família, o quanto você se sente frustrado por NÃO poder comprar determinadas coisas, o quanto o incomoda NÃO ser realizado profissionalmente. Os benefícios que a aprovação trará só acontecerão no futuro, mas o estudo precisa acontecer hoje, e hoje o que o incomoda e farão você ter forças para estudar são suas dores. Foque nelas!

2. AUTOCONTROLE

Se você quer um cargo público, o fator mais importante para consegui-lo é estudar. E você precisa conseguir fazer isso por um prazo que, quando começamos, nunca sabemos de quanto tempo será.

Vida de concurseiro não é fácil. Muito estudo, abdicações, gastos. São sacrifícios que às vezes pesam mais para uns do que para outros. Mas, para continuar na luta pela aprovação, é preciso estar com a cabeça em ordem. Por isso o **equilíbrio emocional** é tão importante quanto a aprendizagem do conteúdo. Afinal, de nada adianta saber todo o edital se você está desmotivado, ou tem uma crise de ansiedade durante a prova, não é mesmo?

Se você está **constantemente desmotivado, entediado, ansioso ou estressado**, pode estar jogando no lixo todos os meses de preparação. Isso porque, às vezes ficamos tão estressados, que ficamos emocionalmente exaustos e perdemos nossa capacidade de foco e, consequentemente, de aprendizado.

Os concurseiros são constantemente submetidos ao estresse de ter que estudar um grande volume de conteúdo; às vezes têm pouco tempo para estudar até as provas; cobranças familiares, sociais e até mesmo pessoal na busca pelo melhor desempenho. Tudo isso pode gerar um estresse fora dos limites aceitáveis para uma pessoa saudável.

Em outras palavras, estas pressões em muitos casos podem gerar um estado de ansiedade extremamente prejudicial ao desempenho, afastando ainda mais a pessoa do seu sonho de conquistar um emprego público. A ansiedade pode gerar sentimentos de tristeza, solidão, insegurança e incapacidade, podendo desencadear inclusive alguns transtornos psicológicos, como a depressão ou a síndrome do pânico.

Quando isso acontece, nossa capacidade de atenção e concentração diminuem consideravelmente, comprometendo nossa capacidade de absorver conteúdos e reter novas informações, interferindo diretamente em nosso rendimento nos estudos.

O mecanismo é mais ou menos assim: a pessoa exposta a situações de estresse, libera em seu organismo um hormônio chamado cortisol, que tem o objetivo de prepará-la para lidar com situações de perigo ou de alerta. Assim, as funções mentais superiores ficam focadas neste estado de alerta para fugir ou reagir ao suposto perigo, e não conseguem, por exemplo, compreender e reter novos conteúdos.

Ter capacidade de perceber e gerir suas emoções é determinante para desenvolver a sua inteligência emocional. Então, o primeiro passo é se fazer as seguintes perguntas:

- Você consegue reconhecer os momentos em que você tem uma baixa?

- Nos momentos em que você tem uma baixa, consegue sair dela ou isso vai minando o seu processo de estudos e diminuindo sua produtividade?

- Como você compreende as sensações que surgem e de que maneira responde a isso?

Essa percepção das emoções é necessária para você identificar a sua mensagem e, principalmente, poder utilizá-las a seu favor. Depois disso você estará apto a fazer o gerenciamento das emoções.

Quando você vai mal em uma prova, por exemplo, como você se comporta? Tenha em mente que não é uma falha grave você tentar passar em um concurso e não ser aprovado de primeira. Pelo contrário, é supernormal, é a regra. Poucos são os candidatos que na 1ª tentativa já conseguem a aprovação.

A manutenção do equilíbrio emocional durante a preparação para um concurso público perpassa por práticas bem simples, mas quem nem sempre estamos atentos a elas:

- *Praticar atividades físicas regularmente;*
- *Manter uma alimentação saudável e equilibrada;*
- *Observar sua respiração;*
- *Não se cobrar demais estabelecendo uma rotina que você de fato consiga cumprir;*
- *Aprender a equilibrar os estudos com períodos de descanso;*
- *Ter cuidado com as notícias que você consome, pois informação é uma forma de "alimentar" a mente, e tem o poder de nutri-la ou envenená-la.*

A maioria de nós passou muitos anos de nossas vidas sem dar atenção à questão emocional. Inclusive, é provável que você nunca tenha sido ensinado sobre **gestão das emoções** até este momento. Hoje em dia o tema é mais comentado, mas antigamente não se falava muito sobre gestão das emoções. Então, de fato, é desafiador olharmos para essa questão depois de adultos. Mas tudo é questão de hábito. Quanto mais você treinar, melhor você fica!

3. AUTOMOTIVAÇÃO

A maior utopia que um concurseiro pode acreditar durante seus estudos é a de que precisa de motivação para estudar.

Infelizmente algumas pessoas se iludem com a empolgação inicial e abandonam seus projetos na metade do caminho. Comprar os melhores materiais e se matricular em um curso renomado é apenas o primeiro passo de uma longa jornada.

Estudar é algo que exige paciência e superação de limites. Não se iluda achando que todos os dias será fácil ou que estará sempre motivado. Para alcançar resultados extraordinários é preciso praticar esforços na mesma medida. É como disse Thomas Edison: "*O sucesso é constituído por 10% de inspiração e 90% de transpiração*".

Motivação é uma força ou impulso que leva à ação, visando a atingir um objetivo. O principal papel dela é **impulsioná-lo a começar algo.** A motivação é um dos fatores responsáveis por iniciar, direcionar e manter hábitos que levam ao cumprimento de objetivos, metas e tarefas, sendo essencial para o desenvolvimento humano. Mas a sua manutenção depende de fenômenos biológicos, emocionais e sociais.

É importante que você compreenda que existe dois tipos de motivação: a intrínseca e a extrínseca.

Motivação Intrínseca

Também conhecida como automotivação, é um processo interno e pessoal. Nasce sem a influência de fatores externos e está totalmente ligada à nossa satisfação pessoal e profissional.

Motivação Extrínseca

É gerada pela interferência do ambiente, pessoas ou acontecimentos. Sendo assim, é algo que está totalmente ligado a situações exteriores.

Nunca espere pela motivação externa. O maior salto que a sua rotina de concurseiro vai dar será quando você entender que não precisa dela, que essa dependência só vai atrapalhar o seu projeto. Que o papel dela é apenas o de fazer você começar, e depois disso, só muito ocasionalmente ela virá fazer uma "visitinha" a você.

Resumindo: enquanto a motivação extrínseca depende dos outros, a intrínseca depende apenas de você. Ou seja, esse elemento está sob seu controle e **você é capaz de adquirir esse tipo de motivação de maneira independente.** Sendo assim, é extremamente importante ter consciência dos motivos que o impulsionam a estudar e buscar atingir seus objetivos.

Se o que você está fazendo é importante para você, precisa ser respeitado. É nessa importância que você vai buscar desenvolver a automotivação. Segue algumas dicas para você conseguir fazer isso e conseguir manter a constância nos estudos mais facilmente:

1) *Determine seu objetivo e deixe-o sempre à vista*

No famoso livro "Alice no país das maravilhas" aprendemos que, quando não sabemos para onde vamos, qualquer caminho serve. Isso mostra que, antes de iniciarmos qualquer caminhada, precisamos ter em mente um destino específico.

E na hora de estudar não é diferente. A priori, por que você deseja prestar um concurso público? É um sonho de infância? Existe alguém que você admira e que te inspirou a seguir os passos? Almeja reconhecimento profissional, social ou salários maiores? Deseja mudar de cidade? Veja que por trás da ação (passar em um concurso público), sempre existe um motivo que será o seu combustível daqui para frente.

Após identificar o objetivo real, escreva-o num papel e deixe-o sempre à vista, ou cole fotos em seu ambiente de estudos. Em vários momentos do seu dia, principalmente quando estiver cansado ou pensando em desistir, leia o que escreveu, veja as fotos e lembre-se do que está atrelado a todo o seu esforço.

Isso servirá como uma dose extra de inspiração e te ajudará na hora de cumprir suas tarefas e metas e ainda manterá em alta a sua motivação para estudar para concurso.

2) *Faça uma projeção do seu futuro*

Imagine que você conseguiu a aprovação que desejava. Como será a sua vida a partir de agora? O que você está fazendo? Onde está morando? Quanto está recebendo? Está se sentindo feliz e orgulhoso por ver que todo esforço valeu a pena?

Correr atrás do seu objetivo – e conquistá-lo – trará inúmeras transformações em sua vida. Por isso, tente projetar seu futuro e comece a viver desde já o momento pelo qual você espera. Nosso cérebro precisa de estímulos positivos para se manter disposto e animado. Pensar em situações futuras, que trarão prazer e alegria, te ajudará a sair da zona de conforto para dedicar-se agora ao que precisa ser feito.

3) *Estabeleça metas intermediárias e monitore seus avanços*

Passar no concurso público é um objetivo de longo prazo. Embora não seja impossível adquirir essa conquista, muitas vezes é algo que demora a chegar. Por isso, temos a tendência de achar que não estamos melhorando e que permanecemos no mesmo lugar.

Para não gerar esse tipo de sentimento frustrante, estabeleça metas intermediárias e realistas que comprovem seu processo evolutivo e sirva como "fases" até atingir o alvo principal. Elas podem ser diárias, semanais, mensais ou trimestrais.

Por exemplo: ler todos os dias um nº específico de páginas do seu PDF de estudos atual; fazer uma lista de exercícios diariamente e acertar 90% das questões; comprometer-se a estudar metade de todo o conteúdo em X meses; estar entre os 300 melhores candidatos, mesmo que isso não garanta a sua vaga de imediato; estabelecer uma pontuação mínima a ser atingida num simulado etc.

Cada meta atingida servirá como um termômetro para avaliar o seu desempenho, além de, obviamente, trazer momentos de satisfação e orgulho para si mesmo!

4) *Trabalhe com a auto recompensa e tenha momentos de lazer*

Este ponto está diretamente relacionado à dica anterior. Sempre que atingir uma meta intermediária, se dê uma recompensa e se orgulhe por ela. Muitas pessoas perdem a vontade de estudar porque são muito duras consigo mesmas e não desfrutam das pequenas conquistas adquiridas durante o processo.

As recompensas podem variar de acordo com o esforço aplicado e a importância do que foi concluído. Terminou a meta do dia e ainda tem tempo livre até a hora de dormir? Assista um filme ou um capítulo da sua série (cuidado para não maratonar e ir dormir tarde rs). Seguiu o cronograma de estudos semanal sem furo? Aproveite o domingo para descansar ou faça um passeio com a família. Passou na primeira fase do concurso? Programe uma viagem de fim de semana com os amigos ou compre algo especial. Lembre-se de que a ideia é marcar positivamente a etapa vencida e te fazer entender que suas ações estão gerando progresso.

Como já foi dito anteriormente, o cérebro precisa de estímulos positivos! Por isso, se auto recompensar pela vitória contribui (e muito) para permanecer motivado na hora de estudar. Mas não sabote a técnica! Só receba o “prêmio” quando realmente concluir o que propôs a si mesmo.

5) *Desenvolva um interesse real pelo assunto estudado*

Outro elemento motivacional muito eficaz é desenvolver um verdadeiro interesse pelo conteúdo visto. Afinal, não há nada mais entediante do que estudar algo que não gostamos. Adquirir esse tipo de conhecimento não serve apenas para passar em uma prova e com certeza agregará em sua carreira profissional e pessoal.

Tudo o que você aprende sobre Língua Portuguesa, Lógica, Direito e qualquer outra disciplina prevista no edital do seu concurso público pode ser útil em outros momentos da sua vida! Estude com essa perspectiva!

Desperte sua curiosidade sobre o tema e seus momentos de estudo serão mais prazerosos e menos cansativos.

Acho que tudo o que foi falado nesse tema já fez você entender o "pulo do gato" da motivação que realmente interessa é que ela é interna e vem do próprio processo de estudo associado ao que é importante para você!!

Ou seja, toda a motivação que você precisa para estudar e alcançar o cargo dos seus sonhos está ao seu alcance dentro de você mesmo!!

4. AUTOESTIMA

A autoestima é fundamental para que você obtenha o sucesso no seu projeto de ser aprovado em um concurso público. A capacidade de acreditar em si mesmo, de reconhecer na sua pessoa o poder de realizar qualquer coisa, desde que você esteja disposto a pagar o preço, vai ser extremamente importante durante todo o processo.

Mas na prática, o que acontece é que os concurseiros são constantemente bombardeados por informações e adjetivos que detonam sua autoestima. Durante toda a preparação, a competência, a inteligência e a capacidade de gerir a vida e o tempo são colocados à prova, e esses são testes muito mais difíceis e complexos do que responder às questões das provas.

Boa parte da responsabilidade do candidato na preparação para ingressar no serviço público implica em estudar por conta própria. O isolamento social – que inclui amigos e família – fragiliza a percepção sobre si e abre questionamentos a respeito da própria competência e merecimento de ocupar o cargo desejado. O cenário fica ainda mais grave quando somado à autocobrança por resultados e o duelo contra o relógio.

Os piores episódios de baixa autoestima acontecem quando temos de lidar com uma reprovação. Nesse momento, o aluno precisa entender que mesmo não conseguindo passar, ele continua tendo seu valor, continua tendo força para conquistar seus objetivos. O que atrapalha muito ainda é a falta de consciência de que atualmente há necessidade de se estudar muito e cada vez mais, porque as notas de corte estão cada vez maiores, as pessoas estão praticamente gabaritando as provas. Então a falta de consciência dessas questões emocionais e práticas do concurseiro também podem levar à mais reprovações e, consequentemente, a mais golpes na autoestima.

A longo dos estudos, sintomas alertam para a queda da autoestima, são eles: esgotamento físico, falta de concentração, descuido com a aparência, distúrbios do sono, irritabilidade, sentimentos de inferioridade e de culpa, excesso de autocrítica, necessidade de aprovação de terceiros, comparação negativa com outras pessoas, insegurança, perda momentânea de memória, ansiedade e, em situações mais graves, crises de ansiedade, pânico e depressão.

Em situações mais graves, procure ajuda psicológica. Não tente superar sozinho e não tenha vergonha de admitir suas fragilidades.

Quando a imagem que se tem de si mesmo é negativa e a estrutura emocional é pouco sólida, são gerados contextos de pessimismo constante, que aumentam as chances de situações de fracasso. Para reverter o quadro, pequenas e poderosas ações são recomendadas. Aqui estão listadas três delas:

1 – *Aceite a própria realidade*

A primeira atitude é a aceitação da própria realidade. Em especial, no que diz respeito aos recursos disponíveis. Quantas horas estão livres para estudar? Que papéis sociais são inegociáveis? Qual orçamento pode ser direcionado para a preparação? Quais qualidades vão ajudar na jornada e quais podem atrapalhar? Esses requisitos são fundamentais na hora de organizar os estudos.

Valorizar o que se tem, e, a partir de então, potencializar suas funcionalidades reduz a impressão de escassez e de incapacidade de ação. Melhorias podem ser feitas a partir dessa postura sem a necessidade de depreciar o que se tem.

Autoestima pode ser construída a cada objetivo intermediário que você alcança. Só quando você acredita de verdade, você traz para o projeto a dedicação necessária.

2 – *Acolha seus sentimentos*

Sentir culpa, ansiedade, angústia, frustração são fatores naturais da vida. Acreditar que emoções podem ser eliminadas é promover mais sofrimento e destruição da boa autoestima. Não é possível evitar um sentimento, porém, é possível escolher o que fazer com ele.

Optar por escolhas positivas treina o cérebro para a resiliência, a gratidão e a busca de soluções para questões que, antes, poderiam parecer intransponíveis. Entender, aceitar, analisar e superar é o caminho que vai levá-lo a desenvolver uma melhor autoestima. Troque sentimentos negativos por sentimento de merecimento. Quando você se prepara de verdade para uma prova, tenha a sensação de que você merece!

3 – *Viva no presente*

A carência de parâmetros temporais rígidos durante a preparação é o principal alimento para a ansiedade. Viver no futuro incerto e volátil de quando o concurso será autorizado, o edital será publicado ou que banca vai preparar a prova estimula a impressão negativa sobre o tempo que se está vivendo agora.

O que se pode fazer para voltar ao presente é ter a clareza do que está ao alcance se ocupar agora, ou seja, o estudo rotineiro dos conteúdos, e deixar as indefinições para além do plano de ação. Alguns candidatos se sentem mais confortáveis quando projetam opções desses prazos e estabelecem uma lista de checagem para cada etapa, a fim de antecipar decisões e estratégias que melhorem a noção de segurança enquanto o futuro não chega. Essa projeção não é ruim, porque traz alguma previsibilidade do futuro, mas lembre-se sempre de viver e fazer o agora!

5. APTIDÃO SOCIAL

Aposto que esse foi o tópico que mais gerou curiosidade quando você leu lá no início, não?

A vida do concurseiro, na maior parte do tempo, é vivida de forma muito isolada, individual, afinal é ele que todo dia tem que sentar-se na cadeira e empreender esforços estudando.

Mas a vida já existia e acontecia antes de a pessoa se tornar um concurseiro. Aptidão social é a capacidade que a pessoa deve ter para lidar com as emoções das pessoas que a cercam. É a arte dos relacionamentos e deve-se em grande parte à competência que o ser humano deve ter de interagir de maneira produtiva e saudável com aqueles que estão a sua volta.

Reside aqui, na falta de aptidão social, **os maiores problemas familiares, ou no ambiente de trabalho**, que os concurseiros enfrentam quando começam a estudar.

É bem comum as reclamações de que as pessoas da família não entendem muito o momento de estudo, que atrapalham, fazem barulho, não ajudam com as tarefas domésticas. Ou que no trabalho não há nenhum tipo de colaboração para que você se sinta menos sobrecarregado e possa estudar melhor.

Tenho 3 coisas muito importantes para falar para você sobre esse assunto.

A primeira, é que **o projeto é seu.** Por mais que seus familiares o amem e estejam dispostos a colaborar, não dá para exigir deles uma grande capacidade de entendimento de um momento que é só seu. Uma boa conversa (ou várias), sem ranços ou agressividade, é sempre o melhor caminho para você conseguir um relativo apoio deles. E no trabalho, geralmente a maioria das pessoas não está nem aí para você mesmo. Enquanto puder manter o seu projeto em segredo, melhor. E tente ocupar-se apenas do que é necessário para a manutenção do seu emprego, de modo a reduzir suas preocupações (e o tempo gasto) com uma atividade que, em breve, você poderá deixar para trás.

A segunda, **coloque-se no lugar do outro.** Seja um familiar ou um colega de trabalho que não esteja se comportando como você espera, tente entender a postura, pois o mundo continua não girando em torno de você. Colocar-se no lugar do outro também pressupõe entender que as vezes você terá de abrir mão do seu projeto momentaneamente, das suas horas de estudo, para atender necessidades de terceiros, como por exemplo ir a uma festa em família somente para manter uma boa relação de convivência. E está tudo bem. Algumas concessões serão necessárias em nome da interação saudável com quem nos cerca.

E por último, **não desperdice sua energia com o que não vale a pena**. Se o tempo e a energia gastos para resolver um determinado problema compensam, invista. Se não, seja adepto daquele velho ditado popular: "o que não tem remédio, remediado está". Depois de aprovado muitos dos problemas ou já terão sumido, ou você terá adquirido a capacidade de resolvê-los. Lembre-se: os problemas passam, o cargo é para sempre!

Depois de tudo o que falamos aqui, acredito que você tenha entendido agora, mais do que nunca, que uma situação pode ser completamente diferente em função da nossa inteligência emocional, empatia conosco e conhecimento do momento em que está vivendo. E é isso que vai fazer total diferença na forma como você vai conduzir sua vida de concurseiro.

Problemas não vão deixar de existir, mas é a sua inteligência emocional prática que vai ditar o quanto eles vão interferir no seu presente e comprometer o seu futuro. Se você colocar em prática o que aprendeu até aqui, são grandes as chances de deixar de passar perrengue enquanto estuda e conseguir conquistar o concurso público dos seus sonhos o mais rápido possível!

INTELIGÊNCIA EMOCIONAL

Thiago Pereira

1. VISÃO GERAL SOBRE O TEMA

Mas afinal... o que são emoções?

Você em algum momento já acreditou ou sentiu que jamais seria feliz de novo?

Você já se viu presa em uma emoção ruim e achou ele ela jamais te deixaria em paz?

Fique em paz...isto é mais comum do que você imagina...

Por mais estranho que pareça em determinadas situações, nossas emoções existem para que sempre sejam sentidas e utilizadas para o nosso bem, e não para controlarem nossa vida, nosso resultado, nosso futuro desejado, ou roubarem nossa energia e coragem. Quando não aprendemos a lidar corretamente com nossas emoções, nos tornamos refém delas, e assim vivemos mergulhados no que chamamos de emoções tóxicas, não pela emoção em si, mas pela forma como ela interfere em nosso cotidiano.

O domínio emocional consiste em escolher conscientemente como iremos nos sentir, e o que faremos com isso.

Uma pessoa que não desenvolver essa habilidade irá conviver com a toxicidade emocional, como por exemplo:

- Buscar ser amada e reconhecida a qualquer preço, pois depende da aprovação e validação de outras pessoas para se sentir feliz, já que não consegue tem por si mesma este amor interno;
- Colocará mais importância no mundo externo (bens materiais) do que na sua essência, identidade, acreditando que o TER a fará ser reconhecida e amada;
- Se importa muito com a opinião dos outros, julgamentos e críticas, deixando de agir e buscar seus sonhos com medo de ser julgado ou criticada;
- Fica paralisada pelo medo, pela dúvida, insegurança...e não avança na vida.

Você precisa ter em mente que o mais importante não é o que nos acontece, e sim a forma como lidamos com os acontecimentos e o mundo externo. O seu mundo interior determina o seu mundo exterior.

Você pode escolher assumir o controle e superar qualquer situação pela qual esteja passando hoje. Não permita mais que sentimentos tóxicos interfiram na sua vida. Decida por se tornar o arquiteto da sua vida, capitão do barco que te levará ao destino mais extraordinário que sua mente pode visualizar. Você nasceu porque tem um propósito, sonhos que devem ser realizados por você. Você já nasceu apto para conquistar tudo o que deseja, precisa apenas aprender como usar essa máquina perfeita que existe dentro de você! Vamos juntos nessa jornada!

Emoções são sinais

O medo nos diz, por exemplo, que algo ou alguém está ameaçando nosso futuro de alguma maneira. Talvez você precise fazer uma palestra, mas não está totalmente preparado. Dessa forma, sentimentos negativos não devem ser totalmente ignorados, e sim investigados para compreender se não é a nossa mente nos trazendo algo importante que precisamos dar atenção.

Emoções são sempre NEUTRAS:

Uma teoria interessante diz que todas as emoções, positivas ou negativas, na verdade são "neutras". O que as torna de fato positivas ou tóxicas é o significado que atribuímos e como lidamos com a emoção. Nossas emoções existem para serem vividas, e não para controlarem nossa vida, cegarem nossa visão e determinar nosso futuro. Se isso acontece, se tornam emoções toxicas. Vamos a um exemplo para melhor compreensão:

> *Carlos precisa fazer uma apresentação de um TCC, e ele está com medo de subir ao palanque e se expor. Isso se manifesta em seu corpo como batimentos cardíacos acelerados, mãos suando, agitação e outras sensações corporais.*

Agora veja...desde quando um batimento cardíaco acelerado é sempre ruim? As reações em nosso corpo em um estado emocional de medo são muito similares ao estado emocional de excitação e entusiasmo. O problema é que Carlos atribuiu o significado negativo de medo para a situação. Talvez outra pessoa, diante da mesma experiência, iria dizer "estou muito excitado para fazer a apresentação".

> ***"Não são as coisas que nos incomodam, e sim a ideia e opiniões que temos sobre essas coisas".***

Qual é a fonte das emoções?

Você é a fonte de todas as suas emoções. É você quem as cria. E por isso compreenda que você pode sentir qualquer coisa que quiser, a qualquer momento. Veja: quando você está se sentindo bem, quem o está fazendo isso? Você mesmo! Não precisa esperar nada nem ninguém, nenhuma razão especial para se sentir bem. Pode decidir controlar seu estado emocional neste exato momento, simplesmente porque está vivo, por que deseja isso.

Emoções Primárias:

Apenas como título de curiosidade e para que te ajude cada vez mais a compreender suas emoções, como elas surgem, e como você pode lidar com elas da melhor forma, é importante sabermos que existem basicamente seis emoções que determinam boa parte das nossas ações, bem como são o ponto de partida para outras emoções que se manifestam em nosso corpo. São elas: Nojo, Surpresa, Felicidade, Raiva, Tristeza e o Medo. São chamadas Big Six.

Foram mapeadas por um estudo do psicólogo norte-americano Paul Ekman, um dos pioneiros nas pesquisas relacionadas às emoções humanas. Mais recentemente, uma pesquisa realizada por especialistas da Universidade de Bakery, nos Estados Unidos, detectou mais vinte e sete tipos de estados emocionais possíveis.

Cabe ressaltar que todos os seres humanos possuem condições de desenvolver e experimentar todas essas emoções, porém isso não significa que isso irá acontecer. As primárias (as seis emoções), que foram as descobertas por Ekman, são as únicas universais, que estão sempre presentes em todas as pessoas.

As demais emoções podem variar de acordo com a cultura, região e experiências de vida.

2. O QUE É INTELIGÊNCIA EMOCIONAL?

Você muito provavelmente já ouviu falar no famoso teste de QI (quociente de inteligência), feito para descobrir se uma pessoa é "inteligente ou não", ou se possui algum déficit de aprendizado. Apesar de ser um teste que aborda questões importantes, segundo Daniel Goleman, psicólogo renomado, Ph.D. em Harvard, apenas 20% no máximo do sucesso de uma pessoa está ligado à sua inteligência racional, cognitiva, intelectual.

E onde ele atribui os outros 80% determinantes do sucesso? Isso mesmo, à Inteligência Emocional. Neste curso você descobrirá a razão disso, e ainda melhor, aprenderá como desenvolver e utilizar na sua vida, para alavancar seus resultados.

Segundo Goleman, não importa muito a escola na qual você estudou, ou até mesmo se finalizou seus estudos básicos. O sucesso verdadeiro não é medido pelo currículo de uma pessoa, e sim pelo seu grau de inteligência emocional. Lembre-se disso: O seu domínio mental e emocional vale muito mais hoje do que o seu currículo ou grau cognitivo.

Treino Emocional

Se em algum momento da sua vida você já teve contato com alguns dos ensinamentos bíblicos, talvez conheça uma coisa chamada "domínio próprio", que nada mais é do que o autocontrole que conhecemos hoje. Seguramente é um dos principais pilares da Maestria Emocional. Aprender a ter autocontrole sobre sua mente e suas emoções é o alicerce para todas as outras competências que aprenderemos ao longo deste treinamento.

Um grande exemplo disso é a falta de capacidade de tomar boas decisões, por falta de autocontrole. Você é hoje o que decidiu ontem, sua realidade atual é consequência do que você plantou nos últimos dias, meses e anos. Aprender a tomar decisões não é apenas importante, é uma questão de sobrevivência e o único caminho para um futuro promissor.

Quantas escolhas erradas você já fez?

Quantas decisões precipitadas, no calor da emoção, você já tomou, e depois se arrependeu?

Existe um princípio por trás disso, e preciso que você entenda: o seu destino respeitará o seu livre-arbítrio. A forma como você foi criada, a sua biografia, não determina o seu destino. Sim, ela exerce uma certa influência inicial, mas não é um fator determinante. É mais do que comum vermos pessoas sempre terceirizando a culpa por tudo o que acontece em suas vidas:

"A culpa é do governo"

"A culpa é da crise econômica"

"A culpa é porque eu sou pobre"

"A culpa é do meu pai que me abandonou"

"A culpa é da minha esposa que não me apoia"

"A culpa é de Deus que não gosta de mim"

"A culpa é do Diabo"

"A culpa é do meu sócio que me traiu"

Realmente é muito mais fácil terceirizar a culpa, do que assumir a responsabilidade pelo seu futuro, tomar novas decisões, estudar, mudar, se empenhar e bater no peito e dizer "Eu decido mudar hoje", "eu sou responsável pelos meus resultados, e a mudança depende única e exclusivamente de mim". Enquanto você se eximir da responsabilidade por mudar a sua realidade, continuará refém do mundo, um mero expectador da realidade, sem nunca assumir o papel principal da sua história.

> *Volto a lhe dizer. Não importa de onde você veio, nem o que fizeram com você até aqui.*

O que de fato importa então? O que realmente fará a diferença é o que você irá fazer com isso. Você não tem como escolher sua origem, nem o que as pessoas ou o mundo irá fazer com você. A única coisa que está sob seu controle é decidir diariamente como você vai reagir a isso, e usar a seu favor para construir o seu futuro extraordinário. A única coisa que está sob seu controle é decidir o que fazer com o que fizeram com você. Este deve ser o seu foco, e isso determinará o seu destino.

A **Maestria Emocional** é um treino, e apenas podemos treinar aquilo que conhecemos. Se você ainda não possui o conhecimento profundo de si mesmo, terá que mergulhar fundo nos estudos, descobrir suas debilidades e forças, as habilidades de que precisa para prosperar, e treinar muito isso. É justamente o motivo e propósito de você estar aqui comigo. Aprender como levar sua vida para o próximo nível. Você merece ter uma vida muito melhor, aproveitar tudo o que já tem de bom, e acrescentar ferramentas, habilidades e atitudes novas, a fim de alçar novos voos, conquistar novos horizontes.

3. A NATUREZA INSTÁVEL DAS EMOÇÕES

> *Como você se sente agora?*
>
> *A forma como você se sente determina a qualidade da sua vida!*

Não importa o quanto depressivo você esteja, quanta tristeza vivencie, ou o quão ruim se sinta em determinado momento, isso certamente irá passar. Ninguém sustenta nenhum tipo de estado emocional 24 horas por dia. Você jamais "é" depressivo, triste, ansioso.

Você apenas "está" tomado pelo estado emocional em determinado momento.

Relembre de alguma emoção negativa que teve no passado. Lembre-se por um instante dos piores momentos da sua vida. Provavelmente naquele momento, você estava tão imerso na emoção negativa, que verdadeiramente acreditava que aquilo jamais iria passar. Você não conseguia imaginar sendo feliz ou alegre no futuro certo? E mesmo estes piores momentos passaram. Talvez em breves lapsos temporais você retorne àquele sentimento, mas mesmo assim é algo esporádico, jamais perene.

As suas emoções vêm e vão. A sua tristeza irá embora, sua angústia irá desaparecer, a sua raiva e o seu medo irá sumir em determinado momento.

Saiba de uma coisa. Se você experimentar uma mesma emoção constantemente, provavelmente é porque está alimentando crenças e pensamentos negativos e precisa tomar novos rumos em sua vida, novas decisões.

Emoções negativas agem como um filtro que seleciona a qualidade das suas experiências de vida.

Durante um estado emocional negativo, toda e qualquer experiência (o que você vê, ouve e sente) é percebida pelo filtro instalado pela emoção tóxica, como uma lente de contato que altera a realidade. Enquanto o mundo externo permanece o mesmo, você irá vivenciá-lo de uma forma completamente diferente, baseado no que está sentindo naquele momento.

O seu estado emocional afeta drasticamente a sua visão de mundo, a forma como vive a sua vida, fazendo com que você se comporte completamente diferente.

Quando você se encontra em um **Estado Emocional Maravilhoso**, você tem muito mais energia disponível. Assim terá:

1. Mais confiança em tudo o que fizer;
2. Uma mente mais flexível para considerar novas decisões e ações que podem melhorar a sua vida;
3. Habilidade de agir e sair mais facilmente da sua zona de conforto;
4. Mais elasticidade emocional para lidar com situações de estresse (antifragilidade);
5. Melhores e mais ideias, mais criatividade;
6. Mais facilidade de acessar outras emoções positiva.

Quando você se encontra em um **Estado Emocional de Sofrimento (Negativo)**, você terá menos energia, e consequentemente:

1. Falta da confiança, o que afetará tudo o que faz e seus resultados;
2. Falta de motivação, reduzindo seu potencial de realização;
3. Medo e insegurança para encarar desafios e sair da sua zona de conforto;
4. Pouca inteligência emocional e resiliência para lidar com desafios e problemas;
5. Terá uma propensão a atrair mais negatividade para a sua vida;
6. Sua mente tenderá a ter pensamentos negativos, o que irá alimentar ainda mais o Estado Emocional Negativo.

O Estado Emocional Negativo é como um feitiço, um imã, que parece impossível de ser desfeito ou desligado. Ele te colocará em um ciclo vicioso que destruirá sua energia, suas atitudes e seus resultados. Quando mais você estiver mergulhado em emoções negativas, mais pensamentos negativos terá. E quanto mais pensamentos negativos pipocarem na sua mente, pior irá se sentir.

Você gera sofrimento desnecessário toda vez que se mantém preso a um pensamento ou emoção negativa, do tipo "E se....", "Eu não...", e isso não te ajuda em nada a prosperar e resolver seus problemas, apesar de consumir boa parte da sua energia diária.

E por que isso? Se existe uma coisa que nosso corpo e nossa mente faz muito bem, é agir em congruência. Por mais que alguém tente "enganar" nosso sistema, o corpo sempre será congruente – princípio da sincronicidade. Veja: Por mais que tente parecer feliz, quem realmente te conhece dirá "O que você tem? Eu sei que aconteceu alguma coisa..." ou então por mais que você tente falar uma mentira, seu corpo dirá o contrário. No contexto acima, a sua mente não conseguirá ser negativa, e o seu corpo produzir emoções positivas (química e fisiologia).

Pare agora e faça este breve exercício para compreender o poder da sincronicidade:

1. Fique de pé:
2. Abra as pernas, estufe seu peitoral e coloque as mãos na cintura, em posição de super-herói;
3. Coloque um sorriso lindo no rosto, e olhe para cima, mantendo a postura e o sorriso;
4. Nesta posição (Super-Herói + sorriso), tente pensar em alguma coisa ruim e sentir algo ruim...

Pode continuar tentando o quanto quiser...ISSO NÃO É POSSÍVEL!! Mais à frente estudarmos o poder de controlar nosso Estado Emocional por meio da nossa Fisiologia.

DICA Extra! Como quebrar este ciclo vicioso, o feitiço da negatividade?

Pergunte-se, nesta ordem:

1. O que está desencadeando essa emoção ou pensamento negativo?
2. O que abastece e fortalece essa emoção negativa ao longo do dia?
3. Qual história eu estava contando para mim até hoje em relação a isso?
4. Como e por que eu consegui superar em algum momento? O que eu fiz para ela desaparecer?
5. O que eu posso aprender com este episódio emocional/mental?

COMO ESTUDAR COM PRAZER E ENTUSIASMO ATÉ PASSAR

Alessandro Marques

Vamos iniciar compreendendo algo muito importante:

> *"Os estudantes de mentalidade aprovada estudam com prazer. Os estudantes de mentalidade reprovada estudam por obrigação."*

Sacou? Talvez ainda não, mas tenho certeza de que depois dos próximos parágrafos você terá outra mentalidade. Que a jornada comece! Vamos juntos!

Antes de começarmos vou pedir para você pensar em algumas coisas. Você já ouviu algum campeão de natação dizer que não gosta de nadar? Ou um campeão de fisiculturismo dizendo que não gosta de malhar? Ou um cantor de sucesso dizendo que não gosta de cantar? Ou um milionário dizendo que não gosta de dinheiro? Certamente que não. Então me explique como você pode ser um campeão nos concursos se não gosta de estudar? Você acredita mesmo que pode conseguir ser o melhor fazendo algo por obrigação? Se as suas repostas forem sempre não, você está apto a aprender o grande diferencial dos estudantes de alto desempenho. Então diga agora:

> *"Eu estou preparado para me tornar um estudante de alto desempenho".*

Agora, como um estalo, você acaba de perceber que todos os campeões têm algo muito especial em comum: eles fazem o que fazem com prazer. Essa é a diferença suprema entre os estudantes de mentalidade aprovada e os de mentalidade reprovada. Está aí a disparidade entre as pessoas extraordinárias e as medianas. O prazer será o seu grande diferencial, será a alavanca para alcançar resultados em menos tempo que os demais.

Agora, você vai aprender o principal conceito da aprendizagem acelerada e começará a estudar com prazer porque só consegue colher os melhores frutos aquele que gosta de plantar, só consegue ter os melhores resultados aquele que gosta de treinar.

> ***Princípio da aprovação***
>
> *Só consegue colher os melhores frutos aquele que gosta de plantar, só consegue ter os melhores resultados aquele que gosta de treinar.*

Tudo que você acredita hoje é fruto de experiências passadas. Então se você acredita que estudar é chato é porque você aprendeu a pensar assim. A partir de hoje, você pode mudar essa crença, portanto chegou a hora de adquirir a crença de que estudo é prazer. Está pronto? Vai ser emocionante!

A palavra-chave aqui é "associação". Você gosta de qualquer coisa em sua vida porque você as associa ao prazer e o que não gosta é porque associa a dor. Gosto não vem do nada ou é uma questão de genética, na verdade é uma questão de relacionar experiências. Tenho absoluta certeza de que você mudou alguns gostos ao longo da sua vida. Pode ter sido um gosto musical, de alguma comida ou relacionado a uma pessoa. Perceba que em todos eles você mudou por causa das associações que fazia, passou a relacioná-los com experiências positivas e à medida que foi fazendo isso o prazer foi criado. É comum as pessoas me relatarem que não gostavam de fazer exercícios físicos, mas em um determinado momento da vida perceberam que deveriam fazer pela saúde. Como era uma obrigação, então decidiram fazer da melhor forma. O que aconteceu? Criaram gosto pelos exercícios físicos e hoje não conseguem passar um dia sem se exercitar, ainda sentem um vazio quando não fazem exercícios físicos. Essa é a máxima da mudança.

O que ilustrei acima não acontece somente com quem faz exercícios físicos, mas também com quem estuda. Vários alunos já me disseram que após mudarem a perspectiva sentem um vazio quando não estudam e quando estão estudando não veem o tempo passar. Nesse instante, eu tenho a sensação de dever cumprido. Sei que a aprovação é inevitável.

Agora você está pensando: tudo bem Alessandro, mas como fazer essa mudança? É isso que vou ensinar agora. (Acho o máximo quando você fica curioso, pois a curiosidade é a mãe da aprendizagem).

Obs.: Se agora você pensou que isso pode funcionar com os outros e não com você, ou que é impossível você conseguir gostar de estudar, está na hora de começar a questionar suas crenças. Essas crenças limitadoras não lhe pertencem mais! Não quero que isso seja mais uma coisa que você leu e daqui um tempo vai esquecer. Quero que seja algo que gere uma mudança significativa em sua vida. Mas para isso ocorrer é preciso que você coloque em prática tudo que viu até aqui. Se não fez até agora, ainda dá tempo.

Existem três elementos que são fundamentais para seu sucesso nos concursos públicos: ***Mindset*** **> Conhecimento > Ação**.

Para tudo que você queira conquistar na sua vida, você vai precisar adquirir conhecimento do que vai fazer, ou seja, você precisa se tornar um especialista naquele assunto, no caso do concurso, você precisa adquirir dois tipos de conhecimentos, o das matérias que você vai estudar e, talvez o mais importante, o conhecimento do concurso, ou seja, como ele funciona. Sem esse último conhecimento, muitas pessoas ficam perdidas e não sabem nem que matérias devem estudar. Esse conhecimento se refere a saber definir um foco, montar uma estratégia e um plano de estudo, definir uma metodologia de estudo, saber gerenciar os estudos, saber fazer provas e muitas outras coisas. Podemos dizer que é a expertise do concurso.

Como dizia o velho pensamento: "**Conhecimento sem ação é igual a nada**". É por isso que, o outro elemento do sucesso é a ação. Não adianta saber fazer um plano de estudos e não sentar a "bunda" na cadeira e cumprir as horas planejadas. Como vou falar mais à frente, a ação é a ponte que liga o que você quer ao que você conquista. Ação acompanhada do conhecimento correto certamente lhe direcionam ao sucesso.

Agora vamos pensar no seguinte, o que pode ser o seu caso: muitas pessoas têm conhecimento, mas não conseguem entrar em ação e outras não colocam o conhecimento em prática.

O acesso ao conhecimento hoje em dia é algo muito simples e praticamente acessível a todos. Se você quiser adquirir conhecimento sobre um concurso é só acessar a internet e achará todas as informações que precisar, simples assim. Entrar em ação é algo que só depende de você, de mais ninguém. Então porque essas duas coisas, apesar de serem fáceis, são ao mesmo tempo tão difíceis para a maioria das pessoas? Por que a maioria não consegue melhorar seus resultados mesmo tendo um bom conhecimento do assunto e porque muitas pessoas não conseguem entrar em ação mesmo sabendo que só depende delas e do que elas querem fazer? O responsável por isso é o terceiro elemento do sucesso, o Mindset.

O Mindset tem a ver com a atitude mental. Trata-se de como pensamos sobre algo. Isso porque nossa atitude mental é guiada pelas nossas crenças, ou seja, pelo que acreditamos. Esse terceiro elemento é tão importante porque é ele que permite que os outros dois funcionem. Não adianta você querer entrar em ação se tem uma voz lá no fundo que diz que você não vai conseguir, ou que você não tem nenhuma chance, ou que está velho demais, ou que é burro demais para isso. Não adianta você ter o conhecimento necessário e não o colocar em prática porque tem uma voz lá no fundo que diz que aquilo é besteira, ou que só funciona para os outros. A atitude mental é que guia as suas atitudes perante as coisas que você quer fazer na sua vida, ou seja, o seu *Mindset* é o elemento principal do sucesso e enquanto você não o mudar, seus resultados nunca mudarão.

Meu objetivo neste capítulo é trabalhar a mudança do seu *mindset* (mentalidade) porque a partir do momento que você mudar a sua atitude mental, tudo nos seus estudos mudará. As verdadeiras mudanças acontecem de dentro para fora, e a semente dos seus resultados está dentro de você e eu me comprometo a te ajudar a encontrá-la, plantá-la e cultivá-la, assim, você colherá os frutos que tanto deseja, você alcançará a aprovação de uma vez por todas. Então, vamos começar os trabalhos porque tem uma vaga esperando por você!

Já parou para pensar por que alguns estudantes estudam horas e horas, dia após dia e outros nunca conseguem manter um ritmo de estudo? Existem duas forças que atuam diretamente na sua motivação: dor e prazer. Saiba que são essas forças que o tirarão da zona de conforto e que farão você vencer a temida procrastinação.

Agora pense no seguinte: por que você procrastina? Por que você não consegue manter um ritmo constante de estudo? Por que você começa e para? Por que mesmo sabendo que você deve estudar até passar você não consegue fazer isso? Você está prestes a descobrir!

Quem não consegue parar de procrastinar e não consegue manter constância nos estudos é porque faz as associações negativas o estudo, ou seja, associa dor ao estudar e prazer ao não estudar. É isso que os estudantes de mentalidade reprovada fazem, associam o estudo a dor e o não estudar ao prazer. Confesso que não é difícil fazer isso, sabe por quê? Porque foi assim que te ensinaram a vida toda.

Os estudantes de mentalidade reprovada fazem as seguintes associações ao estudar:

- Estudar é chato.
- Estudar é ficar sozinho.
- Estudar é cansativo.
- Estudar é sacrificar bons momentos da vida.
- Estudar é algo incerto, afinal nunca sei se vou mesmo ser aprovado.

E fazem as seguintes associações com o não estudar:

- Não estudar é estar rodeado de pessoas que gosto.
- Não estudar é estar descansando.
- Não estudar é estar fazendo coisas divertidas, por exemplo assistir um filme, ir para um barzinho, festa de família etc.

Com essas associações realmente é uma missão impossível estudar. O seu cérebro afasta tudo que gera dor e vai em busca do que gera prazer. Então fica fácil compreender porque tudo que não for estudar torna-se atrativo e o estudo torna-se uma tarefa muito difícil.

Como disse anteriormente se você pensa assim é porque foi treinado a pensar assim. Talvez tenha sido o ambiente no qual você foi criado ou as experiências que teve com o estudo não foram as melhores. Agora é a hora da mudança. Para te ajudar a mudar o primeiro passo é compreender a vida real.

Nossa mente se afasta institivamente do que gera dor. Ela associa dor a risco de vida. Essa é a programação primária da sua mente. O problema é que nossa mente generaliza as coisas, ou seja, ela associa dor a risco de vida. É isso que precisamos ensiná-la a mudar ou reprogramar.

Vamos fazer essa reprogramação em três passos. O primeiro você já deu ao entrar nessa jornada e ler esse livro até aqui. Com todos os novos arquivos mentais sua mente já aprendeu a fazer as associações corretas. No segundo passo, vamos reformular o conceito de dor. No terceiro passo, vamos associar o máximo de prazer ao estudo. Vai ser simples? Claro que não. Mas saiba que se você chegou até aqui é porque tem todas as condições de fazer o que vou ensinar.

Ressignificando a dor

Você aprendeu que não gosta de algo porque associa dor a isso, então quando você faz algo associado a dor, o seu cérebro pensa assim: isso gera dor, dor significa risco de vida, então não vou fazer. Essa é a linguagem subconsciente. Precisamos reprogramar isso, ensinar o seu cérebro a pensar de forma diferente. Está preparado?

Se você estuda para um concurso ou quer começar a estudar é porque não está satisfeito com sua situação atual de vida. Como eu sei disso? É óbvio, ninguém tem um objetivo que não seja para melhorar o que já se tem hoje. Se não está satisfeito com a sua situação atual de vida significa que atualmente várias coisas que lhe geram dor.

O seu cérebro é tão esperto que não lembra disso quando você escolhe ir para uma festa ao invés de estudar. Ele faz o contrário, gera dor para você não ir para a festa e ficar em casa, estudando. Ele faz tudo isso inconscientemente. Mas você tem um lado do seu cérebro que é o consciente e a partir de hoje nós vamos colocar essa parte para trabalhar mais. O seu cérebro inconsciente é muito esperto, mas o consciente é muito inteligente. Ele só consegue trabalhar se tiver as ferramentas corretas.

Agora você vai aprender uma poderosa ferramenta de mudança de significados, vai dar mais poder ao seu consciente e vai conseguir reprogramar o seu cérebro inconsciente. É assim que funciona. Tudo que você faz inconscientemente é porque um dia o fez conscientemente, repetiu tanto aquilo que foi para o inconsciente. Veja o seu consciente como o porteiro do seu cérebro. As coisas só chegam ao inconsciente e se tornam automáticas porque o consciente permitiu que chegassem lá.

Agora quero que você tenha caneta e papel em mãos para iniciarmos o exercício.

Desenhe uma linha no meio da folha separando o lado direito do esquerdo. No lado esquerdo, no todo da folha, como um título, escreva em caixa alta ESTUDAR. No topo do lado direito, também como um título, escreva em caixa alta NÃO ESTUDAR. Agora quero que largue a caneta e o papel, feche os olhos e pense em como vai estar a sua vida daqui dois anos se não tiver passado em um concurso. Depois abra os olhos e continue a ler.

Esse é um exercício de visualização, procure imaginar como sua vida estará.

Pronto? Você gostou do que viu? Acho que não.

Vamos continuar, agora quero que feche os seus olhos novamente e imagine como a sua vida vai estar daqui cinco anos sem ter passado em um concurso. Imagine e depois volte a ler.

Agora quero que imagine como a sua vida vai estar daqui 10 anos sem ter passado em um concurso.

Obs.: Muitas vezes o seu inconsciente pode tentar bloquear essas visualizações porque não gosta de sentir dor.

O que fazer? Siga fazendo o exercício até conseguir visualizar.

Agora quero que imagine como a sua vida vai estar daqui 20 anos sem ter passado em um concurso. Feche os olhos, imagine e depois volte a ler.

Agora imagine como vai ser a sua velhice, quando tiver mais de 70 anos, sem ter passado em um concurso. Imagine e volte a ler.

Faça tudo sem pressa. Esse é seu tempo.

Responda as perguntas abaixo:

- Você ficou satisfeito com o que viu?
- É essa a vida que você quer para você?
- Como as pessoas que você mais gosta te enxergavam nas suas visualizações?
- Como você se enxergava?

Agora quero que pense em todas as dores que sentiu, pegue o papel que preparou, a caneta e escreva essas dores no campo NÃO ESTUDAR. Escreva pelo menos cinco dores. Como no exemplo abaixo:

NÃO ESTUDAR
• Morar sempre com meus pais
• Ser dependente financeiramente
• Ser frustrado
• Andar de ônibus
• Ser uma decepção para as pessoas
• Continuar no meu trabalho atual

Você pode escrever muito mais que cinco, quanto mais escrever, melhor. Não economize na dor, quanto mais melhor. Vai lá, continue escrevendo.

Quando tiver terminado sua lista de dores, leia-a pelo menos três vezes e a cada vez que ler uma dor, imagine-a acontecendo. Esse exercício só funciona se você estiver totalmente envolvido. Lembre-se que fazê-lo não fácil, muitas vezes o seu cérebro bloqueia essas imagens e sensações porque não gosta e não quer sentir dor. Insista! Se chorar não tem problema, pelo contrário representa seu envolvimento com o processo.

Agora responda: qual a sensação ao saber como vai estar sua vida no futuro sem ter conseguido conquistar o seu objetivo de ser aprovado em um concurso? É isso que você quer para a sua vida? É essa a vida que você quer para você e sua família?

Agora vamos lembrar do princípio da causa e efeito, tudo isso só acontecerá se você continuar não estudando ou estudando da forma errada? Entenda que o "não estudar" será o causador disso na tua vida.

Leia novamente a lista dos efeitos de não estudar e imagine cada situação. Repetição! Mesmo que seu cérebro não queira aceitar uma informação, se você repetir insistentemente ele ceder e aceitar como uma realidade. Esse é o segredo da ressignificação. Sempre que você pensar em não estudar, você vai se lembrar da realidade futura. Imagine e sinta essa realidade.

Agora vamos trabalhar o outro lado da ressignificação, vamos associar o prazer ao estudar.

Como já disse, se você não gosta de estudar é porque até hoje fez associações erradas com o estudo. Não é difícil isso ter acontecido já que a nossa cultura incentiva esse comportamento. Costumamos associar o estudo à obrigação e nada que fazemos por obrigação é bem-feito. A obrigação é algo imposto, é como se tivesse um terceiro obrigando você a fazer algo. Realmente é isso que acontece com a maioria dos estudantes, eles só estudavam quando o pai, a mãe ou outra figura de autoridade ordenava. Era muito comum ouvir:

- *Estude ou vai ficar sem brincar.*

- *Se não tirar nota boa vai ficar sem presente.*

- *Você estuda ou ficará de castigo.*

Dessa forma foi que o estudo se tornou uma obrigação. Agora é a hora de mudar isso.

Sempre conto a minha história para meus alunos. Considero a minha motivação para o estudo uma das coisas que me ajudaram a passar rápido em um concurso. Vou compartilhá-la com você também.

Sou o filho mais novo de um casal, minha irmã é dois anos mais velha que eu. Ela foi para a escola primeiro. Sempre ouvia ela contando os acontecimentos da escola, isso despertou em mim uma curiosidade pela tal escola. No ano que começaria meus estudos no pré-escolar estava ansioso. Mas sofri um acidente de carro e quebrei a perna, por isso não fui mais à escola naquele ano. A curiosidade em conhecer a tal escola permaneceu. Fiquei com uma das pernas engessadas por um bom tempo, lembro-me bem de muitas vezes estar na varanda da minha casa, imóvel por causa da perna e ver as outras crianças na rua, voltando da escola, brincando, felizes. Nesse momento a minha vontade de ir para a escola cresceu e comecei a associar a escola a prazer. Minha curiosidade foi tamanha que quis iniciar os estudos em casa mesmo. Contei com a ajuda da minha irmã para dar aulas e me ensinar o que ela aprendia na escola. Essa parceria deu tão certo que quando iniciei os estudos na escola não precisei fazer o pré-escolar, pois estava praticamente alfabetizado. Já sabia ler e escrever, por isso me matricularam diretamente na primeira série.

Mesmo na primeira série eu já tinha um bom nível de conhecimento. O costume de estudar em casa fez eu me dedicar bastante em comparação aos outros estudantes da sala. A dedicação do ano anterior, nos preparativos para iniciar os estudos, fizeram com que meus estudos rendessem muito. Não tive nenhuma dificuldade, pelo contrário, tudo o que ensinavam na aula eu já sabia. Lembro-me até hoje de perguntar para a professora por que a letra i tinha um pingo, isso significava que eu queria aprender coisas além do básico. O resultado do primeiro ano de escola foi muito bom, tirei nota 10 em tudo e no final do ano ganhei o prêmio de melhor aluno da classe e da escola (todo ano eles calculavam a média geral das notas e premiavam os alunos que tirassem as maiores pontuações).

Na segunda série, mantive a mesma dedicação, talvez até mais, porque queria ganhar o prêmio novamente e consegui. Obtive nota 10 em todas as matérias e novamente fui melhor aluno da sala e da escola. Isso se repetiu até a quinta série, o tempo em que fiquei nessa escola. Até em educação física, que nunca foi minha praia, eu me esforçava porque sabia que precisava tirar 10 para ganhar o prêmio.

Outro acontecimento importante foi que da segunda série em diante eu tinha uma colega que também estudava muito. Eu e ela sempre competíamos para ser o melhor aluno da sala. Como ela às vezes tirava um 9.8, eu consegui ganhar todos os anos.

Agora que você já conhece a minha infância, além de sermos amigos íntimos vamos analisar quais impactos esses acontecimentos geraram em minha vida de estudante.

Primeiro impacto

A CURIOSIDADE por estudar. Como não pude ir para a escola, por conta da perna quebrada, mas minha irmã e as outras crianças estavam indo, criei uma curiosidade muito grande para saber que negócio era esse de escola.

Segundo impacto

A primeira associação da ESCOLA foi uma coisa boa. Como eu sempre via minha irmã chegando da escola animada, contando histórias legais e outras crianças voltando da escola brincando, sorrindo, comecei a imaginar a escola como algo muito legal.

Terceiro impacto

A escola é fácil. Como estudei em casa durante o um ano, já entrei na escola alfabetizado. Tudo que a professora ensinava não era difícil, pelo contrário, era tudo muito simples.

Quarto impacto

O estudo em casa. Naquele um ano que não pude ir à escola eu aprendi a criar uma rotina de estudo em casa, estudando sozinho. Não tive aquele negócio de que lugar de estudar era somente na escola.

Quinto impacto

A premiação. Receber o prêmio de melhor aluno da classe e da escola criou a associação de que aquele esforço, dedicação e disciplina valiam a pena. A emoção de receber uma medalha na frente de toda a escola, de receber os parabéns de todos é algo indescritível. Aprendi que estudar valia a pena.

Sexto impacto

A competição. O fato de eu ter uma colega que colocava em risco o meu prêmio fez eu me dedicar ainda mais. Aqui aprendi a gostar de competir e a entrar para ganhar.

As seis experiências que tive durante minha fase inicial de estudante moldaram meu comportamento para sempre. Durante o ensino médio eu já não me preocupava tanto com o estudo, pois comecei a dar mais valor ao lado social da vida. Os amigos, os jogos e as festas me atraíam mais naquele momento. Apesar disso, nos três anos nunca reprovei.

Sempre tinha um simulado na escola valendo alguma coisa, mesmo sem me dedicar tanto eu ficava pelo menos entre os três primeiros colocados. Era frustrante não ficar em primeiro, isso reforça que o estudo já estava fortemente ligado ao prazer e tudo isso eu repliquei no estudo para os concursos.

Como sabia que podia aprender sozinho, nunca me preocupei em fazer cursinho, gostava mais de comprar os livros e estudar em casa. Também sempre adorei fazer provas. Tudo isso me ajudou muito nas minhas aprovações.

Dividi essa história com você para te fazer perceber que associar o estudo ao prazer não nasce com você, é um hábito que se desenvolve ao longo das suas experiências com o estudo. Se as suas experiências com o estudo nunca foram as melhores, ainda dá tempo de mudar. Como ser humano você tem a habilidade inata de aprender. É hora de virar o jogo! Repita comigo:

> Chegou a hora de virar o jogo. A partir de hoje
> vou associar o estudo somente ao prazer!

Como fazer isso? Vou te ensinar agora mesmo.

Primeiro pense na sua história de vida como estudante e identifique momentos-chave que criaram as suas associações com os estudos. Pense um pouco sobre isso para que seu cérebro reviva essas situações, crie a consciência de que você age assim por um motivo e razão.

Agora quero que você pegue o papel utilizado anteriormente, pois vamos criar as associações do estudo com o prazer. Nesta etapa você vai precisar caprichar e, é claro, fazer com muita vontade.

Você já aprendeu a associar o concurso à sua missão de vida, então a associação com o prazer já foi feita. Volte ao arquivo e releia o exercício que fizemos sobre o significado do concurso para você, ou seja, porque você estuda.

Na parte do papel que está escrito estudar, quero que você insira as novas associações que fará com o estudo. Você pode inserir prazeres futuros, como:

ESTUDAR
• Morar sozinho • Ser independente financeiramente • Ser realizado profissionalmente • Comprar meu carro • Ser um motivo de orgulho para as pessoas • Ter o trabalho dos meus sonhos

Mas é fundamental que você insira prazeres que vai ter agora mesmo, por exemplo:

ESTUDAR
• Aprender • Ficar mais inteligente • Competir • Me desafiar • Ser um exemplo para meus filhos • Mostrar que sou capaz • Evoluir como pessoa

Essa será sua única lista de prazeres ao estudar.

Tire um tempo agora e faça a sua lista. Bote no mínimo 10 associações do estudo com prazer.

Parabéns por ter colocado em ação esse exercício transformador.

Agora, releia sua lista de prazeres ao estudar e visualize um por um, com o máximo de intensidade possível. Pode acontecer o mesmo que aconteceu na lista das dores, seu cérebro talvez tenha dificuldade em visualizar, mas com persistência e paciência vai conseguir criar cada imagem para sua lista.

DECLARAÇÃO

"Estudo é prazer.

Quando estudo sinto prazer, pois estudo para ser aprovado em um concurso público e ter a vida dos meus sonhos. "

"Eu tenho uma mente aprovada."

Não se esqueça que você só vai ter resultados se entrar em ação, então antes de iniciar seus estudos, leia sua lista de associação do estudo ao prazer. Faça isso todos os dias!

MENTALIDADE VENCEDORA PARA OS ESTUDOS

Hector Kenzo

Para começar falando de mentalidade (no mundo do desenvolvimento pessoal, muitos empregam o termo *mindset* ao falar de mentalidade), acho importante explicar o que eu entendo por este termo para que estejamos alinhados na mesma página. A mentalidade é o conjunto de **padrões mentais** de uma pessoa que afetam o significado que ela dá aos acontecimentos da vida. Esses padrões mentais afetam o pensamento e o estado emocional, que em seguida vão influenciar as ações de uma pessoa.

Crenças → Pensamentos /Emoções → Ações

A mentalidade envolve as crenças conscientes, mas também as inconscientes (chamadas de vieses). A partir das crenças, nascem os padrões de pensamentos nas nossas cabeças, e que geram as ações como resultado desses pensamentos. Um mesmo fato pode ser interpretado de maneiras diferentes a depender da mentalidade de uma pessoa.

Fato	Meu pai bebia muito na minha infância	
Crença	Beber é uma coisa normal	Beber não fazia bem ao meu pai e nem à família
Ação	Vou "encher a cara" nos finais de semana	Não bebo / vou beber moderadamente

Exemplo de como as crenças afetam o comportamento das pessoas:

É como se fossem lentes pelas quais as pessoas percebem o mundo ao seu redor. Podemos por exemplo enxergar o mundo de forma realista, positiva ou negativa a depender das mentalidades que adotamos em nossas vidas. Mas por que as mentalidades importam no estudo para concursos?

Gosto de fazer a analogia de que estudar para concursos é como dirigir um carro numa prova de rally (para quem não sabe, é um tipo de corrida de carros onde os trajetos são pré-determinados, e mede-se o tempo entre competidores; ganha o que fizer o percurso de forma mais rápida); o que vai te levar ao destino é você se sentar na cadeira e conseguir estudar muitas e muitas horas (equivalente a sentar no banco do motorista e dirigir o carro por muitos quilômetros). Adotar boas mentalidades seria uma parte acessória, mas crucial para o sucesso na empreitada: escolher o melhor carro, com as melhores peças, e fazer manutenção constante para que o carro performe de forma adequada, de forma que ele possa ter um excelente desempenho e não quebrar no meio do rally.

A diferença entre você e os outros candidatos com o mesmo nível de dedicação seria o quanto você consegue estudar melhor do que outros. Você dirigirá a mesma quantidade de horas que seus concorrentes, mas pelo fato do seu veículo estar mais calibrado, você terá chegado muito mais longe com o mesmo nível de esforço empregado. Adotar boas mentalidades significa que suas ações e seus pensamentos estão sempre te impulsionando para frente.

Para exemplificar uma situação ruim de estudo, já experimentou estudar uma matéria onde você acha que tem dificuldade? Você consegue escutar as vozes da sua cabeça dizendo "isso aqui é muito chato e difícil!" ou "nossa, nunca vou conseguir aprender essa matéria, mas vou continuar porque é o que preciso fazer"? Você pode até continuar ignorando e insistindo nos estudos, mas de certa forma ter essas crenças limitantes seria tentar dirigir o carro com o freio de mão puxado!

E quando a vida nos coloca obstáculos que atrapalham nossa rotina de estudos? A maneira como você lida com dificuldades vai afetar o seu estado psicológico, que também pode ter grande impacto na qualidade do seu estudo. Se o pneu está furado, faz mais sentido você trocar de pneu para correr melhor do que insistir com uma parte que está atrapalhando a sua jornada.

E é aí que entra a importância de cultivar boas mentalidades.

Nesse capítulo, vou listar as cinco mentalidades que acredito que tenham sido o fator crucial para alavancar meus estudos e furar a fila dos concursos públicos, passando no concurso de Auditor-Fiscal da Receita Federal do Brasil com apenas 10 meses de estudo.

1. 5 *MINDSETS* PARA ALAVANCAR SEUS ESTUDOS

1.1. *Mindset* 1: Adotar uma mentalidade de crescimento

Se tem UMA mentalidade que acho que todo ser humano deveria adotar para melhorar a vida é a mentalidade de crescimento. Esse termo foi bastante difundido no livro Mindset: A nova psicologia do sucesso, da Prof. Carol Dweck, e basicamente a ideia central do livro é que existem dois tipos de mentalidades.

De um lado, existem aqueles que tem uma mentalidade fixa, onde se pensa que as habilidades humanas são fortemente determinadas pelo talento. Se você vai mal nas provas de matemática, é porque você não deve ter inteligência suficiente para isso. Se você sempre foi mal na escola, você não deve ter talento para estudar.

De outro, temos a mentalidade de crescimento, onde se acredita que as habilidades humanas podem ser adquiridas por meio do esforço. Quando algo não dá certo, ao invés de criar uma narrativa de que a pessoa não é capaz por não ter conseguido o resultado pretendido, elas entendem que estão em um constante processo de melhoria e aprendizado, e que toda falha ou erro é apenas mais um degrau para o desenvolvimento pessoal delas.

Por que coloquei essa crença como a primeira, e talvez mais importante das mentalidades? Isso é pelo fato dessa crença ser o fator chave fundamental que vai possibilitar você a começar a trabalhar nas suas próprias crenças. Se você acredita que o potencial do ser humano é limitado, e que nossas vidas são do jeito que são e que não podem ser mudadas (ou você tem talento ou não tem), então não haverá transformação possível no nível das crenças (e até acho que tudo bem, imagino que, para fins de estudos para concursos públicos, mais vale você estudar mesmo com crenças fixas do que ficar gastando energia com algo que não conseguirá ser alterado).

No estudo para concursos, adotar a mentalidade de crescimento é crucial para que você tenha boa performance nos estudos. Com uma concorrência bastante elevada, nós concurseiros não temos mais o luxo de priorizar algumas disciplinas e deixar de lado outras, pois cada ponto é importante para conseguirmos conquistar a aprovação. Imagino que todos nós tenhamos preferência por alguma disciplina, mas é fundamental que consigamos aprender a estudar as disciplinas, mesmo as que achamos que não temos tanta afinidade. O mais legal disso tudo é que, quando você aprende a estudar matérias que antes sentia dificuldade, você começa até a gostar dela (tem um exemplo bem legal de uma Professora PhD chamada Barbara Oakley que odiava matemática, mas depois que aprendeu a estudar a matéria até virou professora universitária de Engenharia, e hoje ensina estudantes a aprenderem disciplinas difíceis com seu livro Aprendendo a Aprender).

Além da parte técnica da habilidade de estudar, adotar a mentalidade de crescimento auxilia também a desenvolver novas mentalidades. A partir do momento em que você percebe que o ser humano consegue mudar e evoluir, inclusive alterando crenças, você tem o grande poder transformador de começar a eliminar crenças limitantes e a arquitetar suas crenças de forma que as suas crenças comecem sempre a impulsionar rumo ao resultado.

Um ponto que sempre gosto de comentar é que esse termo "mentalidade de crescimento" é tão difundido no meio do desenvolvimento pessoal que é praticamente o arroz com feijão dos coaches (não sem mérito, claro, porque realmente é uma crença extremamente impactante), mas isso não quer dizer que a mentalidade fixa não possa ter suas utilidades. Se por exemplo, você tem uma crença "tenho uma personalidade disciplinada e consigo atingir minhas metas com facilidade", essa é uma crença extremamente poderosa e que de jeito nenhum precisaria ser mudada. O que proponho é que cada um faça uma autoanálise das próprias crenças e tente separar aqueles que estão levando mais perto de alcançar os objetivos daqueles que estão afastando.

1.2. *Mindset* 2: Foque no que você tem controle em sua vida

Desde pequeno, quando eu ia contar algum problema ou dificuldade ao meu pai, ele sempre me respondia com uma frase em japonês: "Naseba Naru" (significa: se fizer acontecer, acontecerá, em tradução livre do japonês). Eu sempre ficava meio bravo, pois quando relatava uma dificuldade, eu esperava que ele fosse me ajudar a resolver o problema, ou até me consolar caso fosse alguma frustração, mas ele sempre repetia esse mesmo mantra toda vez que eu falava de algum problema para ele.

Em realidade, o que meu pai sempre me mostrou ao repetir esse mantra é que não adianta se lamentar, já que as coisas só vão acontecer se você for atrás da solução e fizer acontecer; é um bom jeito de começar a focar em coisas que você tem o poder de mudar, ao invés de gastar energia pensando no problema e em fatores alheios que você não pode mudar. E do ponto de vista pragmático, realmente não ganhamos nada ao ficar nos lamentando e nos vitimizando, além de talvez umas palavras de compaixão que não vão alterar a realidade dos fatos.

Não estou dizendo que o luto não é parte importante da nossa psicologia para lidar com perdas; o empreendedor e escritor Hal Elrod (famoso pelo livro Milagre da Manhã) defende que para levarmos uma vida mais plena, nós temos direito a ficar nos lamentando por 5 minutos, mas que depois devemos simplesmente aceitar a realidade dos fatos que estão fora do nosso alcance e começar a focar e trabalhar no que estiver ao nosso alcance.

Focar no que você tem controle não é um pensamento de exclusividade oriental: o foco em coisas que você pode controlar é um dos princípios mais importantes do estoicismo (linha da filosofia dos pensadores greco-romanos, muito focados na ética), mostrando que pegar as rédeas da nossa vida e conduzir ao destino desejado é quase uma necessidade humana universal. O impulso inicial do ser humano é se preocupar e lamentar por conta do acontecimento de coisas ruins, mas ao focar na solução e nos aspectos sobre os quais temos controle, temos o poder de influenciar no impacto do acontecimento dessas coisas ruins sobre nossas vidas. O caminho para diminuir o sofrimento (condição humana) é trabalhar para diminuir o dito sofrimento.

Mas como isso se traduz para a rotina de estudos do concurseiro?

Imagine que você separou um tempo para estudar após o trabalho, mas você teve que levar o seu filho doente para o hospital. Você pode ficar chateado e frustrado com a falta de tempo para estudar, e passar o tempo amargurado no hospital, mas uma resposta melhor seria tentar separar algum material impresso ou no celular caso tenha algum tempo ocioso para estudar enquanto aguarda na fila do hospital (e agradecer a vida pela possibilidade de poder cuidar do filho doente ao mesmo tempo).

Na vida, cada um recebe uma mão diferente do baralho, e o que conseguimos fazer é jogar na melhor das nossas capacidades com a sorte que obtemos. Podemos ter nascido em circunstâncias difíceis, com problemas de saúde, com problemas de aprendizagem, com dificuldades familiares, sem recursos financeiros, mas o que vai determinar o caminho são as ações que você vai tomar com as cartas que recebeu. Você tem o controle sobre sua mentalidade, que vai afetar seu estado emocional e as ações que você vai tomar, que podem levar para mais perto ou mais longe dos seus objetivos.

A ideia central daqui é que todos nós passamos por dificuldades, com certeza uns mais do que outros, mas pensando individualmente, focando no que temos controle, temos a capacidade de atenuar os efeitos de eventos negativos focando nas coisas sobre as quais temos controle.

Se por conta de algum evento negativo você fosse perder alguns pontos no dia da prova (exemplo: você teve que fazer horas extras no trabalho e não conseguiu cumprir o cronograma inicial de estudos), ao focar em soluções e nos fatores onde temos controle podemos tentar mitigar os efeitos (e até transformar adversidades em força) de forma a atenuar esse impacto negativo. São esses fatores pequenos que vão ser o diferencial para dar alguns pontos a mais que separam os aprovados dos reprovados; se passar em concurso público é algo que você almeja e sonha, parece óbvio tentarmos utilizar toda e qualquer ferramenta que estiver ao nosso alcance para aumentar as chances de aprovação buscando essa melhoria contínua que será o tema da terceira mentalidade.

1.3. *Mindset* 3: Melhoria contínua

Eu sou descendente de avós japoneses, e acredito muito que a cultura japonesa teve uma enorme influência na maneira com que encaro minha vida e os desafios que enfrento. Se você assistir a qualquer documentário sobre restaurantes ou artesãos japoneses, vai notar a obsessão da cultura japonesa por aperfeiçoar as técnicas e tentar lapidar as habilidades e os produtos para chegar cada vez mais próximo da perfeição.

Na cultura japonesa, temos o termo "kaizen", que literalmente significa melhoria (esse termo pegou no mundo da gestão da qualidade como representação da melhoria contínua), o qual considero uma das mentalidades mais bonitas dentro do universo de desenvolvimento pessoal. A melhoria contínua significa que você pode sempre ir melhorando aos poucos, e que cada dia será melhor que os anteriores. No livro "Hábitos Atômicos", de James Clear, o autor gosta de ressaltar que ao melhorar 1% ao dia, ao longo de 1 ano você estará 37 vezes melhor do que quando começou. É bom reiterar esse ponto: não são 37% melhor, são 37 VEZES melhor (isso devido ao efeito de juros compostos).

Significa também que devemos buscar sempre ir aprimorando, mas tendo a consciência de que a melhoria só vai chegar por meio de testes, esforço e muita prática. O progresso muitas vezes não é linear: devemos testar práticas e novos hábitos para ver se funciona ou não se funciona quando aplicado em nossas vidas. O famoso investidor Ray Dalio (fundador de um dos fundos de investimentos Black Rock de maior sucesso no mundo) descreve em seu livro "Princípios" que a jornada para o aprimoramento e o sucesso não é uma linha reta e sim uma espiral, pois você deve ir testando novas melhorias e avaliando se o rumo está correto ou não, muitas vezes fracassando no caminho. É testando e falhando que vamos encontrando o caminho correto até o sucesso.

Ao adotarmos a mentalidade da melhoria contínua, e se focarmos no progresso ao invés do resultado, veremos que sempre há algo na rotina que dá para deixar melhor. É também uma extensão da filosofia de agir sobre o que você tem controle, sempre pensando em passos palpáveis e concretos que estão a seu alcance. Podem ser coisas pequenas, mas essas pequenas coisas se somadas ao longo do tempo vão te garantir aquelas questões que vão fazer a diferença entre ser aprovado ou não em um concurso público.

Na minha jornada concurseira, mesmo quando eu não estava sentado estudando, eu lembro que sempre estive muito ligado em fatores como:

- Estruturar o dia e a rotina para que os blocos de estudos rendam bem;
- Intercalar matérias para cansar partes diferentes do cérebro (igual treinar músculos diferentes do corpo para não sobrecarregar uma parte);
- Encontrar hobbies que te energizam e te ajudam a focar na hora dos estudos, e evitar hobbies ruins (para mim, apesar de amar, não podia jogar videogames e nem maratonar séries, porque me deixavam em um estado de excitação e vício em dopamina, o que me deixava desconcentrado na hora de estudar);
- Buscar bons materiais e ir selecionando aqueles professores para montar a sua seleção pessoal;
- Ler livros, ouvir podcasts e assistir a vídeos de desenvolvimento pessoal;
- Alimentação (tipo de comida, horários e porções);
- Meditação;
- Usar exercícios físicos como fator turbo para otimizar os estudos.

A ideia aqui não é se aprofundar nesses fatores (inclusive a lista não é exaustiva, e podemos encontrar diversos outros fatores se analisarmos nossas vidas) mas perceber que, ao adotar a mentalidade de melhoria contínua, podemos sempre melhorar nossa performance nos estudos mesmo quando não estamos estudando – e acho que essa é a grande diferença entre concurseiros comuns e concurseiros de alta performance. É importante sempre refletir se qualquer coisa na sua vida está se impulsionando para frente ou sendo um fardo desnecessário para performar bem nos estudos, inclusive a abordagem que temos perante adversidades, conforme conversamos na segunda mentalidade.

Lembrando que tudo tem nuances. Quando falo que devemos pensar na rotina e estruturar de uma forma que tudo te empurre para frente, isso não significa que não devemos descansar nunca, pois seria "perda de tempo". Na verdade, é entender que, ao descansar seu corpo e mente, você pode render muito mais quando estiver estudando – mas para isso, é necessário entender como descansar bem, e quais tipos de descanso vão trazer melhores resultados. É saber encontrar o ponto ótimo entre descanso e estudo, otimizando a rotina para que você consiga estar a maior parte do tempo em alta performance.

1.4. *Mindset* 4: Vincule seu ego ao esforço

No estudo para concursos, como estamos lidando com aprendizagem e educação, acabamos trazendo muita bagagem do nosso período escolar (querendo ou não a maioria de nós passamos boa parte de nossa infância e adolescência sendo obrigados a frequentar a escola). Criamos crenças a respeito de nós mesmos muito com base no desempenho escolar, utilizando termos como "fulano é inteligente", "sou ruim de decorar", "tenho dificuldade em estudar", "matemática é muito difícil", etc., em geral com base na comparação do próprio desempenho com a de colegas ao redor. É também natural que essas crenças estejam internalizadas e hoje façam parte da imagem que temos de nós mesmos.

Ao mesmo tempo, não é por ser algo natural e que acontece com todos que devemos simplesmente aceitar que se trata de uma verdade absoluta: fazendo o vínculo com a primeira mentalidade descrita nesse capítulo (mentalidade de crescimento), se eu não tivesse mudado minha crença de que eu era um aluno com dificuldade de memorização, não estaria hoje escrevendo sobre como a mudança de mentalidade é capaz de mudar o estudo para concursos da água para o vinho.

Quando vamos bem em uma prova, ou temos um bom desempenho em algum simulado / lista de exercícios, a nossa tendência é pensar "uau, como sou inteligente", enquanto quando vamos mal pensamos "não levo jeito para estudos" ou "como sou burro". Temos esse filtro também ao julgar o desempenho de outras pessoas: "Joaozinho é muito inteligente, ele tira 10 em tudo!" ou "Mariazinha não é muito esperta, sempre está de recuperação". Em todos esses casos entra o fator comparação, que se for pensar bem a distribuição da inteligência foge ao nosso controle.

Se ao invés de prestarmos atenção ao comparar a inteligência nossa com a de outras pessoas e começarmos a olhar para o fator esforço e dedicação, veremos que é muito mais produtivo e que pode afetar a sua rotina de estudos para criar um ciclo virtuoso. Quanto mais você se elogia por enfrentar desafios e tentar crescer como pessoa por meio do esforço, mais você tem vontade de continuar crescendo e se desenvolvendo, e com isso atrairá melhores resultados para sua vida.

Essa mentalidade é uma decorrência das três anteriores; ao saber que é possível o desenvolvimento de novas habilidades, que devemos focar nas coisas sob nosso controle, e que sempre buscamos a melhoria contínua, enxergamos então que devemos valorizar muito mais o processo da busca do aprimoramento do que nos resultados que estamos obtendo. É importante sim ter clareza no lugar onde queremos chegar, mas só se chega no lugar ao investirmos em nós mesmos. Elogiar e recompensar o esforço ao invés da inteligência é o que nos permite constantemente estar sempre abertos para novos desafios.

Quando fui prestar a minha prova de Auditor-Fiscal da Receita Federal, eu não tinha certeza se eu ia passar. Mas eu fui com uma confiança inabalável de que ninguém fez mais sacrifícios do que eu para aquela prova (até hoje consigo ressuscitar essa sensação de confiança e vontade de vencer, mudo até de postura e sobe minha adrenalina de quem está pronto para vencer). Eu poderia não ter sucesso na aprovação, mas fui de cabeça erguida sabendo que deixei tudo que tinha para aquele momento, e conseguia encarar todos meus concorrentes sem ser intimidado. É essa identidade que eu gostaria que os concurseiros construíssem; uma identidade que se orgulha de ter dado o máximo e de ter se esforçado, independente do resultado. A aprovação será resultado da jornada, que com certeza será muito mais forte se alinhado a boas mentalidades.

Gosto de falar um pouco das nuances também. Se você, por exemplo, tem o seu ego formado no fato de sempre ter ido bem em escola, você pode se julgar uma pessoa relativamente mais inteligente do que o restante das pessoas. O fato de incorporar uma boa inteligência como parte da identidade pode ter um fator positivo, mas eu acredito que não seja a mentalidade ideal.

Na minha experiência, basear seu ego na inteligência acaba sendo uma faca de dois gumes. Tendo convivido com pessoas que possuem essa autoimagem de pessoas inteligentes, o que constato é que se de um lado ele dá uma confiança para a pessoa da capacidade de aprendizagem e de estudos (algo positivo), por outro lado experiências negativas ou desafios acabam sendo uma ameaça à própria autoimagem. Pessoas com ego centrado na inteligência querem proteger a sua autoimagem, e por vezes podem assumir discursos de vitimização para proteger a identidade e, em casos extremos, quando realmente confrontados com a dura realidade de que sempre haverá pessoas mais "inteligentes" do que elas, acabam tendo crises de identidade e problemas psicológicos.

Na faculdade de engenharia, já vi muitas pessoas que eram ótimos alunos no ensino médio, mas quando deparados com notas ruins em provas complexas como as de física quântica, acabam sofrendo um grande baque; a única saída para passar de ano era aceitar que é preciso se sentar, ralar e estudar para poder passar nas provas, e não se acomodar no atributo da inteligência como seu único fator diferencial.

O estudo para concursos públicos é uma maratona, e para você conseguir sentar e pagar as suas centenas (ou milhares) de horas de bunda cadeira é preciso ter um psicológico inabalável. É exatamente por isso que eu vejo a utilidade de construir seu ego baseado no esforço, e não no resultado. Se você é reprovado de um concurso, mas sai de cabeça erguida sabendo que "você é a pessoa que mais deu o sangue" para aquela prova, não vai se abalar tanto com o resultado negativo (afinal, o objetivo é o esforço e a melhoria contínua, e a aprovação será uma consequência). Já, para os inteligentes, uma reprovação é um golpe forte na própria identidade, e pode causar uma desmotivação para continuar a estudar (sem contar os outros problemas decorrentes dessa quebra de identidade).

1.5. *Mindset* 5: Seja intencionalmente otimista

Já ouviu aquela história do copo meio cheio e do copo meio vazio? Ao ver um copo de vidro com líquido até a metade, uma pessoa otimista pode ver como algo positivo, já que teria um líquido para consumo disponível, enquanto uma pessoa pessimista apenas enxergaria que só tem metade disponível para consumo.

A preparação para concursos é um caminho bastante árduo, longo e solitário. Conseguir conquistar uma vaga em um cargo público é como se fosse uma maratona, onde além do fator físico (usar o corpo para atingir o destino) o fator psicológico tem um grande peso para conseguirmos atingir os nossos objetivos. Você conseguir enxergar o mundo usando uma lente otimista talvez seja até um dos únicos remédios que temos em mãos para conseguir lidar com as adversidades que vão aparecendo no caminho. Manter um psicológico forte e inabalável é fundamental para manter a consistência sã, e não deixar que sua voz da insegurança consuma suas energias que deveriam estar dedicadas aos estudos.

"Poxa, mas você está romantizando a dificuldade das pessoas? O que faço se tenho que trabalhar 10 horas por dia, cuidar da casa e dos filhos, e ainda arranjar um tempo para estudar, tudo isso sem dinheiro e doente?"

Não é uma questão de negar que existem dificuldades, adversidades. Todos nós temos problemas familiares, financeiras, pressão de outras pessoas (e de nós mesmos), com um mar de expectativas e julgamentos sobre nós. Entendo também que tenham diversos níveis de problemas, alguns muito mais sérios que outros e que não dá para generalizar, mas o importante é a atitude que você vai ter diante dessas adversidades (e felizmente, a atitude perante problemas é algo que está totalmente ao nosso controle, se devidamente trabalhado).

Ser intencionalmente otimista é ir transformando em nossas cabeças as adversidades em forças. É fazer um exercício constante de pegar as dificuldades e pensar em maneiras de agir para compensar com soluções.

Tem pouco tempo disponível para estudar? Vou usar todo e qualquer tempo disponível (deslocamentos, banheiro, almoço) para dar um gás no material e evitar "perder tempo".

Tem muita gente que estuda há muito tempo, e não vou conseguir competir com essa galera? Como sei que estou largando de trás, em desvantagem, eu vou garantir que vou dar mais que o dobro da minha capacidade para poder passar na frente de toda essa gente que partiu na minha frente. Saber que está atrás é bom porque sabe que para alcançar, vai ter que correr mais que os outros (dose extra de motivação). Quem sabe esse pessoal lá na frente já estão acomodados, ou até desanimados com a jornada deles?

Veja, sei que soa absurdo e *delusional*[1] ficar contando "mentiras" para si mesmo. Não é melhor sermos realistas e assumir que a jornada é difícil? Na minha opinião, não. Se essas crenças *delusionais* nos ajudar a impulsionar um pouco que seja para frente, elas já têm utilidade. O empreendedor e multimilionário Tom Bilyeu sempre defende a ideia de que as crenças não precisam ser verdades: elas precisam ter

1. Do inglês, característica de quem fica se iludindo, tendo delírios.

utilidade. Se adotar uma atitude positiva está impulsionando sua vida para frente, por qual razão não a utilizaríamos?

Eu não estou falando para sermos positivo apenas porque quero que o mundo seja um mar de rosas hippie, mas porque realmente acredito que a positividade é uma das coisas que está inteiramente a nosso alcance e pode ajudar a melhorar os problemas da nossa vida.

Além disso, a negatividade ter um efeito extremamente adverso para o concurseiro. Já vimos que nossas crenças têm o poder de dar significados para os acontecimentos; se nós tivermos uma atitude mais pessimista, focando muito mais no problema do que nas soluções, isso acaba aumentando nosso nível de stress e nervosismo, estimulando a produção de um hormônio chamado de cortisol. O problema do cortisol na vida do concurseiro é o fato dele ser um inibidor do aprendizado, já que ele afeta de forma negativa a parte do cérebro que associa aprendizado e memória, além de causar outros problemas de saúde a longo prazo.

Ao final, você vai ter duas escolhas: pensar que as dificuldades definem a sua vida, e que por conta das dificuldades você não vai conseguir passar, e talvez tudo bem (ter justificativas para os fracassos de nossas vidas é um forte mecanismo para proteger nosso ego), ou você pode sair do padrão natural da negatividade e agir de forma diferente para atingir resultados que normalmente você não conseguiria se for pensar racionalmente.

Ao não utilizar todas as ferramentas que você tem ao seu alcance para otimizar sua performance nos estudos, você não conseguirá extrair o máximo de si. Eu quero muito que vocês enxerguem que esse é o nível de obsessão que eu, como um potencial concorrente concurseiro, tive durante minha preparação. Estou pegando tudo que está ao meu controle e, conscientemente, mesmo que sejam surreais, criando discursos de copo meio cheio para conseguir criar uma vantagem para mim que de outra forma não conseguiria.

E mesmo que os bons resultados não vierem de imediato sendo otimista, tudo bem. Já ouviram a expressão: "mire na lua, pois mesmo que errar você chegará entre as estrelas"? Com certeza você terá avançado muito mais e chegado muito mais longe ao adotar uma postura otimista e delusional, e é algo que está totalmente dentro do seu controle.

2. MAS COMO EFETIVAMENTE TRANSFORMAR CRENÇAS LIMITANTES?

Vou tentar passar de uma forma bem pragmática que eu utilizei para alterar minhas crenças, descrevendo o meu próprio processo de transformação.

Desde pequeno, eu sempre tive muita dificuldade com memorização (memorizar nomes, datas, números de telefone), e essa dificuldade esteve presente durante toda minha vida escolar. Matérias como biologia, geografia, português (matérias que eu achava que eram feitas de muita decoreba) eram sempre um terror, e não era por falta de esforço de minha parte: podia ler o material inteiro três vezes no dia anterior, mas com certeza ia rolar o famoso "branco" na hora da prova.

Durante a preparação para concursos, continuava com essa minha crença limitante de que eu não lidava bem com matérias que requeriam muita memorização, até que um dia, ao conversar com minha esposa, ela me questionou: será que você não acha que tem dificuldade porque você não sabe aprender a memorizar?

Lembro que fiquei alguns instantes em silêncio porque eu nunca tinha pensado sobre o assunto antes. Era tão óbvio a minha dificuldade em memorizar que nunca sequer questionei se isso não seria algo que pudesse ser desenvolvido. E isso já considerando que eu tinha contato com assuntos de desenvolvimento pessoal, sabendo que existem crenças limitantes e que eles podem ser alterados caso você queira evoluir. As crenças limitantes muitas vezes são invisíveis aos nossos olhos.

– Adote a mentalidade de crescimento

Coloquei a incorporação da mentalidade de crescimento como primeiro passo, pois ele é praticamente a chave de ignição que separa aqueles que sabem que podem mudar seus padrões mentais daqueles que acreditam que somos imutáveis.

Como vimos no tópico a respeito dessa mentalidade, você pode desenvolver qualquer habilidade, desde que empregue energia e pratique de forma adequada; mas para isso, você precisa entender que você realmente pode melhorar e aprender novas habilidades.

Pense na sua experiência passada, e tente identificar coisas que você achava que seriam impossíveis de fazer, mas hoje você consegue dominar. Tente pegar alguma habilidade que você tem deixado de lado, e se proponha a começar a aprender. Cada aprendizagem de uma habilidade nova vai reforçar a mentalidade de crescimento, e você começará a ter mais confiança de que se algo for importante para você, você consegue buscar e aprender isso.

Não é pelo fato de você poder aprender qualquer coisa que você deve aprender tudo e qualquer coisa. Nosso tempo e energia são limitados, então escolha bem o que você vai colocar como prioridade para aprendizado. Minhas sugestões, no caso da rotina de estudos para concursos, pode ser algo ligado a aprendizado e estudos, algo ligado a esportes ou movimento, ou algo ligado à meditação e *mindfulness* (no meu caso, eu fiz aulas de dança de salão, que servia tanto para quebrar minhas crenças de que não levo jeito nenhum para dançar, quanto como uma atividade física e social para descansar a cabeça durante os estudos).

– Traga crenças limitadoras para o seu consciente e trabalhe nas boas mentalidades

Nós, seres humanos, passamos a maior parte do tempo trabalhando no subconsciente (parte do cérebro responsável por controlar nossas ações rotineiras, como dirigir, comer, etc. Quando vemos alguém na rua, com apenas um olhar nosso cérebro consegue criar um perfil da pessoa, julgando atributos como atratividade ou risco à vida. Como o cérebro consome bastante energia, ele tem a tendência de automatizar tudo e criar padrões para que você não precise utilizar a parte consciente do seu cérebro toda vez que for repetir alguma ação.

Isso acontece também com nossas crenças, inclusive as limitadoras. Quando formamos um julgamento a respeito de alguma coisa, em geral o primeiro impulso que vem à tona é resultado do cruzamento entre uma informação e as crenças que estão alojadas no seu subconsciente. Infelizmente, esse é o caso também para as crenças limitadoras: quando você acha que tem dificuldade de matemática, e se depara com um exercício que você não sabe direito como resolver, a tendência do seu cérebro é trazer uma voz dizendo "eu não vou saber resolver esta questão, não levo jeito para isso", diferentemente de alguém que tem uma crença de que tem facilidade com matemática, que pensaria "vou tentar mais um pouco, sei que já estudei isso antes e se eu praticar vou conseguir resolver essa questão".

Assim como no meu caso, que não enxergava que minhas limitações com memorização eram frutos de uma crença limitadora, a jornada para descobrir quais são suas crenças limitadoras começa com a prática permanente da consciência e da autorreflexão. Preste atenção nas suas vozes internas quando você estiver estudando, fazendo uma prova, ou estiver decidindo entre estudar ou se sentar no sofá para assistir uma série no Netflix. Pouco a pouco, você vai encontrar padrões de pensamento que estão atrapalhando você a chegar ao destino desejado. Algumas práticas, como a meditação e o *mindfulness*, podem ajudar a trazer sua atenção ao presente e conseguir enxergar melhor as coisas pela ótica do consciente.

Apesar da autoanálise ser totalmente possível, é melhor ainda quando você tem outras pessoas com quem conversar sobre esses assuntos porque algumas crenças que são invisíveis para nós podem ser facilmente identificadas por outras pessoas (no meu caso, quem tirou a venda dos meus olhos foi minha esposa). O processo pode ser acelerado se você tiver acesso a serviços profissionais, como *coaching* ou terapia, mas só de ter amigos ou colegas com a mesma pegada de aprimoramento pessoal já pode ajudar bastante a encurtar o caminho.

– Procure enxergar os resultados e bons exemplos para reforçar as mentalidades

Ao incorporar boas mentalidades, você vai pouco a pouco vendo melhorias na vida. Ao se deparar com essas melhorias, lembre-se sempre de comemorar as conquistas e se elogiar para reforçar as mentalidades que estão trazendo bons frutos para você.

Não é porque repetimos uma frase várias vezes que ela necessariamente se torna uma crença. Apesar de haver sim bastante espaço para a programação neurolinguística (PNL) e palavras de afirmação, o seu corpo vai entender algo como sendo uma crença válida a partir do momento em que você começa a encontrar evidências de que realmente aquilo é uma verdade, assim como uma árvore se mantém quando ela tem raízes fortes. Cada evidência de sucesso que você encontrar seria mais um suporte que você dá para a crença, até chegar um momento em que você viu tantas evidências que naturalmente você incorpora uma ideia como crença.

Uma outra dica é você sempre buscar referências de pessoas que tenham boas mentalidades, e procurar conviver com elas. Hoje em dia, com uma vasta oferta de conteúdo (vídeos, livros), é fácil você conseguir bons exemplos de pessoas que você admira e ter um contato com elas, mesmo que de forma digital. Eu sempre gostei de consumir conteúdos onde a pessoa me ensina algo novo, ou me ajuda a pensar de uma forma nova. No caso da preparação para concursos, assista a muitos depoimentos de aprovados e conteúdo de professores e *coachs* pois em geral são pessoas que tiveram que passar por esse processo de incorporação de boas mentalidades, mas não precisa se limitar a esse nicho. Com o tempo, a gente percebe que boas mentalidades que levam ao sucesso em uma área também se traduzem em outras áreas da vida, então sempre é possível buscar pessoas inspiradoras em diversas áreas (eu, por exemplo, gosto muito de pessoas de sucesso na área de negócios e de esportes, especialmente quando se trata de criar uma personalidade mais resiliente).

Lembre-se que o seu cérebro automatiza tudo o que você faz repetidas vezes, mas dificilmente você consegue completamente apagar os padrões mentais antigos. A prática contínua de trazer os pensamentos para o seu consciente, e reforçá-los conforme os resultados forem aparecendo, é o que vai transformando seus padrões para ir colocando as boas mentalidades como prioridades.

O processo de transformação das próprias crenças é uma jornada sem um início e fim definido, e deve ser constantemente trabalhado. Volta e meia seremos pegos inconscientemente por crenças fincadas em nosso inconsciente, e seria muita inocência achar que em pouco tempo conseguimos eliminar de vez crenças antigas. Digo que trabalhar suas mentalidades é igual a ir à academia: quanto mais você praticar, melhor você vai ficando, e se você não praticar você vai perdendo seus ganhos. Porém, se você colocar sua energia, e trabalhar em melhorar sua mentalidade focada em estudos, com certeza você vai conseguir estudar em alto nível e dessa forma render mais estudando as mesmas horas.

Lembre-se da melhoria contínua: você ir melhorando um pouco de cada vez vai ter um efeito de juros compostos que ao final da jornada o efeito bola de neve vai fazer com que essas pequenas mudanças tragam um grande impacto para sua aprovação.

Resumo do capítulo:

- Adotar boas mentalidades é como ter um supercarro para competir em um rally; com o mesmo nível de esforço que seus concorrentes, você consegue andar mais e melhor para atingir seus objetivos;
- Adote a mentalidade de crescimento como mantra; foque sempre no desenvolvimento, e sempre que se deparar com dificuldades de aprendizado ou de alguma matéria em particular, lembre-se que com esforço e com a técnica certa você pode aprender qualquer coisa;
- Foque sempre no que estiver ao seu alcance (foco na solução) ao invés de focar no problema, e gastar energia se lamentando; transforme adversidades em oportunidades;
- Construa seu ego em volta da sua capacidade de esforço, e não sobre fatores como "talento" ou "inteligência".
- Sempre adote uma postura otimista para a vida, mesmo que pareça pouco razoável – empregar qualquer ferramenta mental para aumentar sua performance como concurseiro pode ser a diferença de pontos que você precisa para conquistar a vaga desejada;
- Sempre faça uma reflexão sobre seus padrões mentais, tanto conscientes quanto inconscientes, para trabalhar e tentar incorporar boas mentalidades na sua rotina de concurseiro;
- O processo de mudança de uma crença é um trabalho constante; uma crença só se sustenta quando vamos colocando raízes, que no caso são as experiências que vão ser evidências dando suporte às próprias crenças, criando um loop positivo.

SAÚDE E NUTRIÇÃO PARA AUMENTAR A PERFORMANCE, MEMÓRIA E FOCO NOS ESTUDOS

Roney Inácio de Araújo

Você é aquela pessoa que quando está estudando não consegue focar durante muito tempo? Ou quer fazer mil coisas ao mesmo tempo e no final não faz nada? Ou mesmo, sofre com ansiedade, não consegue dormir, e não sabe organizar sua rotina de estudo e alimentação? Acredite ou não, eu, Roney Inácio Araújo, nutricionista há 17 anos já ajudei várias pessoas a organizar sua rotina e com isso ser aprovado no concurso almejado.

A abordagem nutricional a seguir está baseada na nutrição funcional ou integrativa, que enxerga o corpo com um todo, tratando não do efeito colateral de qualquer desiquilíbrio metabólico, e sim da causa do problema. Esse conteúdo está direcionado para você que quer potencializar sua performance física e mental. Você vai aprender como organizar seu dia, que horas é melhor estudar, que horas é melhor praticar exercícios físicos e porque (mesmo que o seu concurso não tenha TAF), como combinar seus alimentos. Também vou mostrar a importância do sono e suas fases, que alimentos ou fitoterápicos que vão lhe ajudar a diminuir sua ansiedade e melhorar seu foco.

Nesse sentido, a reeducação alimentar não começa tão somente na escolha de alimentos saudáveis. Isso é importante, mas para iniciar esse processo é necessário regular todo o nosso metabolismo, respeitando o ciclo circadiano, organizando nossa cronobiologia, sono e ajudando nossos hormônios. Vejamos.

O principal objetivo da reeducação alimentar é reduzir os níveis de estresse/ansiedade e controlar a inflamação gerada pelos maus hábitos, como: alimentação inadequada, privação do sono, privação de energia, falta de exercícios físicos e estímulos negativos.

Assim, devemos criar uma rotina respeitando nossa cronobiologia.

O que é cronobiologia?

> "É a ciência que estuda os fenômenos biológicos que ocorrem em uma periodicidade determinada, ao longo de 24 horas. Possuímos percepções e capacidades cognitivas que variam. Isto é, cada uma de nossas células funcionam de forma distinta, a depender do momento do dia. Justamente pelo fato de que diversos hormônios estão sendo liberados, em maior ou menor proporção, em nosso organismo de forma contínua". (A saúde está nos bons hábitos circadianos, com Satchin Panda, 2020)

Em termos ilustrativo, observe o gráfico a seguir de como se divide o nosso dia:

Satchin Panda, 2020.

De acordo com o ciclo circadiano podemos dividir o nosso dia da seguinte forma:

- Das 6h às 8h: acordar – entre 4h e 8h da manhã ocorre uma alta produção de cortisol, sendo que o pico mais alto é uma hora depois que despertar. O cortisol é um hormônio que nos mantém em vigília e é hiperglicemiante[1], ou seja, acordados. Em contrapartida, a melatonina, que estimula nosso sono, nesse mesmo intervalo se reduz. Sendo assim, esse é o melhor momento para acordar, tomar o café da manhã e começar a estudar. Contudo, fique atento ao consumo excessivo de cafeína, pois pode gerar sobrecarga das glândulas adrenais e a produção exagerada – e não espontânea – do cortisol.
- Das 6h às 9h: Praticar exercícios físicos/estudar – horário para treinar e estudar. Até às 9h, há uma elevação de testosterona, hormônio associado ao aumento de massa muscular e aceleração do metabolismo. É também nesse momento que há um aumento da serotonina, hormônio ligado ao bem-estar e à saciedade. Para que ocorra uma produção adequada de serotonina, indica-se comer antes ou depois do treino alimentos ricos em triptofano (por exemplo, ovo, linhaça, aveia, amendoim, castanha de caju), como também ricos em vitaminas do complexo B (quinoa, legumes e verduras), magnésio (castanhas, semente de abóbora, folhosos verdes escuros). Uma forma agradável de incluir esses alimentos na sua rotina matinal é utilizá-los em sucos, smoothies ou panquecas. Dentre os nutrientes citados, o triptofano é o que se converte em serotonina. Por isso, em todas as refeições do dia, consuma alimentos ricos em triptofano (citados acima), uma vez que no período da noite, tal hormônio estimula a produção de melatonina. Para

1. São também chamados de hormônios contrarreguladores por agirem de forma paradóxica à regulação da glicemia. São eles: epinefrina (catecolaminas), hormônio de crescimento (somatotropina ou GH) e o cortisol. (Fonte: Tratado de Fisiologia Médica. Capítulo 78)

as pessoas que se exercitam à noite, principalmente em treinos aeróbicos intensos ou treinos de luta, podem elevar muito os níveis de adrenalina e cortisol. O que implica diminuição da melatonina e, consequentemente, prejudicando a qualidade do sono. Assim, se for manter o treino pela noite, dê preferência pelo treino de musculação, ou yoga, ou meditação.

- Das 10h às 12h: Focar – quer marcar uma reunião de trabalho ou entrar de cabeça nos estudos? Então reserve parte da sua manhã, entre 10h e 12h, para essas atividades. É nesse horário que ocorre um aumento de adrenalina e dopamina, hormônios que estimulam as funções intelectuais. Sugestão: no horário do almoço, invista em proteínas (animais ou vegetais) para fins de favorecer a síntese dos neurotransmissores do período da tarde.
- Das 13h às 16h: Persistir – sabe aquele cansaço pós-almoço? Pois é, ele tem uma explicação. A partir das 13 horas inicia-se a produção de neurotransmissores inibitórios, eles começam a preparar o nosso organismo para o descanso noturno. Então evite almoçar muito tarde, já que a queda de adrenalina pode dificultar o trânsito intestinal. Isso vai deixar o processo de digestão ainda menos eficiente. A partir das 15h, é comum uma diminuição da atividade intelectual. Aos que possuem uma alta sensibilidade à cafeína, recomenda-se não consumir café e chás (verde, preto, branco, mate) que contenham tal substância, pois exige 6 a 8 horas para ser metabolizada pelo organismo. O que pode fazer com que a produção de cortisol aumente e a de melatonina diminua (justamente o que não queremos). Destaca-se, que é um horário interessante para a realização de exercício físico, pois ainda estamos com uma boa coordenação motora e eficiência cardiovascular.
- Das 18h às 20h: Descansar – A partir das 18 horas, nosso corpo já começa a sinalizar a necessidade do descanso. Nesse momento, evite alimentos “pesados”, de difícil digestibilidade

e, principalmente, os carboidratos refinados como pães, massas, bolos e arroz branco. Prefira as proteínas, carboidratos de baixo índice glicêmico e saladas, além de reforçar os alimentos ricos em triptofano. Também diminua a exposição a luzes brancas, além de televisão, músicas altas, celular ou qualquer outro fator que cause fortes estímulos, que podem elevar o cortisol e a adrenalina (diminuindo assim a melatonina).

- Após às 20 horas, o período pode ser dedicado a atividades relaxantes como yoga, meditação, leituras, desenho e pintura. Isso é importante para aumentar a produção de GABA, hormônio que precisa estar elevado visando relaxar e ter uma ótima noite de sono. Para um adequado aporte de GABA, consuma, durante o dia, alimentos ricos em taurina (como por exemplo, carnes magras, ovos, vegetais e castanhas), pois é o aminoácido regulador da ansiedade. Outra sugestão são os chás de camomila, mulungu, erva-doce, erva-cidreira (todos associados com 10 gotas de extrato de própolis alcoólico) para aumentar tal hormônio.
- Das 21h às 6h: Dormir – chegou a hora do sono renovador! Enquanto dormimos, ocorre um aumento do GH, o hormônio do crescimento responsável pela reparação e síntese de massa muscular. Além da memorização dos conhecimentos e da regeneração do organismo como um todo. Isto é, quanto mais tarde for dormir, menor vai ser tal reparação (o que casa muito bem o ditado oriental: NÃO DURMA NO DIA SEGUINTE)

O sono é um processo natural no qual há redução da consciência e das atividades corporais. É dividido em duas fases: i) o sono não-REM; e ii) o sono REM, com características e estágios diferentes.

A primeira fase também é denominada por Fase sem ou fora do sono REM. É estimulada pela liberação da melatonina por volta das 20h até as 2h. Caso você tenha dificuldades para dormir ou fica acordando antes das 2 horas, falta melatonina em seu corpo.

Adiciona-se que o sono não-REM é caracterizado por atividade cerebral menos intensa, e por sua vez, subdivide-se em 4 estágios:

- Estágio 1: é a etapa do adormecimento. Duração de até 15 minutos, sendo uma transição entre estar acordado e dormir. Há relaxamento dos músculos e a respiração fica mais leve.
- Estágio 2: trata-se do sono mais leve. Há uma desconexão do cérebro com os estímulos externos (barulho, toque). A temperatura e o ritmo cardíaco e respiratório diminuem, aproximando a pessoa do sono profundo.
- Estágio 3: transição para o sono profundo, onde a atividade cerebral começa a diminuir.
- Estágio 4: de fato, o sono profundo. O corpo repõe suas energias do desgaste diário, com liberação dos hormônios ligados ao crescimento (GH) e execução do processo de recuperação de células e órgãos.

A segunda fase do sono, é propriamente o sono REM, caracterizado por uma intensa atividade registrada no eletroencefalograma (EEG) seguida por flacidez e paralisia funcional dos músculos esqueléticos. Nesta fase, a atividade cerebral é semelhante à do estado de vigília. Deste modo, o sono REM é também denominado por vários autores como sono paradoxal, podendo mesmo falar-se em estado dissociativo.

Nesta fase, a atividade onírica[2] é intensa, sendo, sobretudo, com sonhos envolvendo situações emocionalmente e fortes.

Verifica-se nessa fase a integração da atividade cotidiana, ou seja, a separação do comum do importante. Estudos também demonstram que é durante o REM que sonhos ocorrem. A fase representa 20 a 25% do tempo total do sono e surge em intervalos de sessenta

2. Atividade onírica: trabalho psicológico predominantemente inconsciente que realizamos durante o sonho (Fonte: https://doi.org/10.1590/S0103-65641997000200014)

a noventa minutos. É essencial para o bem-estar físico e psicológico do indivíduo.

Ao acordar, deve-se ficar atento a um dos principais objetos da reeducação alimentar. Isso para manter o corpo desinflamado, controlar o cortisol e evitar a insuficiência adrenal. Portanto, fiquem atentos a esses sintomas clínicos, pois são indicativos de inflamação:

1. Má digestão (empachamento abdominal, azia, refluxo, dor);
2. Prisão de ventre;
3. Dor de cabeça, dor nas articulações, dor nos músculos;
4. Insônia ou sono não reparador;
5. Depressão, alta ansiedade, estresse;
6. Falta de energia, dificuldade em se concentrar;
7. Libido baixa;
8. Acúmulo de gordura abdominal;
9. Perda de massa muscular;
10. Compulsão por alimentos doces ou salgados.

Frisa-se que a má alimentação, álcool, fumo, estresse (aumento de cortisol) e alguns medicamentos propiciam a formação de disbiose intestinal[3]. O que gera aumento da permeabilidade intestinal provocando insuficiência adrenal, doenças cardiovasculares, distúrbios autoimunes, desordens metabólicas, doenças ósseas e articulares, diabetes, e doenças neurológicas.

A partir das premissas e informações destacadas até aqui, a seguir passaremos a destacar dicas diretas e objetivas para inserir em sua rotina, aumentando, por conseguinte, sua performance, memorização e foco nos estudos.

---

3. A disbiose é uma condição clínica que acontece quando a microbiota intestinal está sofrendo algum desequilíbrio de bactérias. Isto é, quando o número de bactérias patogênicas, que fazem mal para o organismo, é superior ao número de "bactérias do bem". (Fonte: Curso de Nutrição funcional 2 do Professor Gabriel de Carvalho/2022.)

1. PONTOS IMPORTANTES EM SUA ROTINA

1. Sempre acorde cedo para realizar suas tarefas, respeitando o ciclo circadiano;
2. Escolha alimentos mais saudáveis;
3. Determine sua última refeição às 20h;
4. Sempre durma cedo (antes das 22h) para que seu corpo se recupere;
5. Não durma menos que 6 horas por noite;
6. Procure sempre fazer exercícios físicos para aumentar a liberação dos seus neurotransmissores;
7. A noite não se exponha a luz branca e azulada (telas). Use mais luz amarela, alaranjada e avermelhada;
8. Tenha pensamentos positivos.

2. COMO FAZER UMA REFEIÇÃO QUE POSSA LHE AJUDAR?

1. Escolha um bom carboidrato. Evite comer carboidratos refinados (ultra processados) de alto índice glicêmico (descasque mais e desembale menos), evitando o rebote glicêmico;
2. Procure sempre consumir esses alimentos: semente de abóbora, semente de girassol, abacate, maçã, frutas roxas, frutas vermelhas, abóbora, vegetais verdes escuros, cacau 100%, aveia, e psyllium;
3. Acrescente sempre fibras na refeição (verduras e legumes) e mantenha o prato sempre muito colorido (fitoquímicos são antioxidantes e ajudam a desinflamar o corpo);
4. Coma uma proteína magra para manter seu balanço nitrogenado positivo. Isso vai lhe ajudar a recuperar todos os seus tecidos;

5. Acrescente gorduras boas, como azeite, castanhas, sementes, TCM C8 (pois nosso cérebro possui 90% de gordura e água);
6. Beba pelo menos 35ml de água por kg corporal ao dia.

3. MELHORES COMBINAÇÕES

Tente manter as combinações a seguir em todas as suas refeições para fins de: i) manter sua energia mais equilibrada; ii) evitar queda de energia pós refeição (sono, perda de foco, vontade de comer doce) e; iii) evitar ficar mais de quatro horas sem se alimentar.

Refeições principais (café, almoço e jantar), melhor combinar esses alimentos:

1. Escolher um carboidrato de baixo índice glicêmico como: arroz integral, mandioca, cará, inhame, milho, feijão, lentilha, grão de bico, macarrão integral;
2. Escolher uma gordura boa, como: azeite extravirgem, frutos oleaginosos, TCM C8, (que vão de ajudar a manter sua energia);
3. Consumir proteínas magras, como: frango sem pele, peixes, carne vermelha magra, leite de vaca e seus derivados, ovos;
4. Consumir alimentos reguladores (alimentam nossas bactérias intestinais), que são as verduras e legumes.

Nos lanches e café da manhã procure usar as mesmas combinações, ou seja, uma fonte de carboidrato, uma de fibra, uma de gordura e uma fonte de proteína, exemplos:

1. Carboidratos: Cuscuz de milho, mandioca, pães integrais, frutas;
2. Fibras e gorduras: farinha de linhaça, farinha de chia, azeite extravirgem, manteiga em pequena quantidade, castanhas, semente de girassol, semente de abóbora;
3. Proteínas: ovos, queijo magro, frango desfiado ou grelhado.

4. VITAMINAS

Algumas vitaminas são importantes para controlar o estresse. Aqui, detalho as vitaminas do complexo B e suas funções especificas:

- Tiamina (B1) e ácido pantotênico (B5): reduzem a resposta de cortisol associada ao estresse e protege as adrenais;
- Niacina (B3): melhora a qualidade e quantidade do sono, converte triptofano em serotonina;
- Piridoxina (B6): é cofator na síntese de GABA, dopamina e serotonina;
- Metilfolato (B9): regenera serotonina, dopamina, epinefrina e norepinefrina;
- Cobalamina (B12): ajuda a restaurar o ritmo circadiano, ajustando o sono e o pico de cortisol.

Onde encontrar esses alimentos?

- Tiamina (B1): levedura de cerveja, pistache, semente de girassol, amendoim, feijão, castanha de caju, aspargos, peixe, gérmen de trigo, ervilhas.
- Ácido pantotênico (B5): gema de ovo, leveduras, rim e fígado de animais, brócolis, batata, gérmen de trigo, abacate, tomate, carne bovina magra, leite desnatado, batata doce e melaço.
- Niacina (B3): fígado bovino, peito de frango, camarão, peito de peru, salmão, atum, amendoim, semente de gergelim, sementes de girassol, chia, abóbora, lentilha, abacate.
- Piridoxina (B6): farinha de mandioca, melancia, espinafre, lentilha, ameixa, cenoura, amendoim, abacate, couve de Bruxelas, camarão, carne bovina, batata assada, noz macadâmia.
- Metilfolato (B9): Espinafre, aspargos, couve, brócolis, salsinha, beterraba crua, couve de Bruxelas, feijão branco e outros tipos

de feijões, amendoim, lentilha, soja e derivados, melão, laranja, maçã, gérmen de trigo, arroz, pão integral, gema de ovo, fígado e peixes.

- Cobalamina (B12): Leite e derivados, ovos, salmão, carne, atum, fígado, levedura nutricional, soja, amêndoa, arroz, coco, cogumelos, trigo sarraceno, alfafa.

5. CATECOLAMINAS

As Catecolaminas (norepinefrina, epinefrina e dopamina) são importantes neurotransmissores. Norepinefrina ou Noradrenalina e Epinefrina ou Adrenalina são formadas e secretadas no sistema nervoso central e na medula da glândula supra-renal.

A função das catecolaminas é dar resposta ao estresse físico ou emocional; elas auxiliam na transmissão dos impulsos nervosos no cérebro, aumentam a liberação de ácidos graxos e glicose para energia.

Elas (catecolaminas) são derivadas do aminoácido tirosina no intestino (se há uma boa flora bacteriana vai produzir mais catecolaminas), e para manter o foco nós precisamos de DOPAMINA na quantidade certa.

Depois que a dopamina chega na fenda sináptica ela pode ficar mais tempo ou menos tempo. Essa degradação vai depender da resposta da sua enzima catecol-o-metiltransferase (COMT).

Quanto maior a degradação (COMT RÁPIDA), menor o tempo na fenda, o que gera falta de foco, preguiça, e falta de prazer.

Quanto menor a degradação (COMT LENTA), mais tempo na fenda, acarretando mais ansiedade, mais excitação, manias, comportamento compulsivos, e vontade de comer mais doce.

Substâncias e estratégias que podem auxiliar pessoas que têm COMT rápida (perda de foco):

1. Camelia Sinensis (chá verde);
2. Bacopa;
3. Epimedium;
4. Humulus lupulus;
5. Teacrine;
6. Cimicifuga;
7. Crocus sativus;
8. DHA (ômega 3);
9. Peak O2;
10. Rodhiola rósea;
11. Cúrcuma longa;
12. Mucuna pruriens;
13. Huperzine A; e
14. Fazer exercício físico (treino de força e aeróbio) regularmente e manter uma dieta equilibrada e anti-inflamatória.

Substâncias e estratégias que podem auxiliar para pessoas que têm COMT lenta (ansiedade alta):

1. Chá de melissa (erva cidreira), mulungu, camomila, black cumin (vegetal);
2. Crocus sativos;
3. DHA (ômega 3);
4. Citrus sinensis;
5. Cúrcuma longa;
6. Rhodiola rósea;

7. Diminuir o consumo de proteína animal;
8. Diminuir as substâncias excitarias;
9. Fazer exercícios de curta duração e alta intensidade (treino HIIT);
10. Controlar os pensamentos (meditação, terapia); e
11. Dieta mediterrânea e a dieta cetogênica podem ajudar.

Substâncias que auxiliam ou que modulam o cérebro de forma geral:

1. Ginkgo biloba;
2. Vitis vinífera;
3. Cammelia síneses;
4. Theobroma cacao (cacau);
5. Crocus sativus;
6. Cúrcuma longa; e
7. Creatina.

6. ATIVIDADE FÍSICA

Por fim, segue importante contribuição acerca da atividade física por Gonçalves et al., 2006:

> *O exercício físico está relacionado a inúmeros benefícios físicos e mentais colaborando para a manutenção da saúde do cérebro, envolvendo mudanças na plasticidade sináptica e influenciando mecanismos de aprendizagem e memória. Após prática de atividade física tem sido observado um incremento na expressão do BDNF (fator neurotrófico derivado do cérebro), sendo este de fundamental importância para manter a sobrevivência e crescimento de muitos subtipos neuronais, surgindo como mediador-chave da eficiência sináptica.*

Portanto, qual exercício físico ajuda na memória?

1. **Benefício do treino aeróbio**: a caminhada aumenta o fluxo cerebral melhorando a memória. Deve ser acima de 7.500 passos ao dia (10 minutos equivalem a 1.000 passos), veja as informações:
    - Inferior a 5.000 passos: sedentarismo (50')
    - De 5.000 a 7.499: baixo (50' a 75')
    - De 7.500 a 9.999: moderada (75' a 99,99')
    - Superior a 10.000: alta (100')
    - Superior a 12.500: super (125')

Ao caminhar por mais de 100 minutos há melhoras na flora bacterina, como também diminui ansiedade, depressão, aumenta em 8 anos de sua vida funcional, e diminui a chance de desenvolver doenças degenerativas;

2. **Benefício do treino de FORÇA**: melhora o hipocampo e as sinapses (atentar-se que com o envelhecimento elas perdem a aproximação e ficam fracas). Isso também ocorre no aeróbio;

O treino de força isométrica é o que mais ajuda, por exemplo: a prancha abdominal usa 90% dos seus músculos, ou seja, 585 músculos em um exercício (temos 650 músculos no corpo todo).

7. ATENÇÃO PARA QUEM VAI REALIZAR O TESTE DE APTIDÃO FÍSICA (TAF)

1. Você já deve ter a consciência de que é preciso treinar a parte física em concomitância com a parte intelectual. Assim terá o benefício na parte teórica e a maior certeza de aprovação na parte física;
2. Quase 40% dos candidatos são reprovados na parte física, então essa preparação não deve começar quando sair o edital,

por isso é importante treinar com antecedência e especificidade;

3. Quanto tempo antes para começar? Em média de 3 a 6 meses antes, a depender do condicionamento atual de cada pessoa, e se já faz algum treino ou não;
4. Em geral, um TAF pode solicitar de seus candidatos exercícios como: barra, flexão de braço, abdominal, natação, corrida de velocidade, corrida de resistência;
5. Então é necessário que o candidato adquira todas as valências físicas antes do teste: resistência, força, velocidade, flexibilidade, agilidade, coordenação, equilíbrio e ritmo
6. Outro ponto importante são os exames bioquímicos (exame de sangue), esses se estiverem alterados você será reprovado. Algumas alterações que podem de prejudicar: colesterol alto, glicose alta, funções renais e hepáticas alteradas, hipertensão arterial, entre outras.
7. Além do que se você estiver com alterações hormonais com hipotireoidismo ou uma disfunção dos hormônios sexuais, a sua queda de performance irá acontecer, tanto física como intelectual, então sugiro que comece já fazendo uma bateria de exames bioquímicos (sangue) para averiguar.

Espero que sinceramente que eu tenha conseguido passar essas informações valiosíssimas para vocês, e que todos tenham entendido que a nutrição e a educação física podem ser capazes de melhorar sua saúde física e mental. Para qualquer objetivo na vida o que temos que ter é foco e disciplina, o caminho mais curto sempre é mais perigoso. Fiquem com Deus e boa sorte sempre.

Estou à disposição para ajudá-los!!

CARACTERÍSTICAS COMUNS DOS APROVADOS

Guilherme Guimarães Ferreira

1. POR QUE UMA PESQUISA COM APROVADOS?

> *"Passe com 2 horas de estudo diárias!"*
>
> *"Seja aprovado estudando 60 dias antes da prova."*
>
> *"Esse método me deu 20 aprovações!"*

Na área de concursos, como todo mercado de vendas, há sempre alguém querendo vender milagres: métodos, cursos e materiais que fazem meros mortais serem aprovados do dia para a noite ou de maneira fácil.

Me recordo do meu início acompanhando alunos que almejavam uma aprovação em um certame. Depois de uma longa jornada em busca de um cargo, por meio de 24 Concursos, sem atalhos e segredos revolucionários, agora estava abandonando o serviço público. Largara meu último cargo: Analista de Controle do Tribunal de Contas do Estado do Paraná (remuneração atual de R$ 16.326,43), depois de ter passado também pela PRF e por outras 5 aprovações. A ideia era recomeçar um novo trabalho para acompanhar minha esposa recém-empossada no cargo de Procuradora do Trabalho e enviada para Rondonópolis-MT. Não gostava muito da minha última função como Analista de Controle e não queria deixar minha família longe, já que meu filho estava para nascer. Para meu novo empreendimento, comecei a estudar tudo que existia de novo na área de aprendizado, bem como voltei a conhecer o milionário mercado de concursos para buscar referencias e conhecimento. E, como nunca tinha visto, sempre me deparava com narrativas falsas e distorções da dura realidade de estudo para ser aprovado. Mas como provar ao meu aluno imerso nesse mundo de distorções que a realidade do homem médio é muito mais dura que o relato do aluno do Curso X que passou em 60 dias? De que maneira mostrar a realidade que muitas vezes é escondida para não afugentar clientes?

A lógica é nefasta, pois se muitos soubessem de antemão a média de tempo ou a quantidade de horas por semanas a fio que uma pessoa leva para passar em determinado cargo, não comprariam o material ou serviço. Atrapalha o marketing, simples assim. Não que a maioria dos vendedores da área simplesmente não fale das durezas da caminhada, apenas atenuam a realidade ou a escondem, focando em narrativas de pessoas que passaram em pouco tempo. Como vender um material há 60 dias da prova, se é muito raro passar nesse período? Basta levar um aprovado que assim o fez e construir a narrativa que é possível. O que não deixa de ser verdade. Porém, as pesquisas mostram que pessoas aprovadas em pouquíssimo tempo existem, mas são um número irrisório.

Dessa vontade de trazer a realidade desse mundo, nasceu a ideia da pesquisa "Como realmente estudam os aprovados". Por que não perguntar para quem passou o que realmente fez? Quanto tempo levou? Se estudavam todos os dias ou não? Desse modo, podemos descobrir como é a realidade, como as pessoas comuns são aprovadas. Sempre haverá pessoas extraordinárias seja pela capacidade de memória, inteligência para resolver provas e aprender, seja pelo conhecimento adquirido prévio, que passarão em pouco tempo e/ou com métodos pitorescos, mas que não podem ser considerados como parâmetro para o concurseiro comum. Aliás, estas pessoas (que estão presentes na pesquisa) muitas vezes são os "garotos propagandas" dos métodos/produtos milagrosos. E nem acredito que mintam, apenas fazem uma falsa correlação entre causa e efeito. São usadas para mostrar que o diferencial foi o curso X ou método y, quando na realidade o estudo envolve uma série de fatores comportamentais e de metodologia, não podendo ser associado tão somente a uma técnica. Não é porque uma pessoa foi aprovada estudando apenas por questões que este método é o melhor caminho. É necessário olhar como outros aprovados estudaram. Como quem reprovou estudou. Deve-se evitar nessas situações o que se chama no meio científico de evidência anedótica que é estabelecer relações de causa e efeitos baseado em apenas experiências pessoais. Como a pessoa que fez uma simpatia para curar uma tosse e cria uma narrativa que aquilo é a fórmula para cura, sem correlacionar que ela poderia apenas cessar com o tempo.

Com a vontade de trazer a realidade dos aprovados procurei também outras pesquisas, porém vi uma série de problemas de escala, ou porque eram feitos com um percentual ínfimo de alunos ou com resultados enviesados, já que eram aplicadas em grupos exclusivos de cursos, o que pode trazer um perfil específico de destinado grupo já que, por exemplo, se o curso não fornece PDFs, aquele grupo pesquisado ia levar a crer que os aprovados não utilizavam deste material. Era necessário arranjar um meio de conseguir fazer a pesquisa de maneira eficiente.

Com o surgimento dos grupos de aprovados em serviços de mensagem que suportam milhares de Concurseiros, possibilitou-se o contato com os aprovados de maneira rápida, o que seria quase impossível de levantar em outros tempos. Aliado a isso, consegui permissão e entrada nestes grupos com os representantes das comissões de aprovados que permitiam que eu aplicasse a pesquisa. Para minha surpresa, boa parte dos aprovados foi muito receptiva, pois já conheciam meu trabalho do Youtube, possibilitando, assim, que eu obtivesse dados de um bom percentual na fase objetiva de concursos policiais (pelo menos 10% dos aprovados na fase objetiva).

Realizei pesquisas com os seguintes aprovados:

- Polícia Rodoviária Federal (PRF), Concurso de 2021, nível Superior, Cargo Policial Rodoviário Federal com 515 respostas do total de 5096 aprovados na fase objetiva, banca CEBRASPE, 304.330 inscritos. Remuneração inicial de R$ 9.899,88 em 6.2.2023.
- Polícia Militar de Alagoas (PMAL), Concurso de 2021, nível Médio, cargo de Soldado Combatente, com 189 respostas de 1200 aprovados na fase objetiva, banca CEBRASPE, 88.854 inscritos, Remuneração inicial é de R$ 4.250,06., acrescido de benefícios, em 6.2.2023.
- Polícia Civil de São Paulo (PCSP), Concurso de 2022, nível Superior, com 569 respostas cargo de Investigador e Escrivão, com 569 respostas de 5000 aprovados na fase objetiva, banca VUNESP, 31.979 inscrições para a carreira de Investigador e 28.658 para o cargo de Escrivão, Remuneração inicial é de R$ 4.716,85, acrescido de benefícios, para ambos os cargos, em 6.2.2023.
- Polícia Penal do Distrito Federal (PPDF), Concurso de 2022, nível Superior, cargo de Policial Penal, com 185 respostas de 1800 aprovados na fase objetiva, banca Instituto AOCP, 58.626 inscritos. Remuneração inicial é de R$ 7149,50, acrescido de benefícios, em 6.2.2023.

No questionário da pesquisa fiz uma série de perguntas que vão desde a sua faixa etária até a como revisavam, porém enfatizo aqui neste artigo os que fica mais evidente nos resultados dando espaço para entendermos o que faz ou deixa de fazer um aprovado. E, apesar da aprovação ser um equilíbrio entre comportamentos e método, para fins didáticos, vou dividir as conclusões da pesquisa em 2 esferas.

A primeira comportamental, quais os hábitos e ações que os aprovados apresentam? E qual é a intensidade dessas ações? Por exemplo, é o senso comum, que quem passa estuda muito em horas, mas em qual proporção? São duas horas diárias? E na semana, estuda-se todos os dias?

A segunda conclusão é na esfera metodológica: De atitudes e escolhas no estudo. Como os aprovados estudam, fazem questões, simulados? O que fazem quando estão frente ao seu material? E que material é esse?

2. COMPORTAMENTOS DOS APROVADOS

Para passar em concurso é necessário HBC (hora-bunda-cadeira)!! Sempre escutei esse mantra engraçado, mas, convenhamos, meio simplista, já que estudar de qualquer maneira pode levar o candidato à reprovação. Por outro lado, ele traz uma verdade: é necessário estudar muito. A questão é em que medida? Em quantos dias da semana, quantas horas e com que antecedência? E aqui ficam os números mais evidentes na pesquisa que demonstram a presença de quatro bases comportamentais de quem passa:

- Constância
- Intensidade
- Antecedência ao edital,
- Experiência

O que, como bom estudante, transformei em um anagrama CIAE para facilitar a gravação.

2.1. Quantos dias por semana um aprovado estuda?

Constância é a assiduidade que o aluno está estudando. Na minha pesquisa quis saber a frequência semanal baseada em uma grande dificuldade que eu mesmo enfrentei: ter que estudar aos finais de semana. Sobretudo para quem trabalha em expediente de segunda a sexta, ter dois dias descanso parece ser uma compensação do universo. Aliás, lembro muito bem um professor de cursinho falando que teria que estudar aos sábados e minha resposta (mental é claro): "não sabe ele quanto eu sofro no meu trabalho e, logo, mereço este descanso no fim de semana". Um ano depois, após muitos concursos e insucessos, estava eu aos sábados estudando. Verifica-se que quem está na luta por uma vaga apresenta uma grande constância, conforme os dados da pesquisa:

12. Quantos dias por semana estudava, aproximadamente, EM MÉDIA? **PMAL**
189 respostas

Acesse a imagem colorida neste QR Code.

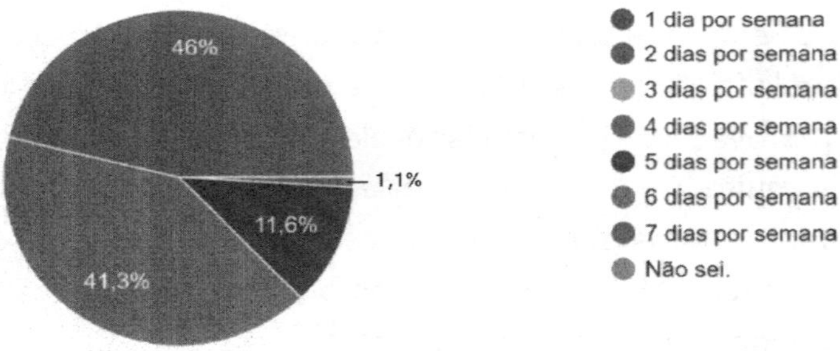

12. Quantos dias por semana estudava, aproximadamente, EM MÉDIA? **PPDF**
185 respostas

Acesse a imagem colorida neste QR Code.

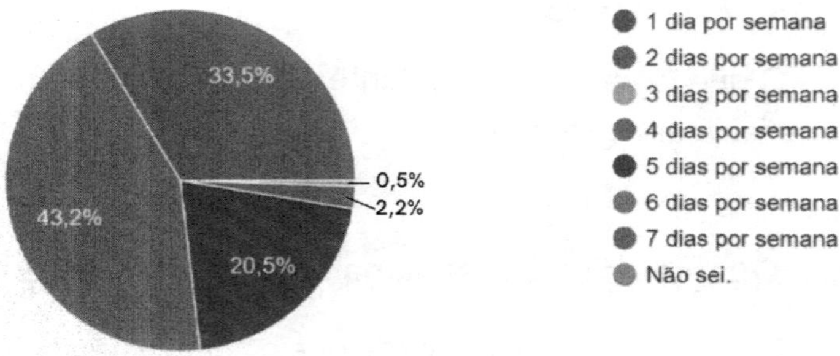

14. Quantos dias por semana estudava, aproximadamente, EM MÉDIA? **PCSP**
569 respostas

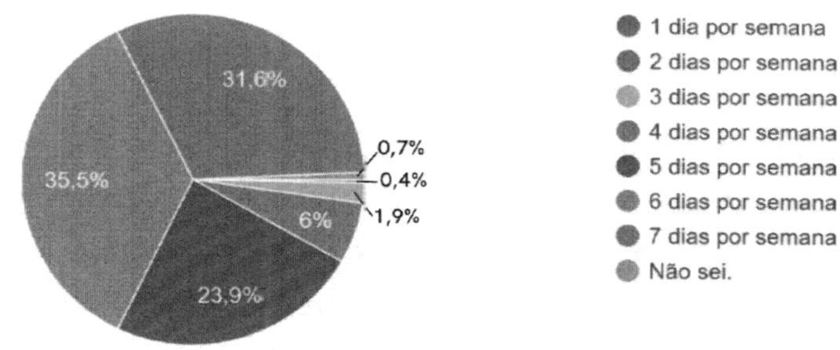

Acesse a imagem colorida neste QR Code.

7. Quantos dias por semana estudava, aproximadamente, em média? **PRF**
515 respostas

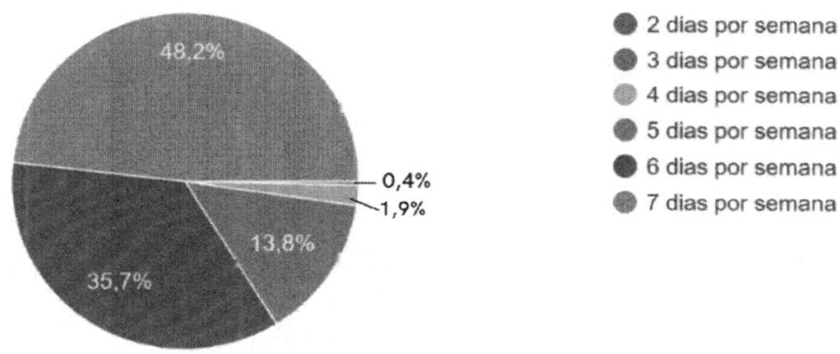

Acesse a imagem colorida neste QR Code.

A regra é que o aprovado estuda pelo menos 6 dias por semana. Veja, tive o cuidado de perguntar a média de estudos na semana, inclusive colocando a palavra "em média" em caixa alta, para que quem estava preenchendo lembrar-se das oscilações. Porém, a resposta desse seleto grupo é que estudavam quase todos os dias da semana, ou seja, quem passa em um concurso tem intervalos de um ou dois dias de descanso na semana. Há concursos inclusive que o maior grupo de aprovados são os que estudavam 7 dias por semana, como a PRF com 48,2% dos alunos estudando com esta intensidade. Isso mostra que o concurso mais difícil em termos de concorrência e melhor remuneração exige mais constância do aluno. Tanto que na PPDF, que na minha opinião é o segundo concurso mais difícil dos que pesquisei, apresenta 43,2% dos aprovados estudando 7 dias por semana.

Aqui acho importante uma leitura crítica das respostas. Não acredito que quem respondeu estudou realmente por todo o tempo de preparação todos os dias da semana. Creio que muita gente ao responder o questionário não faz uma reflexão da média de todo o período e coloca apenas o que vivenciou nos últimos meses (até para reverenciar a própria luta). Contudo, isso não posso provar, é apenas uma tese que proponho, baseada na realidade de alunos que acompanho. Até porque, também, o engajamento muda quando o concurso está mais próximo e não creio que os aprovados são seres que mantenham sempre a constância, mesmo distante do concurso.

De todo modo, deve-se então encarar a lição dos aprovados quanto à constância nos estudos. Dedique-se pelo menos 6 dias por semana e pense na proximidade da prova em aumentar para 7 dias. Isso vai ser a base para o seu aprendizado, vai facilitar a memorização e fazer com que consiga vencer o edital com qualidade fazendo questões.

2.2. Quantas horas por dia um aprovado estuda?

Intensidade é quanto o aluno estuda em um dia. Não a considero tão importante quanto a constância nos estudos, até porque o cérebro necessita mais de repetição diária do que estudo concentrado em um período. É só tentar estudar por muito tempo que você verifica que uma hora o rendimento cai consideravelmente. Ao passo que estudar todo dia faz com que a nosso cérebro mude inclusive as ligações entre os neurônios, o que se chama de neuroplasticidade. Porém, de fato se um concurseiro estuda muito pouco por dia (entre uma e duas horas) ele terá poucas chances de ser aprovado, como pode-se analisar pelos resultados:

11. Quantas horas estudava por dia, EM MÉDIA, aproximadamente? **PMAL**
189 respostas

Acesse a imagem colorida neste QR Code.

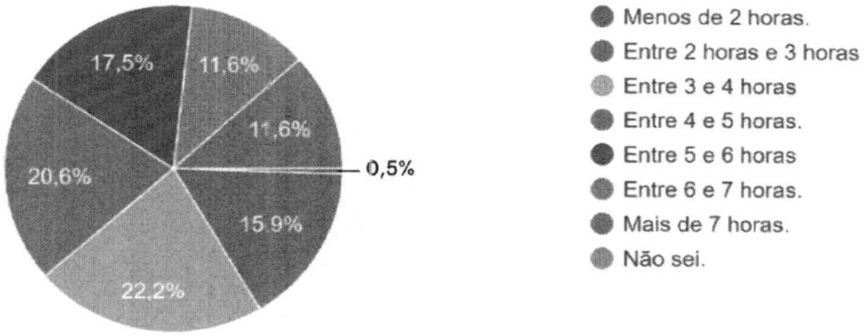

11. Quantas horas estudava por dia, EM MÉDIA, aproximadamente? **PPDF**
185 respostas

Acesse a imagem colorida neste QR Code.

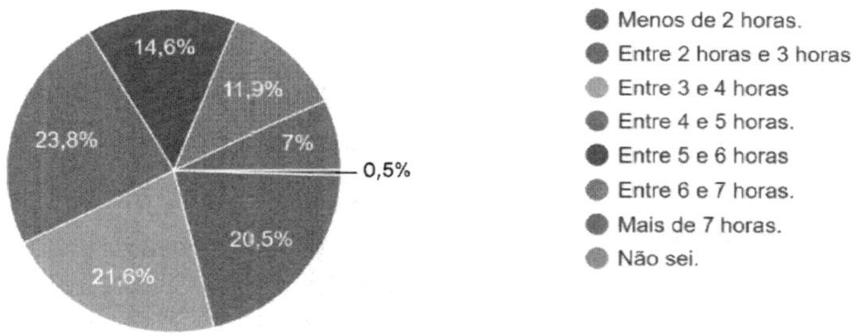

13. Quantas horas estudava por dia, EM MÉDIA, aproximadamente? **PCSP**
569 respostas

Acesse a imagem colorida neste QR Code.

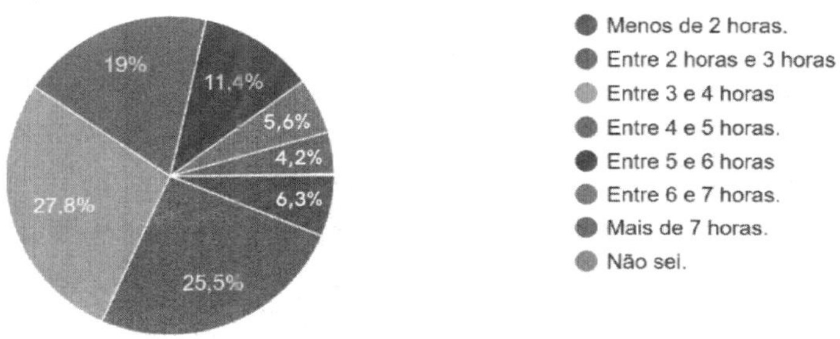

6. Quantas horas estudava por dia, em média, aproximadamente? **PRF**

515 respostas

Acesse a imagem colorida neste QR Code.

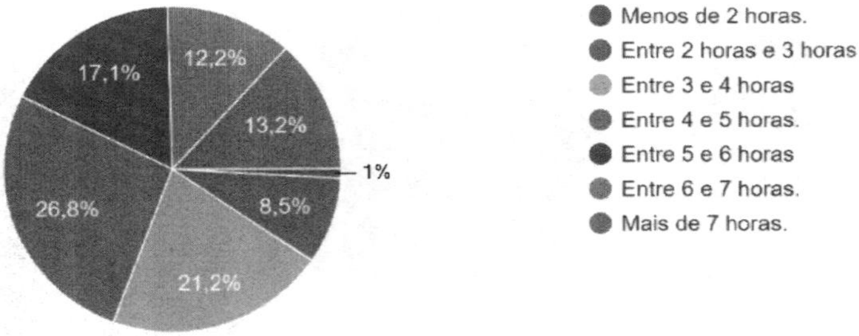

Aqui quero confrontar dois mitos muito comuns no mundo dos Concursos. O primeiro, muito fomentado pelo por quem quer vender: você pode ser aprovado estudando muito pouco, 2 horas ou menos. E o segundo, no sentido oposto, é que para passar você precisa necessariamente estudar muito: mais de 6 horas por dia. Ao verificar as horas menos estudadas nos gráficos acima podemos deduzir que menos de 2 horas de média são raras exceções: 0,5% na PMAL e PPDF – 1 pessoa em cada, 6,3% na PCSP e 1% na PRF. Se é raríssimo grupos de menos de 2 horas, também devem ser raros aprovados estudando 2 horas, como muitos defendem como um ritmo competitivo. Já os grupos que estudam mais de 7 horas são de fato maiores, porém estão distantes dos do percentual majoritário de aprovados que estão na faixa de 3 e 4 horas (PMAL com 22,2% e PCSP com 27,8%) e 4 e 5 horas (PRF com 26,8% e PPDF com 23,8%). Aqui a conclusão é mais dura do que gostaria de admitir: a intensidade dos aprovados varia entre 3 a 5 horas diárias.

Novamente trago uma ressalva da minha interpretação da pesquisa. Creio que a opção escolhida pelos aprovados seja contaminada, não pela média, mas sim por quanto que estudou diariamente nos últimos meses. Há ainda aqui outro problema: muitos concurseiros não marcam o tempo estudado, o que faz do resultado apenas uma percepção. Logo, não creio que tal valor deve ser desconsiderado, porém creio que pode ser colocado para cima por quem responde.

De todo modo, a intensidade mostra-se fundamental para uma aprovação. Estudar para concurso usando poucas horas não é um padrão de quem passa. Creio que entre 3 e 4 horas pode ser um excelente caminho para tornar-se um concurseiro competitivo. Também é interessante pensar em uma meta maior no pós-edital ou próximo da prova, já que nesse período o engajamento melhora, ou seja, o estudante tende a render melhor.

2.3. O quanto antes da prova inicia-se a preparação do aprovado?

Antecedência é quanto antes da prova o concurseiro estuda. Creio ser o hábito mais importante na CIAE (anagrama Constância, Intensidade e Antecedência e Experiência). Pouco adianta, ter constância e intensidade se você está há 2 meses da prova. Para passar é muito importante iniciar a preparação antes do edital. E aqui novamente o mercado de concurso gosta sempre de trazer relatos de pessoas que passaram em poucos meses. Afinal, o que fazer quando há cursos e materiais para vender há poucos meses da prova? Mostram-se testemunhos de aprovados em pouco tempo. E claro, as pessoas amam estes relatos. Em uma rápida pesquisa no YouTube você pode verificar que são os vídeos mais assistidos. É a junção da fome de vender dos cursos e da vontade de comer (passar o quanto antes) dos candidatos. Todavia, como se verifica abaixo, as pesquisas deixam muito claro que quem passa com pouco tempo de preparação são exceções:

6. Há quanto tempo estuda para concursos? **PMAL**

189 respostas

Acesse a imagem colorida neste QR Code.

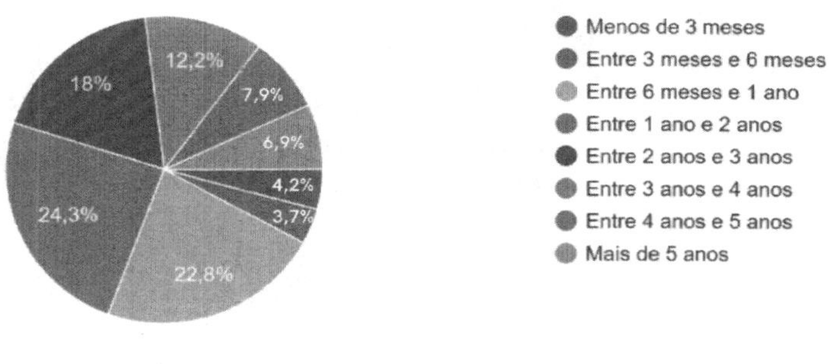

6. Há quanto tempo estuda para concursos? **PPDF**

185 respostas

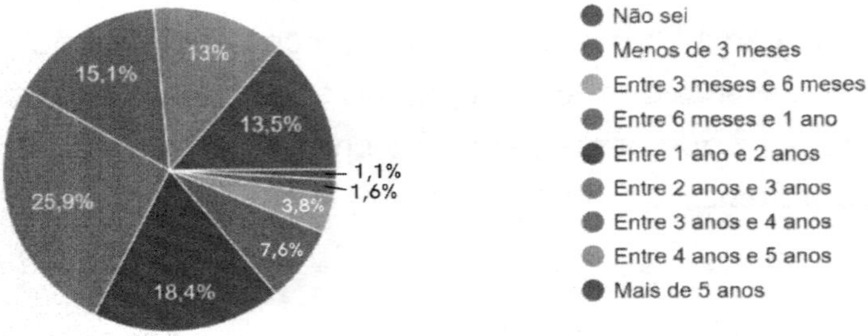

Acesse a imagem colorida neste QR Code.

2. Há quanto tempo estuda para concursos? **PRF**

515 respostas

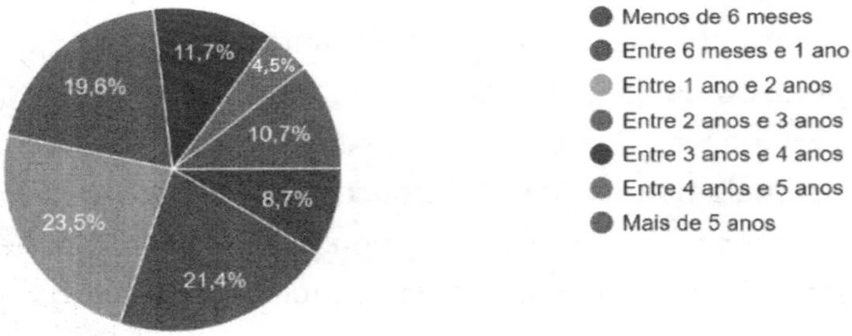

Acesse a imagem colorida neste QR Code.

7. Há quanto tempo estuda para concursos? **PCSP**

569 respostas

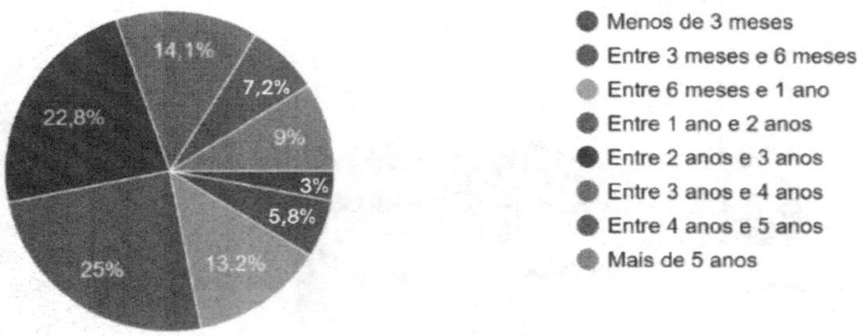

Acesse a imagem colorida neste QR Code.

Considerando a média de 3 meses, aproximadamente, entre o edital e a prova, verifica-se claramente que uma pequena minoria passou estudando após o edital. Na PRF ficou um pouco difícil de verificar quem foi aprovado no pós-edital, pois na época eu não coloquei nas opções o intervalo temporal de menos de 3 meses (desculpem, foi a primeira pesquisa), mas ali já se percebe que apenas 8,5% passaram com menos de 6 meses. Certamente, e pelo resultado das outras pesquisas, menos da metade destes 8,5% passaram em 3 meses. Na PMAL apenas 4,2% passou no período do pós-edital, na PPDF apenas 1,6%, (somente 3 pessoas) e na PCSP apenas 3%.

A realidade da maior parte dos aprovados em um concorrido concurso é uma média entre 1 ano e 2 anos como na PMAL (24,3%), na PCSP (25%) e na PRF (23,5%) e na PPDF tivemos ainda um número de tempo de aprovação entre 2 e 3 anos 25,9%.

Esta pergunta da pesquisa aponta para uma realidade: não há milagres e métodos mágicos, pois, se existissem, teríamos grupos maiores de pessoas que, ao utilizar tais ferramentas, são aprovadas em pouco tempo. A realidade é dura e a absoluta maioria vai demorar mais de 1 ano para ser aprovado.

Assim, sugiro para você que está iniciando modular sua expectativa, já que estatisticamente sua caminhada até o cargo dos sonhos será longa. Isso quer dizer, prepare-se psicologicamente para ser aprovado em pelo menos de 2 a 3 anos, pois assim você vai lidar melhor com a longa jornada e as intempéries que fazer parte deste caminho.

2.4. Qual a experiência em provas de quem passa?

Uma prática que pode ser associada ao estudo com antecedência é a realização de outras provas: a experiência em Concursos. A preparação para certames é uma jornada de aprendizado pessoal, de lidar com emoções, pressões, tempo e suas características pessoais. Eu me lembro bem o que muitas reprovações me ensinaram.

São matérias negligenciadas, formas de estudar e até a escolha da ordem das matérias no dia do exame que vão sendo aperfeiçoadas. Por isso, sempre incentivei meus alunos a realizar outros Concursos, nem que seja apenas por experiência. E como é notável a seguir a realidade de quem passa que é tem um grande conhecimento de outros editais e provas:

14. Quantos concursos públicos já participou, antes da prova da PMAL?
189 respostas

Acesse a imagem colorida neste QR Code.

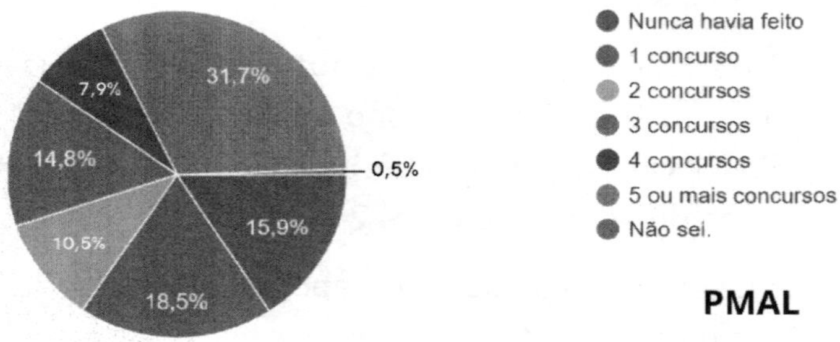

14. Quantos concursos públicos já participou, antes da prova da PPDF?
185 respostas

Acesse a imagem colorida neste QR Code.

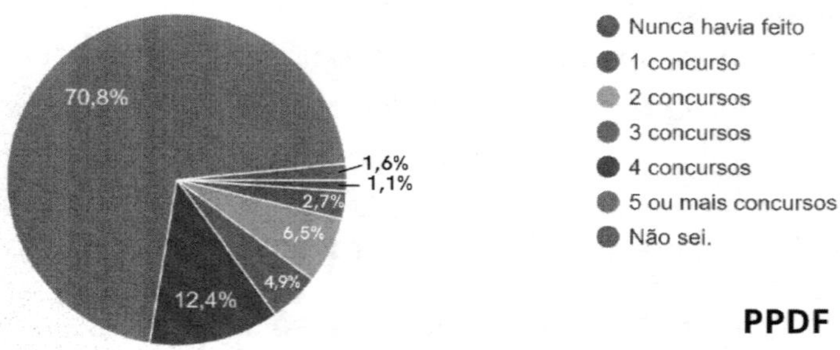

15. Quantos concursos públicos já participou, antes da prova da PCSP? **PCSP**
569 respostas

Acesse a imagem colorida neste QR Code.

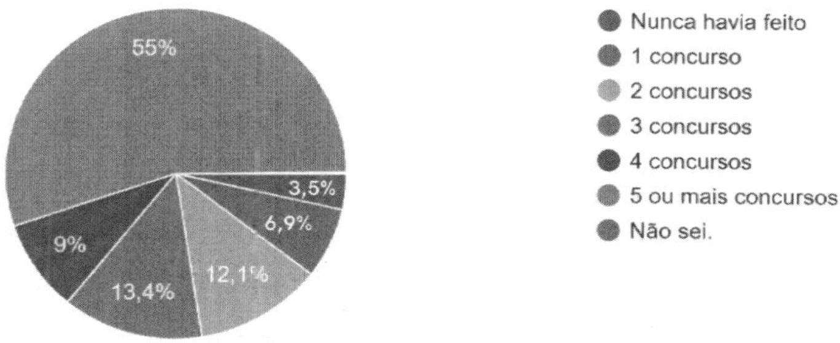

8. Quantos concursos públicos já participou, antes da prova da PRF? **PRF**
515 respostas

Acesse a imagem colorida neste QR Code.

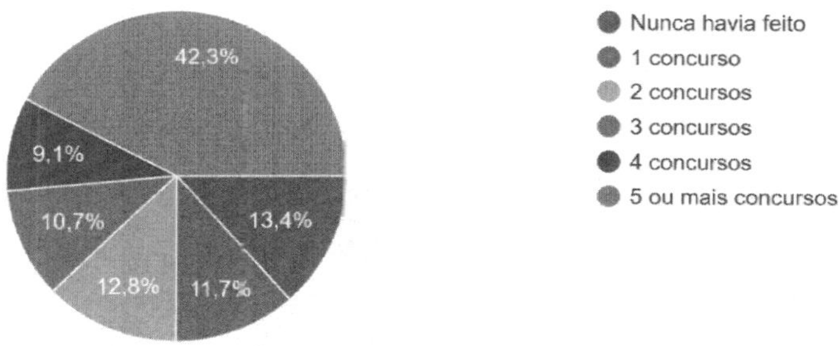

Veja que mesmo em Concursos de entrada, que são aqueles primeiros de muitos concurseiros (como Soldado Combatente para a PMAL e que por ser de nível médio apresenta muitos candidatos novatos no ramo) 31,7% das pessoas já haviam feito 5 ou mais Concursos. Ao passo que apenas 15,9% nunca tinha feito um concurso e foram aprovados. Nos demais Concursos, mais de metade dos aprovados tinha feito no mínimo 3 concursos: como na PRF 62,1%; na PCSP com 77,4% e na PPDF com o imenso percentual de 80,1% dos aprovados.

Aqui a lição do Professor William Douglas, um dos primeiros a escrever sobre Concursos no Brasil, mostra-se comprovada "Não se faz concurso para passar, mas até passar". A mentalidade da derrota ao reprovar deve ser trocada pela da perda de uma batalha em uma longa guerra. Todos os dias milhares de candidatos desistem por achar que não foram bons o bastante para obter a aprovação, enquanto outros apenas ficam tristes, mas continuam sua caminhada por entender aquilo como parte do processo. Entra aqui a resiliência, cujo conceito físico é o que mais me encanta "*propriedade que alguns corpos apresentam de retornar à forma original após terem sido submetidos a uma deformação elástica*"[1]. Veja, o conceito aqui não nega que você seja deformado, sofra, caia depois de uma reprovação. Afinal, cada vez que não somos aprovados em um Concurso é um sonho que morre. Projeções de uma vida, de uma nova profissão que são perdidas. Este luto é difícil e precisa ser vivido. Porém, é necessário, depois de um tempo, retornar a forma original, pois é nesse momento que o candidato estará mais forte! Entenda que dificilmente você vai passar nas primeiras provas e tudo bem, é assim que é o jogo!

Sendo assim, fica evidente que fazer concursos é importante. É interessante treinar provas, outros editais para entender na prática o que é fazer um concurso. E aqui se sugere pelos números da pesquisa pelo menos uns 3 concursos para que você consiga este conhecimento da prática de fazer provas.

Eu poderia falar de vários outros comportamentos importantes, porém creio que a CIAE é fundamental para passar e está amplamente comprovado pelos números da pesquisa. São os hábitos basilares da aprovação. Sem eles fica complicado chegar bem em uma prova. Veja que a caminhada não é fácil, mas isso, associado a comportamentos de estudo, você já tem boa parte do caminho trilhado para a sua aprovação.

---

1. Retirado de https://www.dicionarioinformal.com.br/significado/resili%C3%AAncia/9227/

3. ATITUDES NO ESTUDO

Como já estabelecido, vamos tratar, por uma questão de uma separação didática, das atitudes no estudo, aquelas ações e escolhas que temos quando nos sentamos com nosso material para aprender o conteúdo a fim de resolver a prova. Deste modo, pressupõe aqui que o concurseiro tem comportamentos como o CIAE, (estudando com Constância, Intensidade, Antecedência ao edital e buscando Experiência).

Ressalte-se que nada adianta estudar da melhor maneira possível se não existe antecedência à prova, se está iniciando a preparação há 2 meses do certame. Por outro lado, não adianta ter o CIAE e estudar de maneira pouco eficiente, como uma aluna que confidenciou que achava o método de copiar em um caderno as leis que estavam no edital algo eficiente. Imagine que alguém que estudava com muito menos intensidade, constância e antecedência poderia superá-la simplesmente pela escolha errada de uma técnica pela aluna.

3.1. O grande foco em questões feitas pelos aprovados

O primeiro mito que preciso derrubar aqui é que a quantidade não importa nos estudos. Há quem defenda que o importante é somente a qualidade, já que não adiantaria estudar horas a fio, ou fazer muitas questões se você não o faz com excelência. E claro que há razão nessa afirmativa. Em tudo, na verdade, é necessário qualidade para que o trabalho não seja em vão. Porém, a quantidade é muito importante. Como mostrei nas pesquisas, se não existe um mínimo de horas, de dias de semana fica muito complicada a aprovação.

Verifica-se que uma das características dos aprovados é um foco muito grande em questões. Como se demonstra nos gráficos a seguir, há uma média altíssima realizada pelos aprovados.

15. Quantas questões (exercícios) fez, aproximadamente, na área de concursos? (Para a PMAL e outros concursos)

189 respostas

Acesse a imagem colorida neste QR Code.

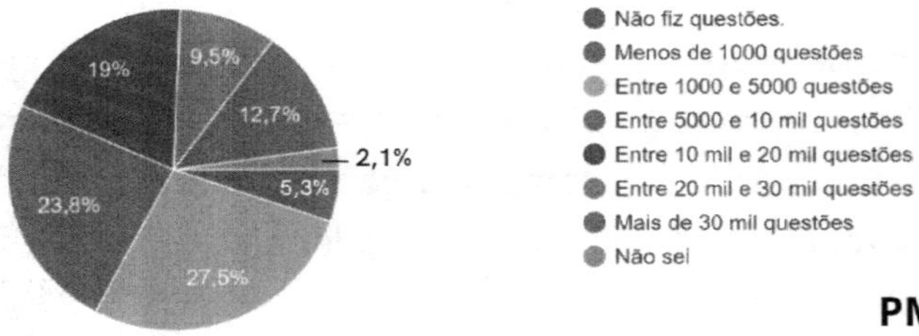

PMAL

15. Quantas questões (exercícios) fez, aproximadamente, na área de concursos? (Para a PPDF e outros concursos)

115 respostas

Acesse a imagem colorida neste QR Code.

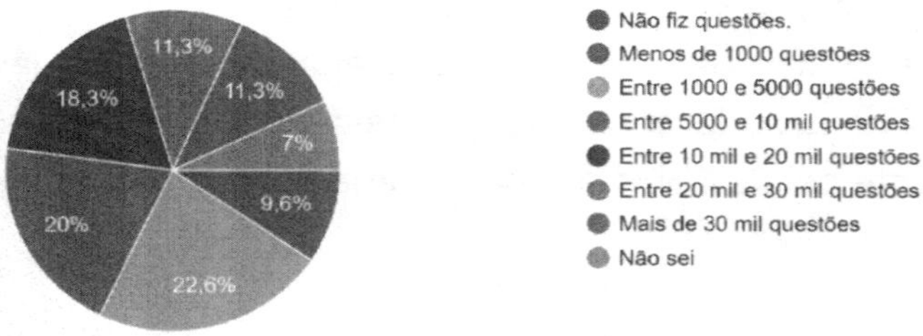

PPDF

9. Quantas questões (exercícios) fez, aproximadamente, na área de concursos? (Para a PRF e outros concursos)

515 respostas

Acesse a imagem colorida neste QR Code.

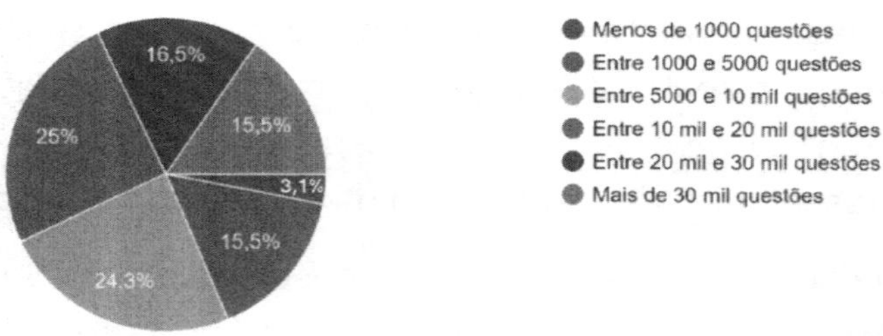

PRF

16. Quantas questões (exercícios) fez, aproximadamente, na área de concursos? (Para a PCSP e outros concursos)
569 respostas

Acesse a imagem colorida neste QR Code.

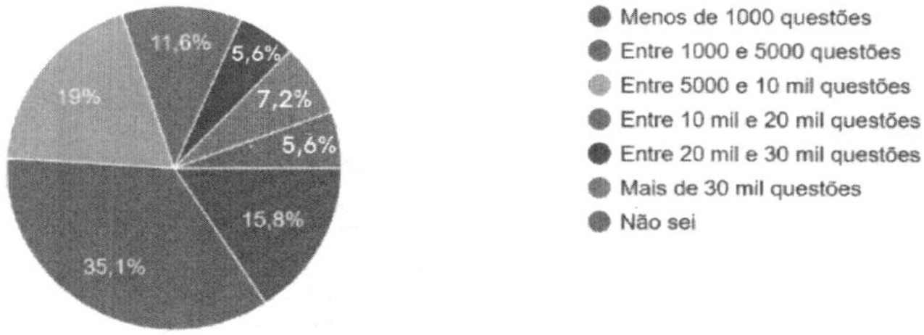

PCSP

Importante lembrar que nos Concursos como a PRF e PMAL a banca foi a CEBRASPE (antigo CESPE) na modalidade certo e errado, portanto, as questões desta banca levam menos tempo para serem feitas, ao passo que as questões dos outros concursos supra são de múltipla escolha (5 alternativas), logo mais demoradas devido à análise de cada assertiva.

Outro ponto que é significativo a ressaltar é que perguntei acerca das questões feitas não somente para aquele concurso, mas também para outros, já que acredito que fazer exercícios, mesmo que seja para certames diferentes, auxiliam no processo de preparação para o cargo desejado.

A alternativa mais selecionada na maioria dos Concursos foi entre 1000 e 5000 questões na PCSP com 35,1%, na PPDF com 22,6% e na PMAL com 27%. Já na PRF a resposta mais selecionada foi entre 5000 e 1000 questões, demonstrando realmente que um concurso mais difícil exige mais esforço. É importante destacar também que médias de questões realizadas maiores que 5000 mostram-se muito presentes entre os aprovados, quais sejam: mais de 5000 questões na PCSP 42,8%, na PMAL 65% e na PPDF 62,7%. Na PRF 57% fez mais de 10.000 questões.

Concurseiros que são aprovados fazendo poucas questões existem, mas são um grupo muito pequeno. A opção de menos de 1000 exercícios é na ordem de 3,1% na PRF (apenas 16 pessoas), 10,3% na PPDF, 5,3% na PMAL e o 15,8% na PCSP.

Outro ponto interessante a destacar é que, depois da minha primeira pesquisa realizada junto aos aprovados na PRF, perguntei qual era a maneira de realizar tantas questões. E como já previa, seria complicado responder tantos exercícios tão somente nos materiais básicos dos Cursos, já que um PDF, quando muito apresenta umas 70 questões para resolver. Seria necessário que o aluno tenha acesso a sites que possuem hoje milhares de questões. Ou seja, o concurseiro tem que usar ferramentas para sair da quantidade básica de questões dos materiais. Veja abaixo o resultado:

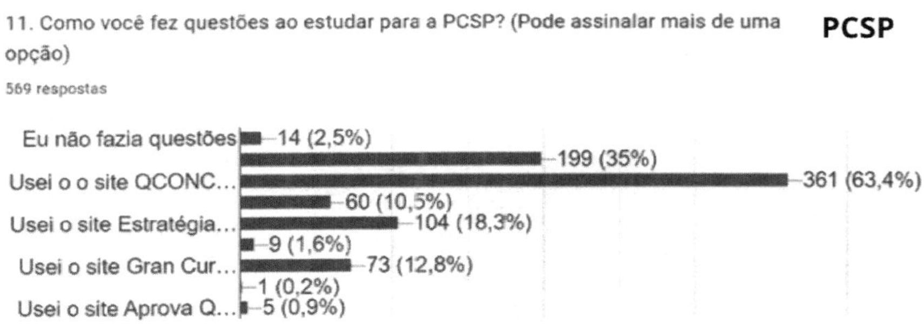

Mesmo que o entrevistado na pesquisa pudesse escolher mais de uma alternativa, verifica-se que a absoluta maioria se socorre a sites de questões para resolver uma grande quantidade de exercícios. Só a título de exemplo, no Concurso da PMAL 81% assinalou que utilizava uma das plataformas. Logo, é importante dizer que os hábitos de estudo precisam muitas vezes de ferramentas eficazes como sites de questões, onde o Concurseiro pode fazer exercícios, corrigir uma diversidade de questões atualizadas em pouco tempo.

Na mesma linha de fazer muitas questões pode ser aplicada a quantidade de simulados: a grande parte realizou alguns. Claro que conforme se verifica abaixo, há um percentual de 10% a 22,3% que não os faz:

16. Quantos simulados já fez, aproximadamente? **PMAL**

189 respostas

Acesse a imagem colorida neste QR Code.

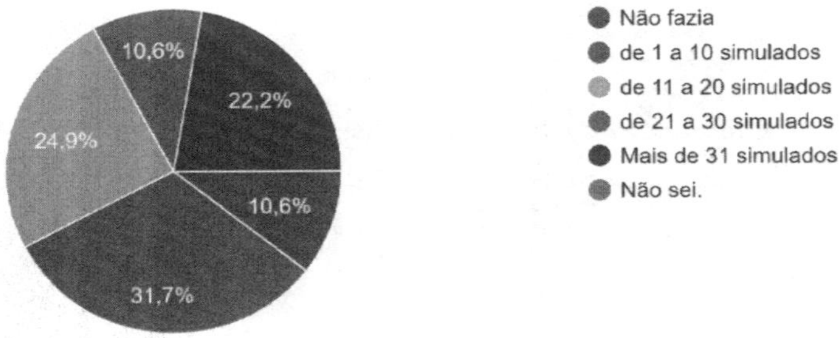

PPDF

16. Quantos simulados já fez, aproximadamente?

185 respostas

Acesse a imagem colorida neste QR Code.

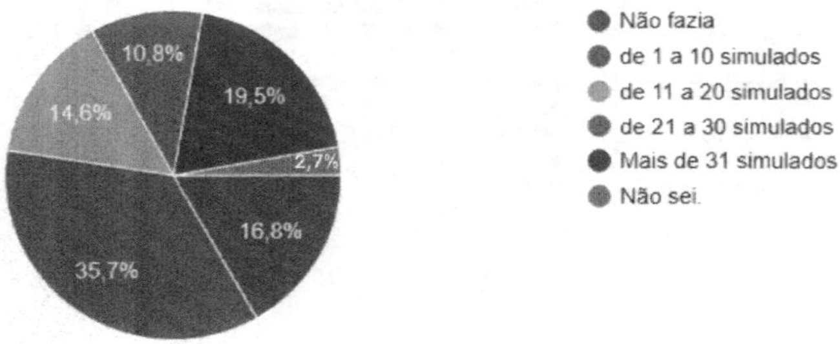

10. Quantos simulados já fez, aproximadamente? **PRF**

514 respostas

Acesse a imagem colorida neste QR Code.

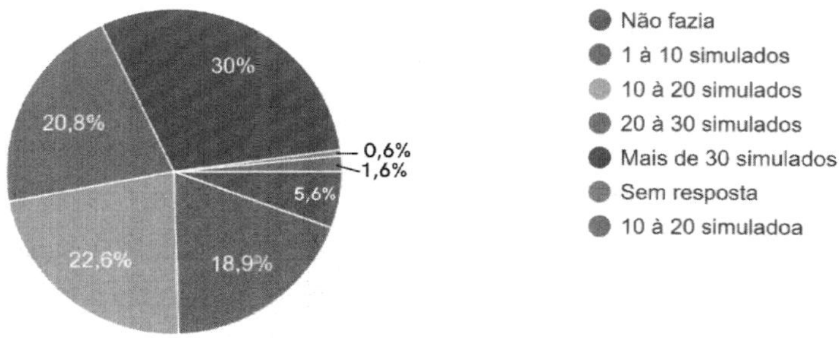

17. Quantos simulados já fez, aproximadamente no estudo da PCSP? **PCSP**

569 respostas

Acesse a imagem colorida neste QR Code.

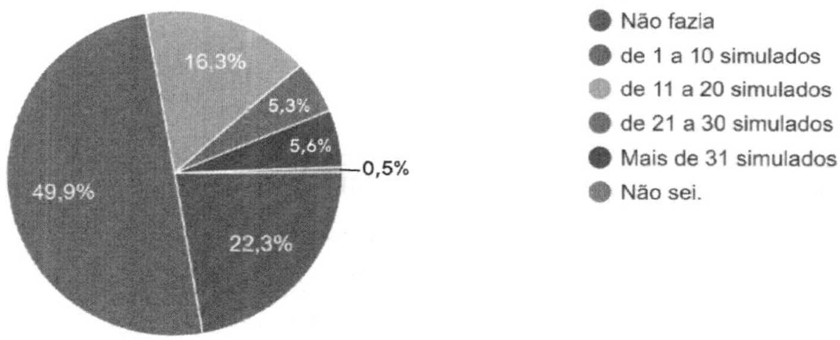

Considerando, então, o simulado como uma maneira de fazer questões, buscando aqui simular a prova, fica mais uma vez demonstrado como é importante o estudo voltado a fazer exercícios, sobretudo sendo fiel ao que vai se realizar no dia da aplicação da prova do certame.

3.2. Até a revisão aponta para as questões

O foco em grande quantidade questões dos aprovados não fica demonstrado só nas alternativas aqui expostas. Na minha última pesquisa resolvi questionar os aprovados como eles gostam de revisar. Aqui é um dos momentos do estudo que vejo mais variações de métodos. Há uma série de cursos e especialistas que vendem uma diversidade de técnicas para revisar. De cronogramas de revisão a aplicativos para você controlar os dias que deve retornar a tópicos estudados. Porém, ao questionar os alunos, o resultado foi o que permeia sempre o estudo dos aprovados: muitas questões.

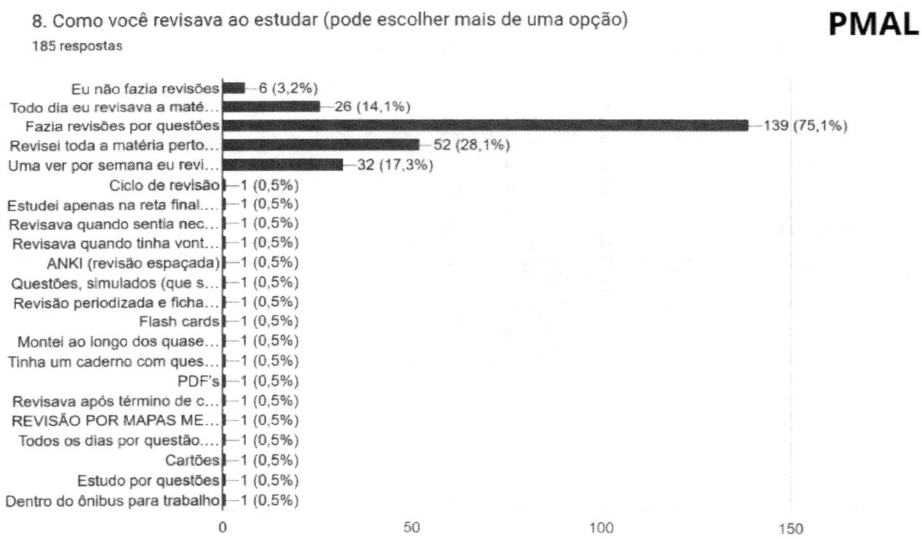

Verifique que métodos de ciclos de revisão, revisões diárias e semanais perdem na aplicação pelos aprovados para quem faz exercícios para rever o conteúdo. Veja, não creio que a maioria dos aprovados revise exclusivamente por questões, até porque alternativas como revisar uma vez por semana (17,3%) e que revisavam perto da prova (28,1%) foram assinaladas também (lembrando que poderia assinalar mais de uma alternativa). Afinal, quando falamos em revisar, estamos na verdade objetivando memorizar o conteúdo e, como o caminho para memorizar é a repetição, utilizar vários métodos apenas fortalece a lembrança.

E aqui é necessário entender que, segundo estudos, uma das mais eficientes formas de memorização é o que é chamado de recordação ativa, que é quando memorizamos não pela simples repetição de conteúdos lidos (chamada de estudo passivo), mas pela resposta a questões, que fazem nosso cérebro ser mais ativo. Este método, inclusive, supera em eficiência mapas mentais e releituras em experimentos comparativos.[2]

Todavia, é importante ressaltar, também, a importância de o Concurseiro revisar, com o objetivo de "levar" até a prova uma grande quantidade de conteúdo. Apenas 3,2% dizem que não tem esta disciplina. E quanto a estes não acredito que simplesmente não revisem, apenas que usam de técnicas sem pensar no resultado revisional. Como um candidato que resolve questão e que está ao mesmo tempo revisando (olhando novamente) um conteúdo antes aprendido.

Diante do exposto, resta muito claro como o estudo do aprovado é focado em questões. Eles não só fazem muitas, utilizando ferramentas apropriadas, mas também utilizam as questões como meio para memorização da matéria (revisão). Muitos concurseiros passam algum tempo para entender que o foco do estudo para Concurso deve passar pelas questões. E aqui ressalto sua função não só de conhecer a banca, mas de aprendizado e de memorização. Não cientes do poder das questões, não é raro encontrar estudantes que leem tudo para deixar, até meses depois, para iniciar a realização de exercícios. Um grande erro que pode custar a aprovação. Claro que, até compreendo que um novato na área, gaste mais tempo no estudo, em si, ou seja, na compreensão dos PDFs ou aulas. Contudo, já encontrei alunos que estão

---

2. KARPICKE, Jeffrey D. and Janell R.Blunt "Retrieval practice produces more learning than elaborative studying with concept mapping". **Science**, 331, 772 (2011) Disponível em: <https://mrbartonmaths.com/resourcesnew/8.%20Research/Memory%20and%20Revision/Retrieval%20practice%20more%20effective%20than%20studying.pdf >. Acesso em: 28 de fevereiro de 2023.

há tempos estudando e gastam pouco tempo e energia na realização de questões.

Sobre as revisões, é importante entender que quem passa também se utiliza de várias técnicas que não são lembradas por muitos, como a revisão próxima da prova. Afinal, não há melhor momento de estar com a matéria em dia do que próximo do Concurso. E técnicas clássicas como a revisão diária e semanal. O importante aqui é não esquecer de revisar o conteúdo, para facilitar a memorização de tanta informação necessária para a aprovação.

3.3. Por qual meio aprendem o conteúdo? PDF, vídeoaula ou aula presencial?

Uma das maiores discussões no mundo dos concursos é qual o material que devo utilizar para aprender. Muitos defendem a videoaula, outros os materiais escritos, que aqui vamos chamar de PDFs.

O interessante aqui é que as conclusões da pesquisa podem, em uma primeira análise, parecer difíceis de entender sobre a preferência de quem é aprovado. Afinal, em uma pesquisa os aprovados preferem PDF em outra há quase um empate (diferença de 0,5 a favor da videoaula) e em duas pesquisas prefere-se videoaulas. Porém, antes de analisar os resultados, gostaria de ressaltar um ponto. A pesquisa precisa ser analisada sob a perspectiva da dificuldade de cada concurso. Sendo assim, a PRF, pela remuneração e quantidade de inscritos, é o Concurso mais difícil analisado e certamente um dos concursos policiais mais concorridos do Brasil. Foram 304.330 inscritos no último certame. Em segundo lugar, temos a PPDF, que apresenta uma remuneração maior que a PCSP (R$ 7419,50), enquanto na polícia paulista a remuneração com benefícios é de R$ 4.716,85 e um Concurso mais concorrido com 58.626 inscritos para 1800 aprovados para a próxima fase, enquanto a PCSP apresentou 31.979 inscrições para a carreira de Investigador e 28.658 para o cargo de Escrivão e no total 5000 aprovados para a fase seguinte. Por fim, o Concurso para a PMMA seria o mais acessível, considerando sobretudo a remuneração (R$ 4.250,06) e por ser para soldado combatente, que apresenta limite de idade de 35 anos e nível médio. Apesar de ser um dos Concursos com 88.854 candidatos inscritos, o que mostra que realmente não existe concurso simples de ser aprovado. Colocadas essas premissas, vamos a análise dos dados a seguir:

10. Você prefere estudar por vídeo aula, aula presencial ou PDF? **PMAL**

189 respostas

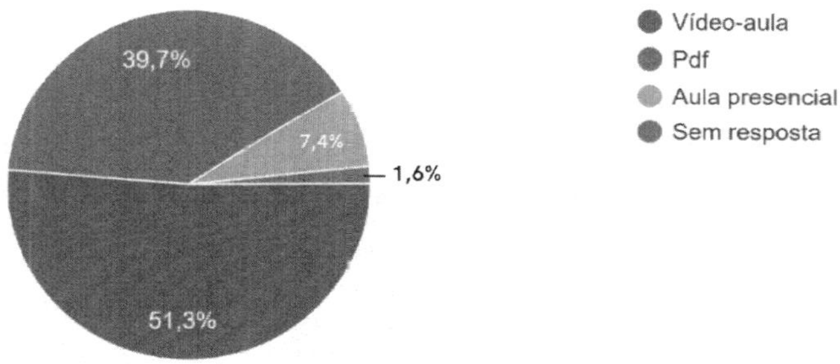

Acesse a imagem colorida neste QR Code.

12. Você prefere estudar por vídeo aula, aula presencial ou PDF? **PCSP**

569 respostas

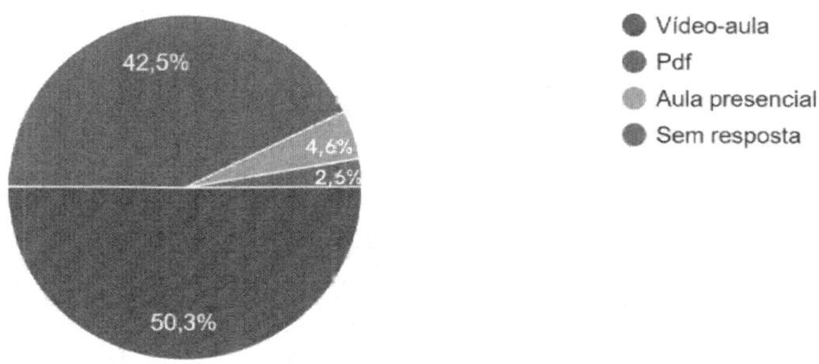

Acesse a imagem colorida neste QR Code.

10. Você prefere estudar por vídeo aula, aula presencial ou PDF? **PPDF**

185 respostas

Acesse a imagem colorida neste QR Code.

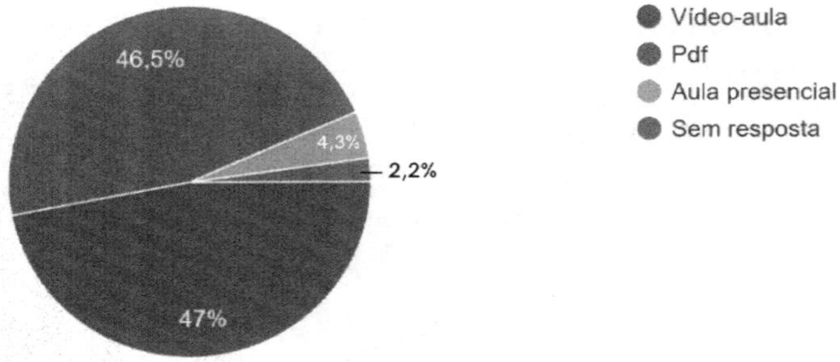

Um primeiro ponto que precisa ser tratado na pesquisa é que o concurseiro de ponta dificilmente se socorre a aulas presenciais. Elas são mais demoradas, apresentam um custo maior (já que são feitas para um público menor e tem gastos de deslocamento), você precisa assistir no horário marcado, não pode mudar a velocidade da aula e tem ainda o tempo de deslocamento, bem como para se preparar para a aula (na on-line dá para ver até de pijama). Claro que não podemos ser levianos de dizer que ela não apresenta benefícios, há uma melhor socialização, maior proximidade do professor e interação entre os Concurseiros. Porém, é inegável que as aulas on-line vieram para dominar o mercado. Aliás, elas permitiram a democratização dos concursos. Hoje qualquer pessoa com um computador com acesso à internet tem acesso a bons professores e materiais. Antigamente, quem residisse em um local com menos estrutura sofreria para achar um curso de qualidade e estaria em grande desvantagem para alguém em uma grande capital.

Veja nos números que os Concurseiros de um concurso como a PRF apenas 1,6% fizeram curso presencial (8 pessoas), ao passo que na PMAL foram 7,4% (14 pessoas), mostrando que alunos mais experientes preferem os cursos on-line. Importante lembrar que o Concurso da PMAL é nível médio que, com alunos recém-saídos da escola, são mais propensos ao ensino presencial.

Poderia se pensar que tais percentuais apenas refletem a realidade de poucos cursos presenciais, atualmente. Por isso fiz uma pesquisa no meu canal com concurseiros em geral para verificar se a média das pessoas dos aprovados é igual ao estudante comum e olha a diferença.

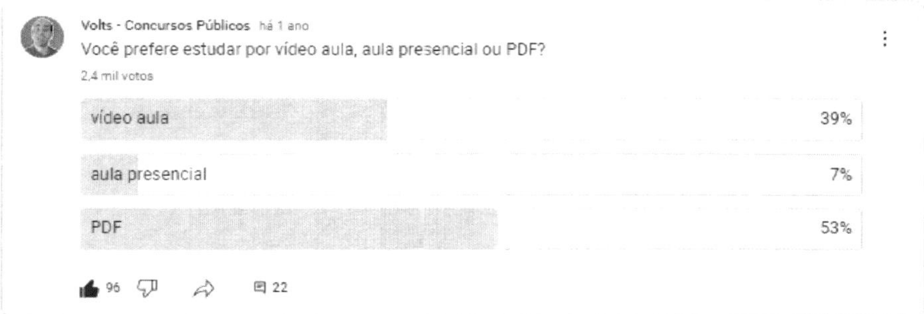

Constate que o resultado da aula presencial (7%) só perdeu em percentual para o concurso da PMAL pela tese que expus acima. Nos demais, o aprovado realmente demonstrou que adere mais à aula on-line.

Sobre a discussão videoaulas versus PDF emerge da pesquisa que quanto mais difícil é o Concurso, maior a quantidade de alunos que tem a preferência por estudar via PDF. Verifique que na PMAL, um concurso de nível médio, com muitos alunos egressos desta fase escolar, teve 39,7% dos aprovados preferindo PDF; na PCSP, concurso já de ensino superior, foram 42,5% optando por este material; na PPDF 46,5% e na PRF 67,6%. Há um claro aumento de preferência quanto mais difícil o concurso.

E aqui a minha tese é que concurseiros que passam em concursos mais difíceis tendem a ser mais experientes e preferem a eficiência do material escrito. Quem já estudou por ele, sabe que em um PDF você consegue estabelecer melhor o ritmo, avançar partes que já domina e retornar mais facilmente que uma aula. Por outro lado, as aulas são mais pedagógicas, ensinam melhor, já que um Professor explicando com imagem, tom de voz e exemplos é mais didático. Contudo, em geral aulas tomam mais tempo do candidato. Tanto é verdade que muitos concurseiros fazem o seguinte caminho: começam uma matéria assistindo aulas e depois migram para o PDF.

É importante lembrar também que o estilo de questionamento que fiz perguntado da preferência do aluno, não exclui que em alguma disciplina a pessoa se socorra ao material que não é sua preferência geral. Por exemplo, o que verifico em muitos alunos é que optam por PDF na maior parte das disciplinas, salvo português e exatas que preferem estudar por videoaulas, dada a dificuldade destas disciplinas.

Frente a tais números, a tese que defendo é que o concurseiro deve com o tempo de estudo, dar chance aos PDFs, já que são realmente mais eficientes, salvo alguma matéria que tenha mais dificuldade e se sinta à vontade com videoaula. Sobre as aulas presenciais, fuja delas, creio que para ser aprovado em um difícil concurso o tempo é precioso e a realidade de cursos on-line é que eles dão muito mais versatilidade para o estudo.

3.4. Os aprovados estudam só por questões ou só por material gratuito?

Talvez a grande curiosidade do caro leitor seja qual o curso que mais aprovou nos Concursos que pesquisei. Mas sinto lhe dizer que não me concentrarei nesta resposta, por simplesmente não acreditar que algum curso possa ser mágico, a ponto de aprovar qualquer um em uma prova. Como já demonstrei, são necessários uma série de comportamentos, focos e até preferências por materiais para facilitar essa caminhada. Um curso que forneça materiais, videoaulas, sites de questão não tem o poder de obrigar seus alunos a ter os hábitos daqui descritos. Ademais, o mercado muda muito e ficar analisando os melhores cursos pode fazer deste artigo algo rapidamente ultrapassado. Eu mesmo estudei por cursos que dominavam o mercado e hoje quase nem aparecem nas pesquisas.

Além disso, tentar entender realmente a qualidade dos cursos é complicado, pois há alguns que tem milhares de alunos, enquanto outros são muito menores. Assim, não conseguimos um dado que é fundamental: a proporção de alunos aprovados em cada um. O que daria uma visão de quem realmente aprova mais percentualmente. E aqui não quero ser leviano para dizer que tanto faz o curso que o aluno escolhe. Em minhas análises já vi muito material incompleto e sem conteúdo suficiente para enfrentar as mais difíceis provas. Apenas quero fazer uma análise de um ponto mais objetivo, de mais fácil visualização pela pesquisa: será que realmente é necessário um curso para passar em um Concurso?

Muitas pessoas defendem buscar o material na internet, considerando principalmente a quantidade de conteúdo grátis e de qualidade hoje disponível na rede. Outros, ainda, preconizam como método o estudo tão somente por questões. Pegar a maior quantidade de questões de uma banca e fazê-las e a partir da resolução aprender de maneira reversa. Porém, será que há eficiência nessas escolhas? Vamos verificar os resultados das pesquisas:

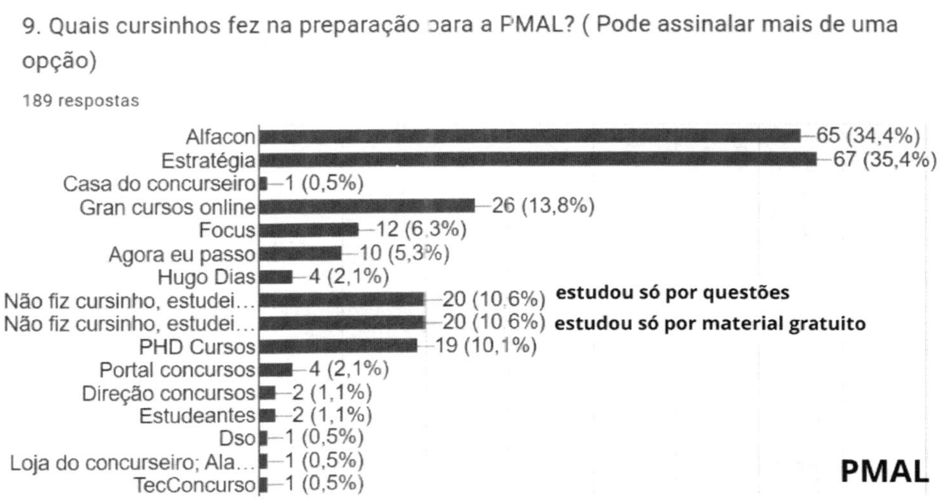

10. Quais cursinhos (curso com estudo das matérias do edital) fez na preparação para a PCSP? (Pode assinalar mais de uma opção) **PCSP**

569 respostas

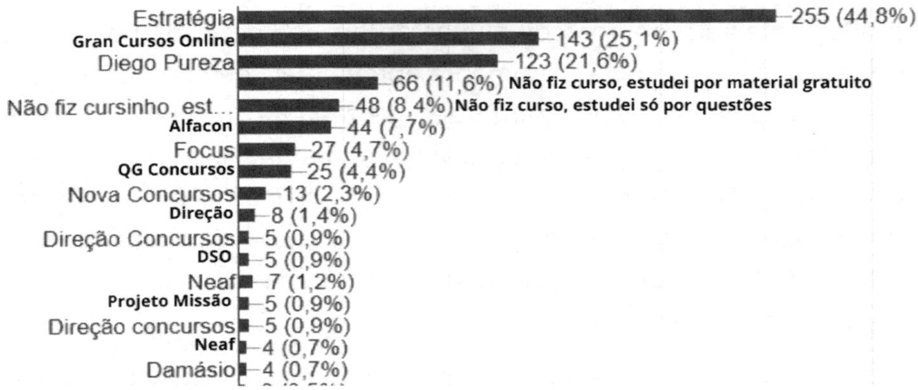

9. Qual cursinho utilizou, preferencialmente, na preparação para a PPDF? **PPDF**

185 respostas

Acesse a imagem colorida neste QR Code.

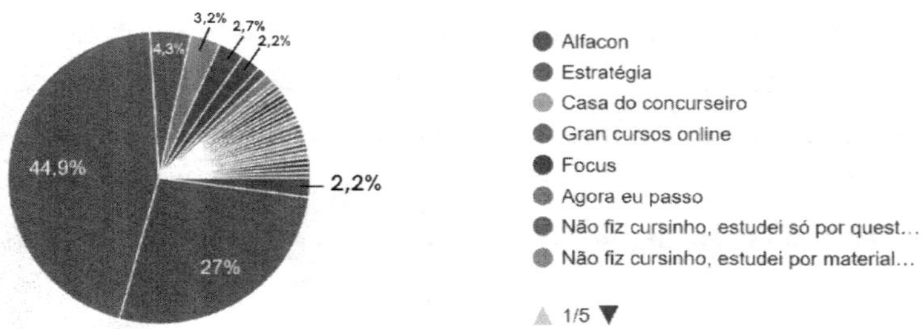

PRF

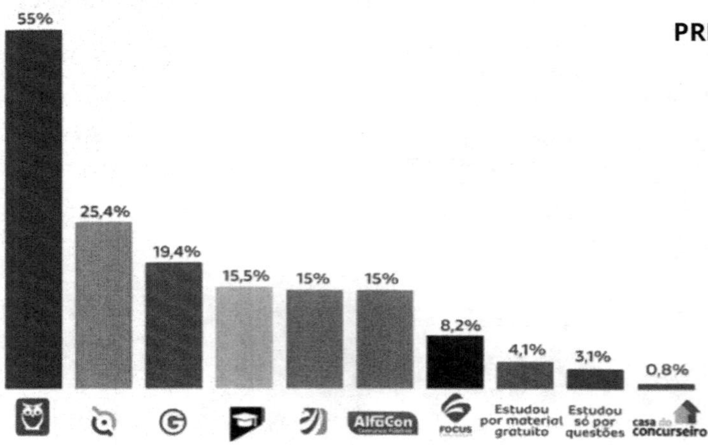

Novamente é necessário aqui ter uma análise de cada concurso pelo viés da sua dificuldade. De acordo com o aumento do grau de complexidade do Concurso, apresenta-se um maior número de pessoas que utilizam os cursos on-line. Na PMAL 10,6% estudou só por questões e 10,6% só por material gratuito totalizando 21,2% de alunos que estudou sem o auxílio de cursos pagos. Já na PCSP, 11,6% fizeram uso de materiais sem custo, e 8,4% estudaram só por exercícios, totalizando 20% dos aprovados. Por sua vez, na PPDF 4,3% fizeram dos exercícios seu único método e 3,2% não pagaram pelo material que utilizaram, resultando em 7,5% dos candidatos que não se socorreram aos cursos. Por fim, na PRF 3,1% estudou somente pelos exercícios e 4,1% por recursos sem custos, sendo, portanto, apenas 7,2% dos candidatos que passaram sem ter contratados cursos.

Desse modo, fica claro pelos números que em Concursos mais complexos, como a PRF, é mais difícil quem é aprovado sem um curso. E a explicação vem não só pela quantidade de conteúdos em Concursos mais complexos, mas também porque em Concursos mais difíceis a cobrança de conhecimentos mais aprofundados exige também materiais melhores e mais sofisticados. E infelizmente, um concurseiro ao procurar na internet os conteúdos no edital, nem sempre vai encontrar bons materiais. E é muito complicado para o próprio concurseiro fazer essa curadoria, pois é necessário ter um bom nível de conhecimento para escolher um material adequado. Tal escolha de materiais pode ser garantido por um bom curso que apresenta um certo padrão de qualidade.

Tanto é verdade tal tese que você não encontra concurseiros em concursos como juiz e promotor estudando por materiais gratuitos. A realidade é que concurso hoje, mesmo os policiais, exigem conhecimentos de jurisprudência e doutrinas mais densas que não são encontradas em qualquer lugar.

Já quem quer restringir o seu estudo a realizar questões opta por um caminho perigoso. Os concursos inovam constantemente e focar exclusivamente nas questões pode prejudicar o resultado, porquanto na prova a questão que saia um pouco do padrão das estudadas aumenta a chance de erro pelo Concurseiro que está acostumado mais a resolver questões do que aprendê-las profundamente. Claro que os exercícios são essenciais e a pesquisa mostra sua importância até na revisão. Contudo, o estudo clássico de ler, assistir aula é pressuposto para um bom entendimento da matéria. Querer pular etapas ou as inverter não é eficiente e o estudo mostra isso.

Assim, caso queira passar em um Concurso, aumente sua chance de sucesso com um bom curso. Utilizar tão somente materiais gratuitos da internet ou se restringir às questões pode dificultar a sua aprovação, sobretudo em certames mais disputados.

4. CONCLUSÃO DAS PESQUISAS E DO TRABALHO ACOMPANHANDO CONCURSEIROS

Uma das discussões mais valiosas na área de concursos é qual é a principal característica que faz alguém ser aprovado. Uns defendem que a organização, outros o planejamento, há ainda quem, para justificar a venda que se propõe, defende o material ou técnica de estudo que comercializa.

Todavia, se perfilarmos todos os elementos que emergem das pesquisas, no campo comportamental, como a Constância, Intensidade, Antecedência ao Edital e Experiência na realização de provas (CIAE), bem como nas atitudes de estudo, o foco em questões, a preferência por PDF, a realização de revisões e o uso de cursos e sites de exercícios, creio que podemos tirar um elemento basilar de todos esses comportamentos e escolhas.

Esse questionamento também permeia o meu trabalho. Desde que me propus a acompanhar alunos que querem ser aprovados, busco entender o que faz a diferença entre quem obtém sucesso dos que desistem no caminho. Já vi alunos que só pela postura ao entrar no meu antigo escritório, já estavam derrotados. “Eu nunca me esforcei muito e sempre fui assim." Me disse um certa vez. De fato, em 1 mês tinha desistido do Concurso. Por outro lado, há aqueles que mesmo com notas baixas em simulados e provas perseveram e são aprovados.

Planejamento para estudar com antecedência e buscar experiência em outros certames e organização para conciliar exercícios com revisões e leituras (ou assistir aulas) são muito importantes também, mas, há um elemento mais determinante e que perpassa tudo: a determinação.

O que faz alguém ficar horas a fio estudando, dia após dia, meses antes da prova, realizar concursos, fazer milhares de questões, revisar e se sacrificar financeiramente, investindo em materiais e outras ferramentas? Só pode ser uma força de vontade incrível que a psicóloga Angela Duckworth chama de garra em seu livro "Garra: o Poder da Paixão e da Perseverança"

O que ela descobriu em suas pesquisas com cadetes que obtiveram sucesso ao terminarem a difícil Academia Militar de West Point, com alunos em concorridos concursos de nacionais de soletração nos EUA e estudantes que simplesmente buscavam aprender matemática é que a diferença não está no talento, QI, na inteligência social, mas na determinação. É a paixão pelo objetivo somada à perseverança em metas de longo prazo. É olhar o futuro e se esforçar dia após dia e trabalhar para que um sonho se torne real.

Muito embora existam estudos apontando como fomentar esta determinação, sobretudo acreditando no esforço próprio, seria leviano da minha parte dizer que há uma fórmula para gerá-la. Ora, se isso fosse possível poderíamos transformar qualquer pessoa em um grande atleta ou cientista, já que quase todos os grandes feitos passam pela garra na busca de um objetivo. Porém, a determinação por si só não leva a lugar algum. Há um caminho estreito a seguir. Como para um maratonista que precisa de uma preparação física adequada e técnicas de treinamento sofisticadas no seu treino.

Deste modo, espero que este singelo estudo seja para você este caminho na jornada que é um concurso, nas escolhas necessárias, nos hábitos a construir e dificuldades que irá enfrentar. Contudo, meu desejo é que sua determinação renove a cada dia para você colocar em prática o que realmente faz um aprovado!

ANOTAÇÕES

ANOTAÇÕES

ANOTAÇÕES

ANOTAÇÕES

ANOTAÇÕES

EDITORA
JusPODIVM
www.editorajuspodivm.com.br

Impresso por:

Docuprint
CNPJ 01.036.332/0001-99

JUS3421